PÉRÉGRINATIONS

D'UNE

PARIA

(1833—1834).

Imprimerie de madame HUZARD (née Vallat la Chapelle),
rue de l'Éperon , 7.

PÉRÉGRINATIONS

D'UNE

PARIA

(1833 — 1834);

PAR Mme FLORA TRISTAN.

DIEU, FRANCHISE, LIBERTÉ!

••••

TOME DEUXIÈME.

••••

Paris,

ARTHUS BERTRAND, LIBRAIRE-ÉDITEUR,

RUE HAUTEFEUILLE, N° 23.

—

1838.

I.

DON PIO DE TRISTAN ET SA FAMILLE.

Mon oncle n'a pas la figure européenne; il a subi l'influence que le sol et le climat exercent sur l'organisation humaine, comme sur celle de tout ce qui existe dans la nature. Notre famille est toutefois de pur sang espagnol, et a ceci de remarquable que les nombreux individus qui la composent se ressemblent tous entre eux.

Ma cousine Manuela et mon oncle seuls se distinguent des autres totalement. Don Pio n'a que cinq pieds de haut; il est très mince, fluet, quoique d'une constitution très robuste. Sa tête est petite, garnie de cheveux qui à peine commencent à grisonner; la teinte de sa peau est jaunâtre. Ses traits sont fins, réguliers; ses yeux bleus pétillent d'esprit. Il a toute l'agilité de l'habitant des Cordillières : à son âge (il avait alors soixante-quatre ans), il est plus leste, plus actif qu'un Français de vingt-cinq ans. A le voir par derrière, on lui aurait donné trente ans, et en face quarante-cinq au plus.

Son esprit allie à toute la grace française la ruse et l'opiniâtreté spéciales à l'habitant des montagnes. Sa mémoire, son aptitude à tout sont extraordinaires : il n'est rien qu'il ne comprenne avec une étonnante facilité. Son commerce est doux, aimable, rempli de charme; sa conversation est très animée, étincelante de traits : il est fort gai, et si parfois il se permet quelques plaisanteries, elles sont toujours de bon goût. Ces dehors séduisants ne se démentent jamais; tout ce qu'il dit, les gestes qui accompagnent ses paroles, et jusqu'à la manière de fumer son cigare, décèlent l'homme distingué dont l'éducation a été soignée ; et l'on s'étonne de retrouver le courtisan dans le militaire qui a passé vingt-cinq années de sa vie au milieu des soldats. Mon oncle a le talent exquis de parler à chacun sa langue : lorsqu'on l'écoute, on est tellement fasciné par le charme de ses paroles, que l'on oublie les griefs que l'on peut avoir à lui reprocher. C'est une véritable sirène : personne encore n'a produit sur moi l'effet magique qu'il exerçait sur tout mon être.

A toutes ces brillantes qualités, qui font de don Pio de Tristan un de ces hommes d'élite destinés par la Providence à conduire les autres, s'unit une passion proéminente, rivale de l'ambition et que celle-ci n'a pu dompter ; l'avarice lui fait commettre les actes les plus durs, et ses efforts pour cacher une passion qui le dépare le font agir parfois d'une manière très généreuse. Si elle n'était pas visible pour tous, il ne sentirait pas le besoin de la démentir ; ses générosités accidentelles peuvent bien, aux yeux d'observateurs inattentifs, jeter de l'ambiguité sur le fond de son caractère, mais ne sauraient faire illusion à ses intimes, à ceux qui ont avec lui quelques rapports suivis.

Ce fut peu de temps après son retour d'Espagne que mon oncle épousa sa niéce, la sœur de Manuela. Ma tante se nomme Joaquina de Florez; elle a dû être sans contredit la plus belle personne de toute la famille. Lorsque je la vis, elle pouvait avoir alors quarante ans; encore très belle, ses nombreuses couches (elle avait eu onze enfants), plus que les années, avaient fané sa beauté. Ses grands yeux noirs sont admirables de forme, d'expression, et sa peau dorée, unie, ses dents de la blancheur des perles, lui donnent beaucoup d'éclat. Ma tante me donnait une idée de ce que devait être Mme de Maintenon; elle a été formée par mon oncle, et quoique son éducation première ait été très négligée, certes l'élève fait honneur au maître. Joaquina était faite pour être régente d'un royaume ou maîtresse d'un roi septuagénaire.

Son grand talent est de faire croire, même à son mari, tout fin qu'il est, qu'elle ne sait rien, qu'elle s'occupe seulement de ses enfants et de son ménage. Sa grande dévotion, son air humble, doux, soumis, la bonté avec laquelle elle parle aux pauvres, l'intérêt qu'elle témoigne aux petites gens qui la saluent lorsqu'elle passe dans la rue, la timidité de ses manières et jusqu'à l'extrême simplicité de ses vêtements, tout an--

nonce en elle la femme pieuse, modeste, sans ambition. Joaquina s'est fait un sourire affable, un son de voix flatteur pour aborder tous les partis qui se disputent le pouvoir. Ses manières sont simples; son esprit, qu'elle tient constamment en bride, est délié, son éloquence persuasive, et ses beaux yeux se remplissent de larmes à la moindre émotion. Si cette femme se fût trouvée placée dans une situation en rapport avec ses capacités, c'eût été un des personnages les plus remarquables de l'époque. Son caractère s'est modelé sur les mœurs péruviennes.

Dès la première vue, Joaquina m'inspira une répulsion instinctive. Je me suis toujours méfiée des personnes dont le gracieux sourire n'est pas en harmonie avec le regard. Ma tante offre à l'œil exercé la représentation de cette discordance, malgré le soin qu'elle apporte à accorder le son de sa voix avec le sourire de ses lèvres. Sa politique fait l'admiration de tous ceux qui la connaissent; car, au Pérou, ce qu'on estime le plus, c'est la fausseté. Un jour, Carmen, après m'avoir fait l'énumération de tous les meilleurs diplomates du pays, me dit, avec un soupir d'envie : — Mais aucun de ceux que je viens de vous citer n'égale Joa-

quina! Figurez-vous, Florita, qu'elle est parvenue à un tel degré de perfection, qu'elle reçoit son plus cruel ennemi avec le même calme,
la même amabilité, que son ami le plus intime.
Jamais elle ne laisse voir sur sa figure le plus léger indice des sentiments qui l'agitent. Oh! c'est
là une femme bien extraordinaire; elle eût joué
un grand rôle à la cour d'Espagne; mais ici ce
beau talent est perdu, puisqu'il n'y a rien, ou
peu de chose à faire.

Joaquina fait un grand étalage de religion :
elle observe toutes les pratiques superstitieuses
du catholicisme avec une ponctualité bien fati-
gante pour ceux qui l'entourent; mais il faut
se concilier la faveur du clergé, la vénération
de la foule bigote, et, dans l'intérêt de son ambition, rien n'est pénible à ma tante. Elle cajole
les pauvres par de douces paroles, mais ne sou-
lage pas leur misère comme son immense fortune lui permettrait si bien de le faire. La religion n'est pas chez elle cette affection de l'ame
qui se manifeste par l'amour de ses semblables;
la sienne ne la pousse à aucun dévouement, à
aucun sacrifice. Pour elle, c'est un instrument
au service de ses passions, un moyen d'étouffer
le remords. Avare plus que son mari, Joaquina

commet des actes d'une révoltante dureté ; son
égoïsme paralyse en elle tout mouvement généreux. Sous des apparences d'humilité, elle cache un orgueil et une ambition sans mesure.
Elle aime le monde et toutes ses pompes, le jeu
avec fureur, la bonne chère avec sensualité ;
elle gâte ses enfants, afin de n'en être pas im-
portunée ; aussi sont-ils très mal élevés. Tout
entiers à leur ambition et à leur avarice, les parents ne s'en occupent nullement ; et, quoique Aréquipa offre des ressources pour l'instruction, puisqu'il s'y trouve des maîtres de dessin,
de musique et de langue française, les enfants
de mon oncle n'étaient instruits en rien, ne possédaient encore les commencements de talents
d'aucune espèce. L'aîné avait cependant seize
ans ; les autres douze, neuf et sept.

La sœur de Joaquina, Manuela de Florez
d'Althaus, ne lui ressemble en rien ; c'est une de
ces charmantes créations que l'art imite et ne fa-
çonne pas, qui embellissent, vivifient tout, et
ne semblent heureuses que du bonheur qu'elles
répandent autour d'elles. Ma cousine Manuela
est à Aréquipa ce que sont à Paris les élégantes
du boulevart de Gand ou des Bouffes ; elle y est
la femme-modèle que toutes envient ou cher-

chent à imiter. Manuela n'épargne ni soins ni
dépenses pour se mettre au courant des modes
nouvelles : elle reçoit le journal qui leur est
consacré et ses correspondants lui font parvenir
les costumes nouveaux à mesure qu'ils paraissent. M. Poncignon, considérant ma cousine
comme sa meilleure pratique, l'appelle, avant
aucune autre dame de la ville, pour choisir dans
les nouveautés qu'il reço...; et en cela M. Poncignon agit avec discernement; car si Manuela
reçoit la mode des Parisiennes, c'est elle qui la
donne aux Aréquipéniennes. La meilleure cou-
turière, en permanence chez elle, copie les toilettes représentées par les gravures, et avec une
telle exactitude, que souvent, en voyant ma
cousine, je croyais voir une de ces gentilles
petites dames qui ornent l'étalage de Martinet
dans la rue du Coq. Cette servilité d'imitation
nuirait sans doute à beaucoup d'autres; mais
Manuela est si gracieuse que, sur elle, tout
s'embellit, tout est charmant. Ses jolis petits
traits, l'expression ravissante de sa physionomie
aussi spirituelle qu'enjouée, son air distingué,
ses manières avenantes, sa démarche leste et
coquette, s'harmonisent avec tous les costumes,
quelque bizarres qu'ils soient.

Manuela, de même que mon oncle Pio, ne ressemble pas plus par les traits que par le caractère à aucun des membres de la famille. Elle porte le goût de la dépense jusqu'à la prodigalité. Le luxe, la recherche en toutes choses sont pour elle un besoin; elle serait, en vérité, malheureuse si elle n'avait pas des chemises de batiste garnies de dentelles, des beaux bas de soie, des souliers en satin des mieux faits. Il n'est pas de petite-maîtresse de Paris qui use autant qu'elle d'odeurs, de pâtes, de pommades, de bains et de soins de toute espèce pour sa personne; aux parfums qu'elle exhale, on se croirait environné de magnolia, de roses, d'héliotrope, de jasmin, et les fleurs aussi fraîches que belles qui constamment parent sa tête la feraient supposer vouée à leur culte. Sa maison est tenue avec beaucoup de luxe; ses esclaves sont bien vêtus, et ses enfants sont les mieux mis de la ville, surtout sa petite fille qui est un amour, tant elle gentille et bien pomponnée. Manuela n'a rien du sérieux espagnol, elle est d'une gaité folle, étourdie, légère et d'un enfantillage dont la candeur contraste avec cette politique rampante et dissimulée de la société péruvienne. Elle recherche les amusements avec passion;

elle les aime tous; les spectacles, bals, soirées,
promenades, visites sont ses plus chères occupations, et toutefois ne suffisent pas à son activité. Elle trouve le temps de s'intéresser à la politique, de lire tous les journaux, d'être parfaitement au courant de toutes les affaires de son
pays et de celles d'Europe : elle a même appris
le français pour pouvoir lire les journaux pu-
bliés en France; de plus, elle entretient une
correspondance suivie et volumineuse avec son
mari, qui est presque toujours absent, et avec
beaucoup d'autres personnes; elle écrit très bien
et avec une facilité surprenante. Elle réunit à tous
ces avantages les qualités du cœur ; elle est très
généreuse et d'une sensibilité qu'on rencontre
rarement chez les Péruviennes. Manuela était
faite pour vivre dans les sociétés d'élite qu'offrent les grandes capitales de l'Europe, elle y eût
brillé d'un vif éclat; mais hélas! la pauvre cousine est réduite à user sa riche organisation au
milieu d'un monde dont les petites menées ne
vont pas à son caractère. Ses jolies toilettes, qui,
dans les brillants salons de Paris, raviraient autour d'elle une foule charmée, sont perdues dans
les réunions d'Aréquipa; et pour les personnes
qui les forment, elle pourrait s'épargner autant

de frais ; mais la parure est dans sa nature comme la beauté du plumge dans celle des oiseaux de son pays : née reine, elle brille dans une oasis du désert. D'après le portrait que je viens de tracer de ma cousine, on sera peut-être étonné qu'elle ait choisi pour mari un soldat *)* comme Althaus, dont les manières sympathisent peu avec celles de cette femme si mignonne, si recherchée, si parfumée. Cependant ils font très bon ménage. Manuela aime beaucoup son mari, souffre toutes ses brusqueries sans s'en effrayer le moins du monde, et n'en fait pas moins toutes ses volontés. Althaus, de son côté, aime sa femme et le lui prouve par toutes les attentions qu'il a pour elle; il la laisse maîtresse absolue, lui achète tout ce qu'il croit pouvoir lui plaire et jouit des parures dont elle embellit sa beauté. L'exemple de ce ménage prouve que les contrastes s'harmonisent quelquefois mieux que les similitudes.

Les premiers jours de l'arrivée de mon oncle se passèrent à causer; je ne me lassais pas de l'entendre. Il me fit l'histoire de toute notre famille, déplora la fatalité qui l'avait privé de me connaître plus tôt; enfin, il me parla avec tant de bonté et d'affection, que j'oubliais sa conduite antérieure et crus pouvoir compter sur sa justice à mon égard. Mais hélas! je ne tardai pas à être détrompée. Un jour que nous causions d'affaires de famille, mon oncle parut désirer connaître le motif qui m'avait fait venir au Pérou. Je lui dis que, n'ayant en France ni parent, ni fortune, j'étais venu chercher secours et protection auprès de ma grand'mère, mais qu'apprenant à Valparaiso sa mort, j'avais reporté sur son affection et sur sa justice toutes mes espérances.

Cette réponse parut inquiéter mon oncle, et dès les premières paroles qu'il me dit à ce sujet, je restai pétrifiée d'étonnement et de douleur. — Florita, me dit-il, lorsqu'il s'agit d'affaires, je ne connais que les lois et mets de côté toute considération particulière. Vous me demandez que j'aie de la justice pour vous : ce sont les actes dont vous êtes porteuse qui en détermineront la mesure. Vous me montrez un extrait de baptême dans lequel vous êtes qualifiée d'enfant légitime; mais vous ne me représentez pas l'acte de mariage de votre mère, et l'extrait de l'état civil établit que vous avez été enregistrée comme enfant naturelle. A ce titre, vous avez droit au cinquième de la succession de votre père ; aussi vous ai-je envoyé le compte des biens qu'il a laissés et que j'avais été chargé d'administrer. Vous avez vu qu'à peine ai-je eu assez pour payer les dettes qu'il avait contractées en Espagne, longtemps avant de passer en France. Quant à la succession de notre mère, vous savez, Florita, que les enfants naturels n'ont aucun droit sur les biens des ascendants de leurs père et mère. Ainsi, je n'ai rien à vous tant que vous ne produirez pas un acte revêtu de toutes les formes légales qui constate le mariage de votre mère avec mon frère.

Mon oncle parla sur ce ton pendant plus d'une demi-heure, et la sécheresse de sa voix, l'expression de ses traits décelaient qu'il était dans un de ces moments où l'homme est tout entier possédé par sa passion dominante. C'était l'avare dépeint par Walter-Scott, le père de Rébecca comptant une à une les pièces d'or de son sac, et les y remettant sans rien donner à celui qui vient de le lui faire retrouver. Oh! que l'homme est rapetissé, qu'il est avili lorsqu'il se laisse ainsi tyranniser par des passions qui étouffent en lui les sentiments de la nature! J'étais dans le cabinet de don Pio, assise sur un sopha, et lui se promenait de long en large, parlant beaucoup, comme un homme qui cherche à se persuader à lui-même qu'il ne fait pas une mauvaise action. Je voyais ce qui se passait en lui, et j'en avais pitié. Les méchants sont malheureux, il faut les plaindre. Les vices ne sont pas en eux : ce sont des maîtres que donnent les institutions sociales, et au joug desquels les belles natures peuvent seules se soustraire.

— Mon oncle, lui dis-je, êtes-vous bien persuadé que je suis la fille de votre frère?

— Oh! sans doute, Florita. Son image se retrouve en vous trop fidèlement pour qu'on puisse en douter.

— Mon oncle, vous croyez en Dieu : chaque matin, vous chantez ses louanges et observez avec exactitude les rites de la religion : supposez-vous que Dieu commande au frère d'abandonner la fille de son frère, de la méconnaître, de la traiter comme une étrangère? Pensez-vous ne pas enfreindre la loi dont la divine empreinte est en nous, en refusant de rendre à l'enfant l'héritage de son père? Oh! non, mon oncle, j'en ai la conviction, vous ne serez pas sourd à la voix de votre ame, vous ne mentirez pas à votre conscience, vous ne renierez pas Dieu.

— Florita, les hommes ont fait des lois; elles sont aussi sacrées que les préceptes de Dieu. Sans doute, je dois vous aimer, et vous aime, en effet, comme la fille de mon frère ; mais, comme la loi ne vous confère aucun titre à la succession qui serait échue à mon frère, je ne vous dois rien de ce qui lui aurait appartenu. Il vous revient le cinquième seulement de ce qui lui appartenait à sa mort.

— Mon oncle, le mariage de mon père avec ma mère est un fait notoire ; il n'a été dissous que par la mort. Ce mariage, célébré par un prêtre, comme vous le savez, n'a pas été, j'en conviens, revêtu des formalités prescrites par les lois humaines : j'ai été la première à vous l'annoncer. Mais la bonne foi saurait-elle se faire un droit de l'omission de ces formalités pour s'approprier le pain de l'orpheline ? Pensez-vous que les moyens de suppléer à ces formes omises m'eussent manqué, si j'avais eu raison de douter de votre justice ? Croyez-vous qu'il m'eût été difficile d'obtenir d'une des églises d'Espagne un titre qui régularisât le mariage de ma mère ? Munie de cette pièce, vous eussiez tenté en vain de me refuser la part qui revenait à mon père : vous n'auriez pu m'en priver d'une obole. Avant mon départ, j'ai consulté plusieurs avocats espagnols ; tous m'ont conseillé de me nantir d'un pareil titre, en m'indi-

quant le moyen que je devais prendre pour me
le procurer. Eh bien! mon oncle, j'ai repoussé
ces conseils, et ma correspondance doit vous
faire ajouter foi à mes paroles : je les ai re-
poussés parce que j'ai cru à votre affection, et
ne voulais tenir que de votre justice la fortune
qui pourrait m'échoir.

— Mais, Florita, je ne conçois pas pourquoi
vous vous obstinez à me croire injuste. Suis-je
dépositaire de vos deniers? Avez-vous le droit
de me réclamer une piastre?

— Soit, mon oncle; puisque vous vous re-
tranchez dans la lettre de la loi, vous avez raison, et je sais de reste que, sous la dénomination d'enfant naturelle, je n'ai pas droit à la
succession de ma grand'mère; mais, comme fille
de ce frère auquel vous devez tout, n'ai-je pas
droit à votre reconnaissance particulière? Eh
bien! mon oncle, c'est à elle que j'en appelle.
Je ne demande ni à vous ni aux cohéritiers
les 800,000 francs que chacun de vous avez eus
pour votre part; je ne vous demande que le
demi-quart de cette somme, tout juste assez
pour me donner de quoi vivre d'une manière
indépendante. Mes besoins sont très restreints,
mes goûts modestes. Je n'aime ni le monde ni

son luxe. Avec 5,000 francs de rente je pourrai vivre partout libre et heureuse. Ce don, mon oncle, comblera tous mes vœux; je ne veux le devoir qu'*à vous seul*. Je vous en bénirai, et ma vie ne sera pas assez longue pour que je puisse satisfaire la gratitude que j'en ressentirai.

En disant ces mots, j'étais allée près de lui; je pris une de ses mains et la serrai fortement contre mon cœur. Ma voix était entrecoupée par mes larmes; je le regardai avec une expression ineffable de tendresse, d'anxiété et de reconnaissance, attendant, en tremblant, la réponse qu'il paraissait méditer.

— Cher oncle, vous consentez, n'est-ce pas, à me rendre heureuse? Ah! que Dieu vous accorde de longs jours! Mon bonheur et ma gratitude vont y répandre douceur et calme, et vous paieront ainsi grandement de tout ce que vous aurez fait pour moi.

Mon oncle sortit de son silence par un mouvement brusque.

— Mais Florita, comment donc comprenez-vous cette affaire? Pensez-vous que je puisse vous donner 20,000 piastres? C'est une somme énorme!... 20,000 piastres!!!

Je ne saurais expliquer l'effet subit que la brusquerie et la dureté de cette réponse produisirent sur moi. Ce que je peux dire, c'est qu'à l'état de sensibilité où j'étais, depuis le commencement de l'entretien, succéda immédiatement un accès d'indignation si violent, la commotion que j'en ressentis fut tellement forte, que je crus toucher à mon dernier instant. Je me promenai quelque temps dans la chambre sans pouvoir parler. De mes yeux jaillissaient des éclairs ; mes muscles étaient tendus : je n'aurais pas alors entendu tomber le tonnerre. Je ne sais ce que mon oncle disait ; j'étais dans un de ces moments où l'ame communique avec une puissance surhumaine.

Je m'arrêtai devant mon oncle, lui serrant le bras avec force, et lui parlant avec un son de voix qu'il ne m'avait jamais entendu :

— Ainsi, don Pio, de sang-froid et avec préméditation, vous repoussez la fille de votre frère, de ce frère qui vous servit de père, auquel vous devez votre éducation, votre fortune et tout ce que vous êtes ? Pour reconnaître ce que vous devez à mon père, vous qui possédez 300,000 francs de rente, vous me condamnez froidement à souffrir la misère ; quand vous avez un million à moi, vous m'abandonnez aux horreurs de la pauvreté, vous me livrez au désespoir, vous m'obligez à vous mépriser; vous, que mon père m'apprit à aimer, vous, le seul parent sur lequel reposaient toutes mes espérances! Ah! homme sans foi, sans honneur, sans humanité, je vous repousse à mon tour, je ne suis pas de votre sang, et je vous livre aux remords de votre conscience. Je ne veux plus rien de vous. Dès ce soir, je sortirai de votre maison, et demain toute la ville connaîtra votre ingratitude pour la mémoire de ce frère qui provoque vos larmes toutes les fois que vous prononcez son nom, votre dureté à mon égard, et de quelle manière vous avez trompé l'imprudente confiance que j'avais placée en vous.

Je sortis de son cabinet et rentrai dans ma grande salle voûtée. J'étais dans un état d'exaspération et de souffrance que les paroles ne pourraient faire concevoir. J'écrivis aussitôt à M. Viollier : lorsqu'il fut chez moi, je le priai de me trouver un logement, lui confiant que je ne voulais pas rester plus longtemps chez mon oncle. Il me supplia d'attendre deux jours, M. Le Bris devant arriver d'Islay le surlendemain.

Mon oncle était allé instruire immédiatement
toute la famille de mes intentions hostiles. Althaus fut chargé de me porter des paroles de
paix, je lui racontai la scène que je venais d'avoir
avec don Pio. — Cela ne m'étonne pas, me dit-il,
et d'après tout ce que vous connaissez de lui,
vous auriez dû vous y attendre. Mais, ma chère
Flora, avant de faire du scandale et de vous
attirer des chagrins plus vifs encore, voyons s'il
ne serait pas possible d'arranger les choses.
Si vous avez quelques droits, ce n'est ni moi
ni Manuela qui vous les contesterons. On re-
fera les parts; nous aurons chacun la nôtre, et
tout sera fini. Don Pio et l'oncle de Margarita
(la fille de ma cousine Carmen) sont deux
avocats bien retors; mais vous pourriez choisir
le docteur Baldivia qui, certes, est bien de force
à lutter avec eux. Si vous persistez à vouloir
sortir de la maison de don Pio, je vous offre la
nôtre; et, quoique nous plaidions l'un contre
l'autre, nous n'en serons pas moins bons amis.
Manuela vint me faire les mêmes offres de
service, me témoigna beaucoup d'intérêt, et me
donna toutes les consolations qui étaient en son
pouvoir.

La nuit, je ne pus goûter un instant de repos.

La fièvre agitait mon sang, m'empêchait de
demeurer étendue sur mon lit : je ne pouvais
demeurer en place ; j'allais et venais, et fus
même obligée de sortir dans la cour pour respirer l'air frais du matin. Oh ! quelle souffrance
était la mienne! Ma dernière espérance détruite !
cette famille que j'étais venue chercher de si loin,
dont les membres me présentaient l'égoïsme sous
tous ses aspects, sous toutes ses faces, froids,
insensibles au malheur d'autrui comme des
statues de marbre! mon oncle, le seul d'entre
eux qui eût vécu avec mon père, dont il avait
été chéri, dont il avait eu toute la confiance;
mon oncle à l'affection duquel je m'étais entièrement abandonnée, mon oncle dont le cœur
à tant de titres eût dû compatir aux souffrances
du mien, se montrait à moi dans toute l'aride
nudité de son avarice et de son ingratitude! Ce
fut encore une de ces époques de ma vie où tous
les maux de ma destinée se dessinèrent à mes
regards dans tout ce qu'ils avaient de cruelles
tortures. Née avec tous les avantages qui excitent la convoitise des hommes, ils ne m'étaient
montrés que pour me faire sentir l'injustice qui
me dépouillait de leur jouissance. Je voyais
partout pour moi des abimes, partout les sociétés

humaines organisées contre moi ; de sûreté, de
sympathie nulle part. Oh ! mon père ! m'écriai-je
involontairement, que de mal vous m'avez fait !
Et vous, ma mère !.... Ah ! ma mère, je vous
le pardonne ; mais la masse des maux que vous
avez accumulés sur ma tête est trop lourde pour
les forces d'une seule créature. Quant à vous,
don Pio, frère plus criminel que ne le fut Caïn
tuant son frère d'un seul coup, tandis que vous
assassinez la fille du vôtre par mille tourments,
je ne vous livre plus à votre conscience, car il
n'a pas de conscience celui qui, comme vous,
se prosterne soir et matin au pied de la croix,
et soir et matin dément par ses actes les saintes
paroles de ses prières. Les passions seules sont
les dieux de sa foi : le dieu de la vôtre, c'est
l'or. Ainsi, pour un peu d'or, vous déchirez mon
cœur, vous portez le désespoir et la haine dans
une âme que Dieu avait créée pour aimer ses
semblables et s'élever jusqu'à lui par la médi-
tation. Oh ! mon oncle, mon oncle, qui pourra
vous faire comprendre l'étendue des maux que
votre exécrable avarice me condamne à endurer ? Mais non, cet homme ne sent rien que
l'unique bonheur de contempler son or. Eh bien !
m'écriai-je, dans un moment où je me sentais

un irrésistible besoin de vengeance, je souhaite que tu perdes la vue !

Le matin, mon corps était épuisé de fatigue, sans que j'éprouvasse l'envie de dormir ou de manger. L'exaltation de mon cerveau me soutint ainsi pendant cinq jours.

Le lendemain, j'allai voir le président de la cour de justice, homme très instruit dans les lois, et lui confiai ma position. Il me dit que, lorsque mon oncle avait reçu ma première lettre, il était venu le consulter, et qu'à la lecture de cette lettre, lui, ancien avocat, avait dit à don Pio de ne s'inquiéter nullement des prétentions que pouvait élever la fille de son frère, parce qu'elle n'avait droit à réclamer que le cinquième des biens laissés par son père. — Mademoiselle, ajouta-t-il, je n'ai jamais compris comment vous avez pu écrire une semblable lettre!... Don Pio lui-même en fut tellement surpris, qu'il la fit lire par un Français, craignant de s'être mépris sur le sens de son contenu. Cette lettre vous a perdue. On peut dire que vous-même vous vous êtes *coupé la tête en quatre.* M. le président m'engagea cependant à consulter un des meilleurs avocats, afin de n'avoir aucun reproche à me faire. J'en consultai deux, ils furent d'avis qu'il y avait matière à procès, tout en m'avouant que le succès en était douteux, surtout plaidant contre don Pio, dans un pays où la justice se vend. Mon oncle était la partie la plus intéressée, ayant eu un tiers de part en sus de la sienne pour les droits de sa femme, sans compter un legs de 100,000 francs que ma bonne maman avait fait à Joaquina. Il était homme à sacrifier le quart, ou même la moitié, s'il le fallait, afin d'obtenir gain de cause. Ces deux avocats, pas plus que le président, ne purent rien concevoir à ma conduite. — Cette lettre, mademoiselle, me dirent-ils, cette malheureuse lettre vous ruine; encore si vous étiez venue avec une pièce qui constatât la notoriété du mariage de votre mère avec votre père, cela, ici, eût été considéré comme un véritable acte de mariage, et vous eussiez surmonté toutes les difficultés qu'on eût pu vous opposer. Je n'osais dire à ces messieurs que j'avais compté sur l'*affection*, la *reconnaissance* et la *justice de mon oncle*; ils m'auraient crue *folle*; je préférais passer pour une étourdie.

M. Le Bris arriva; je le consultai sur ce que

j'avais de mieux à faire. Il fut indigné contre
mon oncle, qu'il connaît et estime à sa juste
valeur. Son caractère fier le porta à me conseiller de quitter aussitôt la maison de don Pio.
Il me fit toutes les offres de service que j'aurais
pu attendre d'un vieil ami, et je trouvai, dans
l'intérêt qu'il me témoigna, une consolation
bien douce.

Cependant mon oncle ne se souciait pas de me
voir sortir de chez lui : il est dans son système
d'arranger, autant que possible, toute contes-
tation à l'amiable, connaissant, par expérience,
la supériorité de son talent en fait de transac-
tions. Il m'écrivit donc pour me demander si
je voulais me trouver en présence de tous les
membres de la famille, lui, Althaus et le vieux
docteur, représentant de Margarita, fille de
Carmen; je n'avais pu me décider à le revoir
depuis la scène que je viens de raconter. On me
servait à manger dans ma chambre, et j'étais
toujours décidée à m'en aller.

Cependant je cédai aux instances d'Althaus
et me rendis de nouveau dans le cabinet de mon
oncle. Quelle cruelle douleur j'éprouvai en re-
voyant cet homme qui me forçait à le mépriser ;
lui, que je me sentais portée à aimer de la plus

vive affection. Il me parla avec plus de douceur et d'amitié que jamais; il représenta devant ces deux témoins la conduite qu'il avait tenue envers moi. Althaus et le vieux docteur reconnurent que c'était à la sollicitation de don Pio qu'il m'avait été alloué, lors du partage des biens de ma grand'mère, les 15,000 francs qu'elle m'avait légués.

Ces deux messieurs me dirent aussi qu'à la générosité de mon oncle, *seul*, je devais la pension de 2,500 francs que je recevais depuis cinq ans. Je fus sensible à ces marques d'affection de la part de mon oncle; mes yeux se remplirent de larmes. Il s'en aperçut, et craignant que ma fierté ne fût blessée de recevoir annuellement cette somme à titre gratuit, il s'empressa de répondre à ces messieurs que ce n'était pas un *don* de sa part, mais une *dette* dont il s'acquittait; — car, ajouta-t-il, si, par quelques manques de formes au mariage de sa mère avec mon frère, Florita se trouve privée des droits d'enfant légitime, elle a incontestablement le droit, comme enfant naturelle, au moins à une pension alimentaire; je me suis chargé seul de la lui payer, et je la prie de vouloir bien m'accepter toujours comme son chargé d'affaires. Après une longue conversation, dans laquelle mon oncle eut le talent de nous persuader, même à moi, qu'il m'aimait à l'égal de son propre enfant ; que sa conduite à mon égard n'avait jamais cessé d'être loyale, généreuse, et pleine de reconnaissance pour tout ce qu'il devait à mon père ; après m'avoir attendrie jusqu'à provoquer mes larmes et *émouvoir Althaus*, il me demanda, de la manière la plus caressante, de vouloir bien oublier tout ce qui s'était passé entre nous, et me supplia de rester chez lui comme sa fille, son amie, celle de sa femme, la seconde mère de ses enfants; et tout cela avec tant de charme, de vérité dans l'accent, que je lui promis tout ce qu'il voulut. Joaquina vint ensuite achever ce que mon oncle avait si bien commencé; et les deux *sirènes* me fascinèrent à un tel point que, renonçant à tout procès, je me confiai, non plus à leur justice, mais à leurs promesses.

M. Le Bris et toutes les personnes de mon intimité admirèrent mon courage et s'étonnèrent de la résignation avec laquelle je me laissais dépouiller ; elles ne s'y seraient pas attendues de la fierté et de l'indépendance de mon caractère. Je concevais leur étonnement : ma grande fran-

chise ne pouvait, en effet, me faire supposer aucune sympathie pour des gens tels que mon
oncle et ma tante, qui, n'ayant pour mobiles
que l'ambition et la cupidité, modelaient leur
caractère flexible au gré de leur intérêt, selon
l'occurrence du moment. Le mien n'était pas
aussi facilement contournable; il avait conservé
son indépendance native, et cette angélique
résignation n'en provenait pas; mais je cédais
à la dure loi que m'imposaient les circonstances de ma position, circonstances que je
ne pouvais révéler ni à M. Le Bris, ni à qui que
ce fût.

L'intérêt de mes enfants subjuguait mon caractère. Si j'amenais mon oncle devant les tri-
bunaux, si je faisais du scandale, je me l'aliénais
à jamais; j'avais peu de chance pour triompher
de son influence, et avec le procès je perdais
aussi la protection qu'il pourrait accorder à mes
enfants. Certes, si je n'avais eu à songer qu'à
moi, je n'eusse pas balancé un seul instant; mes
prétentions étant appuyées de mon extrait de baptême, dans un pays où c'est à peu près le seul
titre qui constate la légitimité, j'aurais tenté de
reconquérir la situation que mon imprudente
lettre m'avait fait perdre; et si je n'avais été

reconnue membre légitime de la famille, j'aurais
rompu totalement avec des parents dénaturés ,
et, repoussé même avec indignation le secours
annuel qu'on m'accordait, comme pour m'empêcher de mourir de faim; mais je n'étais pas
libre d'agir ainsi : je devais faire taire ma fierté
et ne pas compromettre un secours qui, quoique insuffisant, m'était indispensable pour subvenir à l'éducation de mes enfants, à moins que
je ne pusse acquérir la probabilité de gagner
le procès ou d'arriver à une transaction. D'ailleurs, pour engager ce procès, il fallait de l'argent, et beaucoup d'argent. Lors de mon départ
de Bordeaux, M. Bertera, cédant à la générosité
de son cœur et à l'intérêt qu'il me portait, m'a-
vait remis pour 5,000 piastres (25,000 francs)
de lettres de crédit sur M. de Goyenèche d'Aréquipa; de plus, à mon arrivée à Valparaiso, j'a-
vais trouvé une lettre de M. Bertera, contenant
un autre crédit de 2,000 piastres (10,000 francs);
ainsi j'avais à ma disposition plus d'argent qu'il
n'en fallait pour les frais judiciaires; mais si je
ne réussissais pas, comme il y avait lieu de le
craindre, je restais endettée envers M. Bertera,
et fort embarrassée pour le payer. La même raison m'empêchait également de profiter de l'o-

bligeance de M. Le Bris; je n'aurais jamais pu
prendre sur moi d'accepter aucune de ces offres
avant d'avoir la certitude de pouvoir rembourser
les avances qui m'auraient été faites. Je considérai, en même temps, l'état de dépérissement
dans lequel j'étais tombée. Les longues souffrances de mes cinq mois de navigation avaient
altéré ma santé, et depuis que j'étais débarquée
sur le sol du Pérou, je n'avais cessé d'être malade. L'air volcanisé d'Aréquipa et la nourriture qui m'était antipathique, la secousse violente que j'avais ressentie en apprenant la mort
de ma grand'mère, la séparation de Chabrié,
enfin la cruelle déception que me faisait éprouver la dure ingratitude de mon oncle, toutes ces
causes réunies m'avaient tellement épuisée, que
je croyais ne pouvoir vivre longtemps. Ma fin
me paraissait prochaine, et cette certitude me
rendit le calme. Je songeai que, dans cette position, je me devais entièrement à mes enfants,
et surtout à ma fille, qui allait rester seule sur
la terre. J'espérais que le triste spectacle de ma
mort aurait peut-être la puissance d'émouvoir
mon oncle, et que, dans mes derniers instants
d'agonie, je pourrais lui arracher la promesse
de prendre mes enfants sous sa protection, et

de leur assurer des moyens d'existence qui les missent hors d'atteinte de la misère.

Les évènements politiques étaient venus, sur ces entrefaites, compliquer ma position et rendre plus douteux encore le succès du procès. Mon oncle était revenu à Aréquipa le 3 janvier, et, le 23 du même mois, on y apprit la révolution de Lima. Le président Bermudez, quoiqu'il fût soutenu par les menées de l'ancien président Gamarra, avait été chassé, et Orbegoso reconnu à sa place. A la lecture des feuilles qui rendaient compte de cet évènement, il se fit un mouvement à Aréquipa. La majorité se déclara en faveur d'Orbegoso : le général Nieto fut nommé commandant général des troupes du département ; Althaus, chef d'état-major; Cuedros, préfet ; en un mot, on improvisa un gouvernement en vingt-quatre heures, et sans prendre le temps de réfléchir sur les conséquences probables d'une telle décision, on se sépara des départements de Puno, de Cuzco, d'Ayacucho et autres. Cette révolution avait jeté l'épouvante dans la ville, chacun menacé dans sa propre fortune n'eut plus de sympathie à accorder à la position d'autrui. La bizarrerie de la mienne avait captivé, avant cette crise, l'intérêt géné-

ral ; mais aussitôt que les Aréquipéniens eurent
à s'occuper d'eux-mêmes, ils ne songèrent plus
à moi. L'avocat Baldivia se lança au milieu des
évènements dans l'espoir d'y faire sa fortune,
et me fit dire qu'il ne pouvait plus se charger
de mon affaire : les autres avocats m'inspiraient
peu de confiance, et d'ailleurs me refusèrent
également, craignant de se commettre avec don
Pio. Sur le sol classique de l'égoïsme, pouvais-je
espérer que, dans un temps d'alarmes, ces gens-
là pensassent à autre chose qu'à leurs propres
intérêts ? Il ne me fallait pas beaucoup de pénétration pour voir que cette révolution me laissait sans la moindre chance de réussite. Mon
oncle allait probablement revenir au pouvoir ;
cette perspective m'ôtait toute espérance de rencontrer de l'impartialité chez les juges ; un nouvel avenir se dessina devant moi, et il me sembla
qu'il y aurait folie, impiété à prétendre résister
encore après une pareille manifestation de la
Providence. Je baissai la tête sous la puissance
des destinées qui pesaient sur moi depuis ma
naissance, et, comme le musulman, je m'écriai :
Dieu est grand !... J'abandonnai à la fois toute
idée de procès et tout espoir de fortune, sachant
très bien que je n'avais rien à attendre de la

générosité de mon oncle, rien des reproches de sa conscience; je lui écrivis la lettre suivante :

A don Pio de Tristan.

« Cette lettre est destinée à la famille : je vous l'adresse à vous, mon oncle, comme en étant le chef, et vous prie de vouloir bien la traduire fidèlement à ceux de ses membres qui ne comprennent pas le français.

« J'étais venue auprès de vous, mon oncle, plutôt pour y chercher une affection paternelle, une protection bienveillante que pour me faire rendre des comptes. J'ai été déçue dans mes espérances. Armé de la lettre de la loi, sans en éprouver aucune émotion, vous m'avez arraché pièce à pièce tous les titres qui m'unissaient à la famille au sein de laquelle je venais me réfugier. Vous n'avez pas été retenu par le respect pour la mémoire d'un frère que vous avez chéri : nulle pitié ne vous a parlé en faveur d'une victime innocente de la coupable négligence des auteurs de ses jours. Vous m'avez repoussée et traitée comme une étrangère. Mon oncle, de pareils actes ne peuvent être jugés que par Dieu...

« Si, dans le premier mouvement de ma juste indignation, j'ai voulu porter devant le tribunal des hommes le hideux spectacle de ces iniquités, après quelques jours de réflexion j'ai senti que mes forces affaiblies depuis longtemps ne me permettraient pas de supporter l'horrible douleur que me causerait le scandale d'un tel procès. Je sais, mon oncle, que cette considération n'agit pas de même sur tous les individus, et qu'il est des personnes dont le cœur, fermé à tout sentiment noble, divulguerait sans pudeur à la barre d'un tribunal les fautes et crimes de leur père et de leur mère, aussi bien que ceux de leur frère, par l'appât d'un peu d'or. Quant à moi, je l'avoue, la seule pensée m'en fait mal. La légitimité de ma naissance étant contestée, c'était un motif pour moi de désirer ardemment d'être reconnue comme enfant légitime, afin de jeter un voile sur la faute de mon père, dont la mémoire reste entachée par l'état d'abandon dans lequel il a laissé son enfant ; mais étant entrée dans l'examen des moyens auxquels on devrait avoir recours pour faire repousser ma demande, je vous le répète, mon oncle, j'ai reculé épouvantée. En effet, vous devriez démontrer que votre frère était malhonnête homme et père criminel ; qu'il a eu l'infamie de tromper lâchement une jeune fille sans appui, que son malheur devait faire respecter sur la terre étrangère où elle s'était réfugiée, fuyant la hache révolutionnaire, et qu'abusant de l'amour, de l'inexpérience, il a couvert sa perfidie par la jonglerie d'un mariage clandestin ; vous devriez prouver encore que votre frère a délaissé l'enfant que Dieu lui avait donnée, l'a abandonnée à la misère, aux insultes, aux mépris d'une société barbare, et tandis qu'il vous *recommandait sa fille par ses dernières paroles*, vous devriez, calomniant sa mémoire, imputer à préméditation la faute de sa négligence. Oh ! dussé-je l'emporter devant la justice, j'y renonce. Je me sens le courage de supporter la pauvreté avec dignité comme je l'ai fait jusqu'à présent ; qu'à ce prix les manes de mon père restent en repos.

« Vous m'avez invitée à continuer de vivre dans votre maison, j'y consens à la condition qu'on n'exigera pas de moi de la gaîté, qu'on aura pour mon malheur tout le respect auquel il a droit. Jamais vous n'entendrez une plainte de moi, ni ne verrez un signe qui pût en être la manifestation.

« FLORA DE TRISTAN. »

J'avoue qu'après l'envoi de cette lettre je me sentis soulagée ; c'était une satisfaction que réclamait la fierté de mon caractère de faire connaître ma pensée à toute la famille.

Mon oncle montra cette lettre à la famille. Joaquina fut la seule qui s'en offensât. Son mari lui fit sentir que l'état de douleur, d'exaltation dans lequel j'étais devait me faire excuser, et il lui donna l'exemple de l'indulgence en ne se plaignant nullement des paroles dures que je lui avais adressées. Le soir, don José, l'aumônier de la maison, vint me dire comme en confidence (mais je vis bien qu'il en avait reçu l'ordre) qu'on s'occupait, dans la famille, de me former une bourse afin de me mettre à même d'acheter une petite propriété où je pusse vivre convenablement.

Ma cousine Carmen, Manuela, Althaus, don Juan de Goyenèche, tous, enfin, hors M. Le Bris, me blâmèrent beaucoup d'avoir agi comme je l'avais fait avec mon oncle, et surtout avec

ma tante. — Ce n'était pas de cette manière
qu'il fallait vous y prendre, me disaient-ils,
pour obtenir quelque chose d'eux. Puisque vous
ne vouliez pas plaider, il fallait user de douceur, faire la cour à votre oncle, flatter Joaquina, attendre avec patience et saisir le moment où don Pio aurait pu faire parade, aux
yeux du monde, de sa grande générosité envers
vous. Au lieu de cela, vous les traitez du haut
de votre supériorité, vous les blessez dans les
endroits les plus sensibles, vous exposez aux
yeux de tous leur avarice : comment voulez-
vous qu'ils ne vous prennent pas en haine,
haine qui sera d'autant plus dangereuse qu'elle
sera cachée? Ils avaient raison : une autre, à
ma place, aurait pu avoir cent mille francs
de mon oncle et la gracieuse protection de
Joaquina ; mais il n'aurait pas fallu que cette
autre eût la fierté, la franchise de mon caractère, et éprouvât, comme moi, un invincible dégoût pour le métier de flatteur. Si mon oncle
avait consenti, avec noblesse, à me donner cent
mille francs, ainsi satisfaite, j'aurais eu pour
lui, en acceptant ce don de sa générosité, une
vive reconnaissance ; mais lorsque, pour obtenir cette somme, je me voyais forcée de briser

l'indépendance de mon caractère, je préférais rester pauvre, estimant à trop haut prix la liberté de ma pensée, l'individualité que Dieu m'a donnée, pour les échanger contre un peu d'or, dont la vue seule eût excité mes remords.

Althaus me dit que mon oncle s'était engagé, devant toute la famille, à m'assurer la pension de deux mille cinq cents francs qu'il me payait. Je l'en fis remercier sans beaucoup compter sur sa parole, me réservant de la lui rappeler quand il s'agirait de lui demander quelques légers secours pour mes enfants.

Je reconnus alors toute la vérité que renferment ces paroles de Bernardin de Saint-Pierre, dans lesquelles il compare le malheur à l'Himalaya, du sommet duquel toutes les montagnes environnantes ne paraissent plus que de petits monticules, et d'où l'on découvre les beaux pays de Cachemire et de Lahor. J'avais atteint l'apogée de la douleur, et je dois dire, pour la consolation de l'infortune, qu'arrivée à ce point extrême, je trouvai, dans la douleur, des jouissances ineffables, célestes, pourrais-je dire, et dont jamais mon imagination n'avait soupçonné l'existence. Je me sentais enlevée par une puissance surhumaine, qui

me transportait dans des régions supérieures,
d'où je pouvais apercevoir les choses de la terre
sous leur véritable aspect, dépouillées du prestige trompeur dont les passions des hommes les
revêtent. Jamais à aucune époque de ma vie je
n'ai été plus calme : si j'avais pu vivre dans la
solitude avec des livres et des fleurs, mon bonheur eût été complet.

II.

LA RÉPUBLIQUE ET LES TROIS PRÉSIDENTS.

Il me serait difficile d'exposer à mes lecteurs les causes de la révolution qui éclata à Lima en janvier 1834, et des guerres civiles qui en furent la suite. Je n'ai jamais pu comprendre comment les trois prétendants à la présidence pouvaient fonder leurs droits aux yeux de leurs partisans. Les explications que mon oncle m'a données, à cet égard, n'ont pas été bien intelli-

gibles. Quand je questionnais Althaus à ce sujet, il me répondait en riant : — Florita, depuis
que j'ai l'honneur de servir la république du
Pérou, je n'ai pas encore vu un président dont
le titre ne fût très contestable... Parfois il s'en
est trouvé jusqu'à cinq qui se disaient être lé-
galement élus.

En résumé, voici ce que j'ai pu saisir. La
présidente Gamarra, voyant qu'elle ne pouvait
plus maintenir son mari au pouvoir, fit porter,
par ses partisans, comme candidat, Bermudez,
une de ses créatures, et il fut élu président. Ses
antagonistes alléguèrent, je ne sais pour quelles
raisons, que la nomination de Bermudez était
nulle, et, de leur côté, ils nommèrent Orbegoso.
Alors les troubles éclatèrent.

Je me rappelle que, le jour où la nouvelle en
arriva de Lima, j'étais malade et couchée sur
mon lit, tout habillée, causant avec ma cousine
Carmen sur le vide des choses humaines ; il
pouvait être quatre heures. Tout à coup, Emmanuel se précipite dans la chambre avec un
air effaré et nous dit : — Vous ne savez pas ce
qui se passe ? le courrier vient d'apporter la
nouvelle qu'il y a eu une affreuse révolution à
Lima ! un massacre épouvantable ! On en a été

tellement révolté ici, qu'il vient de se faire spon-
tanément un mouvement général. Tout le peuple est rassemblé sur la place de la cathédrale ;
le général Nieto est nommé commandant du
département. C'est une confusion à ne savoir
que croire et qui entendre. Mon père m'envoie
chercher mon oncle Pio.

— Eh bien ! dit ma cousine sans s'émouvoir
et tout en secouant la cendre de son cigare, va
raconter tout cela à don Pio de Tristan. Voilà
des événements qui l'intéressent, lui qui peut
craindre de payer pour les battants ou les bat-
tus. Mais, quant à nous, que nous importe ?
Florita n'est-elle pas étrangère ? Et moi qui ne
possède plus un maravédis, qu'ai-je besoin de
savoir si l'on s'égorge pour Orbegoso, Bermudez ou Gamarra ?

Emmanuel se retira. Peu de temps après,
Joaquina entra.

— Sainte Vierge ! mes sœurs, savez-vous le
malheur qui vient encore frapper notre pays ?
La ville est en révolte ; un nouveau gouvernement s'établit, et les misérables qui sont à la tête
de l'insurrection vont pressurer les malheureux
propriétaires. Mon Dieu ! quelle calamité !

— Tu as raison, dit Carmen ; dans de pa-

reilles circonstances, on est presque satisfait de
ne pas être propriétaire ; car il est dur de donner son argent pour faire la guerre civile lorsqu'on pourrait l'employer à soulager des malheureux. Mais que veux-tu ? c'est le revers de
la médaille.

Vinrent ensuite mon oncle et Althaus. Tous
les deux étaient visiblement inquiets : mon oncle, parce qu'il craignait qu'on ne lui fît donner
de l'argent ; mon cousin, parce qu'il hésitait à
se prononcer pour l'un ou l'autre parti. Tous
deux avaient également beaucoup de confiance
en moi, et, dans cette position embarrassante,
ils me demandèrent mon avis.

Mon oncle, s'approchant tout près de moi,
me dit avec abandon : — Ma chère Florita, je
suis bien inquiet ; conseillez-moi ; vous avez
des aperçus justes en tout, et vous êtes réellement la seule personne ici avec laquelle je puisse
parler de choses aussi graves. Ce Nieto est un
misérable sans honneur, un mange-tout, un
homme faible qui va se laisser mener par l'a-
vocat Baldivia, homme très capable, mais intrigant et révolutionnaire forcené. Ces brigands-
là vont nous rançonner, nous autres propriétaires, Dieu sait jusqu'à quel point. Florita, il

m'est venu une idée : si demain matin j'allais, de bonne heure, offrir à ces voleurs deux mille piastres, et en même temps leur proposer de faire une levée d'argent sur tous les autres propriétaires, ne trouvez-vous pas que cela me donnerait l'apparence d'être de leur bord, et aurait peut-être pour résultat d'empêcher qu'ils ne me taxassent aussi fortement? Chère enfant, qu'en pensez-vous?

— Mon oncle, je trouve votre idée excellente : seulement je pense que la somme que vous offrez n'est pas assez forte.

— Mais, Florita, vous me croyez donc aussi riche que le pape? Comment! ils ne se contenteraient pas de dix mille francs?

— Mon cher oncle, songez donc que leurs exigences seront relatives aux fortunes. Vous sentez que si vous, l'homme le plus riche de la ville, ne donnez que dix mille francs, d'après cette proportion, leurs rentrées ne seraient pas considérables; ils ne feraient pas une forte prise, et je crois pouvoir vous dire que leur intention est de faire une rafle de main de maître.

— Comment cela? Savez-vous quelque chose?

— Pas précisément; mais j'ai des indices.

— Ah! ma Florita, mettez-moi au courant.

Althaus est serré avec moi : jamais je ne peux
en tirer un mot. Ce petit Emmanuel me boude ;
tous deux vous aiment beaucoup : tâchez qu'ils
vous tiennent toujours bien informée. Je vais
rentrer chez moi ; je me dirai malade ; car, dans
ces circonstances, je n'ose parler ; il suffirait
d'une parole pour me compromettre.

Mes rapports avec Baldivia m'avaient fait
juger de l'homme : en apprenant qu'il était
dans le gouvernement qui s'organisait, je pré-
sumais bien que les propriétaires seraient ex-
ploités ; c'est ce qui me fit parler avec autant
d'assurance à mon oncle.

Quand il fut sorti, Althaus s'approcha de
moi, à son tour, et me dit : — Cousine, ren-
voyez tout ce monde qui vous fatigue : je voudrais causer avec vous. Je suis dans une position des plus embarrassantes. Je ne sais quel
parti prendre.

J'appelai ma cousine Carmen et la priai de
renvoyer tous ces visiteurs, lesquels, croyant
me faire plaisir, venaient s'établir dans ma
chambre et augmentaient beaucoup mon mal de
tête par leur bruyante conversation. Tout le
monde se retira ; et, dix minutes après, Althaus
rentra.

— Florita, je ne sais que faire. Pour lequel de ces trois *gredins* de présidents dois-je prendre parti?

— Cousin, vous n'avez pas le choix. Puisqu'ici on reconnaît Orbegoso, il vous faut marcher sous ses bannières et le commandement de Nieto.

— Voilà justement ce qui me fait enrager. Ce Nieto est un âne, présomptueux comme tous les sots et qui se laissera gouverner par cet *avocassier* Baldivia; tandis que, du côté de Bermudez, il y a quelques soldats avec lesquels je pourrais marcher.

— Soit; mais Bermudez est à Lima et vous êtes à Aréquipa. Si vous refusez de marcher avec ceux-ci, ils vont vous destituer, vous rançonner et vous vexer en tout.

— Voilà ce que je crains. Que pense don Pio sur la durée de ce gouvernement? Je ne lui dis rien, parce qu'il m'a menti tant de fois que je ne crois plus à aucune de ses paroles.

— Au moins, cousin, vous croyez à ses actes : ce qui doit vous déterminer, c'est que don Pio accorde assez de durée à ce gouvernement pour lui offrir de l'argent. Demain, il ira porter 4,000 piastres à Nieto.

— Il vous l'a dit?

— Oui, cher ami.

— Oh! alors, cela change les choses. Vous avez raison, cousine. Quand un homme politique comme don Pio offre 4,000 piastres à Nieto, un pauvre soldat comme moi doit accepter la place qui lui est offerte, de chef d'état-major. Demain, avant huit heures, je serai chez le général. Peste soit du métier! Moi, Althaus! forcé de servir sous un homme que, lorsque j'étais lieutenant dans l'armée du Rhin, je n'aurais pas voulu pour simple caporal!... Ah! bande de voleurs! si je peux parvenir à me faire payer, seulement la moitié de ce que vous me devez pour les travaux que je vous ai faits et que vous êtes incapables d'apprécier, je jure bien de quitter votre maudit pays pour ne plus le revoir.

Althaus, une fois lancé, se déchaîna contre les trois présidents; l'ancien Gamarra; le nouveau Orbegoso, et, enfin, celui en possession du pouvoir, Bermudez. Il les méprisait tous trois également. Mais, bientôt après, il vit les choses du côté plaisant et me dit, à ce sujet, les bouffonneries les plus originales.

Après qu'Althaus m'eut quittée, mes pensées

prirent un cours plus sérieux. Je ne pus m'empêcher de déplorer les malheurs de cette Amérique espagnole où, en aucun lieu, un gouvernement protecteur des personnes et des propriétés ne s'est encore établi d'une manière
stable; où, de toutes parts, accourent, depuis
vingt ans, les hommes de violence qui, voyant
en Europe l'arène des combats fermée par les
progrès de la raison humaine, vont en Amérique y fomenter les haines, prennent parti
dans les querelles, prolongent les résistances
par leur coopération et perpétuent ainsi les calamités de la guerre. Ce n'est pas actuellement
pour des principes que se battent les Améri-
cains-Espagnols, c'est pour des chefs qui les
récompensent par le pillage de leurs frères. La
guerre ne s'est jamais montrée sous un aspect
plus dégoûtant, plus méprisable : elle ne ces-
sera ses ravages dans ces malheureux pays que
lorsque rien n'y tentera plus sa cupidité, et ce
moment n'est pas éloigné. Arrivera enfin le
jour fixé par la Providence où ces peuples seront unis sous la bannière du travail. Puissent-
ils alors, au souvenir des calamités passées,
prendre en une sainte horreur les hommes de
sang et de rapine! Que les croix, les étoiles,

les décorations de toute espèce, dont les couvrent leurs maîtres, ne soient, à leurs yeux, que des stigmates d'infamie; qu'ils les repoussent de partout et n'accueillent que la science et le talent appliqués au bonheur des hommes.

Le lendemain, mon oncle entra chez moi dès le matin; j'étais assoupie. — Chère Florita, me dit-il, pardonnez-moi, si je vous dérange d'aussi bonne heure : comment allez-vous? avez-vous un peu reposé cette nuit?

— Non, mon oncle, j'ai une agitation fébrile qui me prive de tout sommeil; ma douleur de tête ne me quitte point, et je me sens extrêmement faible.

— Je ne m'en étonne pas, vous ne mangez rien; croyez-vous que ce soit avec des oranges, du café et un peu de lait que vous allez vous remettre des dures fatigues de votre long voyage. Joaquina ni moi n'osons vous contrarier; mais nous souffrons de voir la manière dont vous vous traitez. Carmen a raison de vous appeler *fleur de l'air*; en effet, vous ne ressemblez pas mal à cette plante, qui s'alimente de l'air seulement[1].

[1] A Buenos-Ayres, tous les balcons des maisons sont garnis de

— Mon oncle, toute ma vie j'ai vécu de même, et néanmoins je me suis toujours assez bien portée; je crois que c'est à l'air du volcan qu'il faut attribuer ma maladie. Et vous, mon oncle, vous paraissez inquiet, souffrant; seriez-vous malade aussi?

— Non, mon enfant; toutefois je n'ai pas dormi de la nuit, ces évènements m'ont bouleversé. Florita, j'ai réfléchi à ce que vous m'avez dit; je crains que 2,000 piastres ne soient pas assez; mais 4,000, c'est énorme!

— Oui, sans doute; mais Althaus m'a dit, hier, qu'ils ne prenaient cet argent qu'à titre de prêt.

— Ah! ah! eux aussi se servent des grands mots! ils appellent cela des *prêts*!... effrontés coquins! Bolivar donnait aussi à ses exactions le nom de *prêt*. Et qui donc m'a rendu ou songé à me rendre les 25,000 piastres que l'illustre *libertador* m'a prises lorsqu'il est venu ici? C'était également à titre de *prêt* que le général Sucre nous prenait notre argent; je n'ai cependant jamais revu les 10,000 piastres qu'il m'a ainsi

cette plante, qu'on nomme la *fleur de l'air*, parce qu'elle n'a pas de racines et ne s'alimente que de l'air.

II. 4

empruntées. Ah! Florita, de pareilles impudences me font sortir de mon caractère. Venir voler les gens, chez eux, à main armée, et, à l'infamie ajoutant la dérision, enregistrer les sommes volées sous la dénomination de *prêt*, voilà qui passe toute effronterie....

— Mon oncle, quelle heure est-il?

— Huit heures.

— Eh bien, je vous engage à partir, car je sais qu'on doit, à dix heures, publier par la ville l'ordonnance qui met à contribution les propriétaires.

— Vraiment? Alors je n'ai pas de temps à perdre; je me décide pour 4,000 piastres.

Ainsi, pensais-je, par un équilibre providentiel, l'argent que l'iniquité me refuse, la violence le ravit; si je pouvais croire à une vengeance divine, n'en verrais-je pas là un exemple? Mon oncle n'est-il pas frappé dans ce qu'il a de plus cher? comme si Dieu eût voulu que l'injustice fût à son tour victime de l'injustice?

Mon oncle revint tout content.

— Ah! Florita, comme j'ai bien fait d'agir selon vos conseils. Figurez-vous que ces coquins ont déjà fait leur liste. Le général m'a très bien reçu; mais ce Baldivia avait l'air de deviner le

motif qui me faisait venir ; son regard semblait
me dire : « Vous nous apportez votre argent par
crainte que nous ne vous en demandions davantage; vous n'y gagnerez rien. » Heureusement
je suis aussi fin que lui.

A dix heures, on publia par la ville *el bando*
(mandement fait à cri public); non, jamais de
ma vie je n'ai vu une telle rumeur ! Althaus vint
chez moi, riant comme un fou : — Ah ! cousine, que vous êtes heureuse de ne pas avoir
d'argent ! aujourd'hui ceux qui en ont font une
mine bien pitoyable, et j'aurais peine à vous
voir, vous, qui êtes si gentille, faire une telle
grimace ! Maintenant me voilà chef de l'état-
major du généralissime Nieto ; cela me vaut
déjà 800 piastres ! L'aimable docteur Baldivia
avait porté sur son *bando* Manuela Florez d'Althaus pour la modique somme de 800 piastres; mais, comme tout, dans cet heureux
temps, se fait au nom du pouvoir militaire, ledit
bando est arrivé à mon bureau et, avant de le
signer, j'ai eu la bonne idée de lire les noms
des victimes. Parvenu à celui de mon illustre
épouse, je l'ai rayé sans cérémonie, et suis allé
chez le général où, criant bien fort, j'ai dit que
je trouvais très extraordinaire qu'on eût porté

ma femme pour 800 piastres, quand la sienne,
ni celles des autres membres du gouvernement suprême, ne figuraient pas sur le *bando*
pour un réal. Maître Baldivia a voulu répliquer,
en disant « que la nièce de don Pio... » — Ici,
me suis-je écrié, en l'interrompant avec véhémence, on ne doit pas voir la nièce de don Pio,
mais seulement la femme du chef d'état-major
Althaus; et si les loups se mangent entre eux,
ma foi, alors, au diable ! j'en jette la peau, et
vais hurler dans une autre tanière. — En prononçant ces paroles, de ma douce voix, j'ai fait
sonner mon sabre par terre et retentir mes
éperons d'une telle force, que le moine a pris
sa plume pour rayer le nom de ma femme. Le
trouvant bâtonné, il a pincé les lèvres, a pâli,
et son regard cherchait à pénétrer d'où provenait mon assurance; mais, de même qu'à Waterloo, j'étais ferme comme un roc, et, le regardant en face, je lui ai dit : — Camarade, dans
cette affaire, chacun de nous aura sa besogne :
à vous de fabriquer les *bandos* qui extorqueront
l'argent des bourgeois, et à moi de les faire
exécuter. Je pense qu'en cette circonstance mon
sabre sera aussi utile que votre plume. Le camarade a compris..., et je vous assure, Florita, que

cette sortie *soldatesque*, comme vous allez la nommer, a fait un très bon effet.

Vers midi, ma cousine Carmen entra avec l'expression d'une joie concentrée :

— Florita, je viens vous chercher ; chère amie, levez-vous ; il faut absolument que vous veniez vous asseoir à la fenêtre de mon salon pour jouir avec moi du spectacle qu'offre la rue de Santo-Domingo, voilà de ces évènements à faire figurer dans votre journal : j'ai déjà pris note pour vous des deux plus curieux. Vous allez vous envelopper dans votre manteau, vous couvrirez votre tête de votre grand voile noir, je garnirai le rebord de la fenêtre de tapis et de coussins ; vous serez là comme sur votre lit, et nous nous amuserons comme des reines.

— Mais, cousine, que se passe-t-il donc dans la rue de Santo-Domingo ?...

— Ce qui se passe ! le spectacle le plus amusant qu'on puisse voir ; vous verrez tous ces propriétaires, avec des sacs d'argent sous les bras, la figure pâle, allongée, allant comme des gens que l'on mène à un auto-da-fé. Ha ! venez vite, Florita ; dans ce moment nous perdons beaucoup.

Entraînée par ses instances, j'allai m'installer

à sa croisée. Carmen avait raison ; je trouvai à y faire d'intéressantes observations.

Ma cousine est remplie de cet esprit sourdement méchant, assez ordinaire chez les êtres qui n'osent pas se mettre en lutte ouverte contre la société dont ils ont été victimes : elle saisit avec empressement toutes les occasions de se venger de cette même société qu'elle hait; aussi accostait-elle chaque individu qui passait devant nous, et se plaisait-elle à lui retourner le poignard dans la plaie.

— Comme vous voilà chargé, señor Gamio? Où allez-vous donc porter ces grands sacs de piastres?.... vous auriez là de quoi acheter une jolie petite *chacra* pour chacune de vos filles.

— Comment, doña Carmen, vous ne savez donc pas qu'ils ont eu l'iniquité de m'imposer pour 6,000 piastres!!

— Vraiment, señor Gamio! Ah! cela est affreux!!...; un père de famille, un homme si rangé, si économe, qui se prive du nécessaire pour entasser sacs sur sacs : voilà qui est d'une injustice révoltante!

— Oui, vous le savez, si je me suis privé pour amasser; eh bien! voilà les fruits de mes économies partis d'un seul coup! ils m'enlèvent tout!

— Et encore, don José, si vous en étiez quitte pour cette somme?...

— Hé! mais croyez-vous donc qu'ils m'en prendront d'autres?

— Don José, nous vivons dans un temps où les honnêtes gens n'ont pas la liberté de parler; il faut recommander son ame à la sainte Vierge, et prier pour les malheureux qui ont de l'argent...

Le señor Gamio, les larmes dans les yeux, tremblant de crainte, quitta la croisée de Carmen avec le désespoir dans le cœur.

Après lui vint à passer le señor Ugarte, homme aussi riche que mon oncle, mais beaucoup plus avare. Dans les temps ordinaires, Ugarte va avec des bas bleus, des souliers percés et un habit rapiécé ; ce jour-là, exaspéré par la douleur de l'avare, peut-être la plus forte de toutes les douleurs, il avait mis, croyant de cette manière en imposer sur ses richesses, tout ce qu'il avait de plus déguenillé; accoutré de haillons de toutes couleurs, son extérieur, sa mine étaient des plus grotesques. En le voyant, je ne pus m'empêcher de partir d'un éclat de rire. Je cachai ma tête dans mon voile, pendant que ma cousine, habituée à maîtriser ses émotions, faisait parler ce pauvre riche qu'on eût pris pour un *mendiant*, et qui cependant possède 5 à 6 millions de fortune.

— Pourquoi donc, señor don Ugarte, vous éreintez-vous à porter des sacs de ce poids? N'avez-vous pas un nègre ou un âne qui pût vous éviter cette peine?

— Y pensez-vous, dona Carmen, confier des sacs d'argent à un nègre! Aidez-moi un peu à poser ces sacs sur votre croisée; il y a là 10,000 piastres!! dona Carmen, et presque tout en or!!..

— Oh! señor, la couleur n'y fait rien; mais je conçois qu'il est dur de se dépouiller ainsi de belles onces [1], qui reposaient tranquillement au fond de quelque cave, pour les donner à des gens qui vont les faire circuler.

— Les donner! dites donc qu'ils me les volent! car, comme la Vierge est au ciel avec son Fils très saint, si ce n'est qu'ils m'ont menacé de me mettre en prison, et que, pendant mon emprisonnement, ma femme aurait pu me dérober mon argent, je me serais fait brûler, plutôt que de leur donner un maravédis! Mon pauvre argent! ma seule consolation! ils me le prennent!

[1] Dans le pays espagnol, le quadruple prend de son poids la dénomination d'*once*.

L'insensé, dans le paroxysme de sa douleur,
se mit à pleurer en contemplant ses sacs comme
une mère en présence de son enfant mort. —
Ma cousine rentra dans le salon pour rire tout
à son aise. Quant à moi, je considérais ce
malheureux avec un sentiment de pitié ; je
le croyais atteint d'aliénation mentale, et la démence excite tout mon intérêt, toute ma compassion. Mais bientôt je ne vis plus en lui que
le vil esclave de l'or, l'homme sans cœur pour
ses semblables, s'isolant de tout, étranger aux
plus chères affections de notre nature, et je
ressentis le plus profond mépris pour ce misérable qui, riche de 6 millions, se couvrait de
sales haillons. Cette guerre civile, pensais-je,
est dans les décrets de la Providence; les extorsions du pouvoir militaire auront au moins
pour résultat immédiat de faire circuler des métaux dont l'unique utilité est dans la circulation,
en attendant qu'un besoin unanime d'ordre et
de sûreté amène l'établissement d'un gouvernement protecteur.

Ma cousine, qui était revenue à la croisée,
offrit un cigare à Ugarte, sachant que c'était
le meilleur moyen de le rappeler à lui-même;
Ugarte n'offre jamais de cigares à personne, il

a toujours, au contraire, oublié les siens, afin
qu'on lui en fasse la charité; c'est un maravédis
d'économisé.

— Tenez, señor don Ugarte, voilà un beau
cigare de la Havane, de contrebande; il coûte
deux sous.

— Merci, señora, vous me faites là un véritable cadeau; c'est pour moi une réelle jouissance de fumer un bon cigare, mais vous sentez
que je ne puis y mettre ce prix.

— Hélas! señor, avec le quart d'un de ces
sacs, il y aurait de quoi acheter des cigares de
la Havane gros comme les tours de Santo-Domingo; mais, après de pareilles spoliations, vous
voilà privé pour toute votre vie de bons cigares.

— Eh! ce qu'il y a de plus horrible, dona
Carmen, c'est de voir l'injustice avec laquelle
on me traite; m'imposer à 10,000 piastres!
moi, pauvre homme qui n'ai pas un habit à
mettre. Mes ennemis me disent riche; moi riche!
Sainte Vierge! parce que j'ai deux ou trois petites propriétés, qui me coûtent plus qu'elles
ne me rapportent; il est notoire que, depuis
six ans, je n'ai pas reçu une piastre de mes
fermiers. Le peu d'argent comptant que j'avais,
je l'ai prêté à des gens qui ne me le rendent pas;

enfin, c'est au point que souvent ma femme n'a pas de quoi aller au marché.

— Et cependant, señor, depuis ce matin dix heures, et il n'est que midi, vous avez retrouvé ces sacs d'or dans quelques coins...

Le pauvre fou regarda ma cousine avec un air épouvanté.

— Qui donc vous l'a dit?

— Vous ne l'ignorez pas; tout se sait dans ce pays-ci; on va même jusqu'à dire que vous avez, dans votre cave, un tonneau plein d'or?

— Sainte Vierge! quelle méchanceté! quelle calomnie! Quoi! mes ennemis vont jusqu'à dire que j'ai un tonneau plein d'or? Ah! mais il n'y a plus moyen d'y tenir! Dona Carmen, vous n'en croyez rien, n'est-ce pas?... Mademoiselle, ce sont des mensonges infames! ne les croyez pas!... Saint Joseph! ils me feront perdre la tête!

L'insensé se rechargea de ses sacs; sa figure prit l'expression d'une sombre folie; ses muscles se contractèrent; il tremblait de tous ses membres; on voyait qu'il souffrait horriblement. Ce mendiant, pliant sous le poids de son or, s'éloigna aussi vite que le lui permettait son fardeau.

— Carmen, vous êtes bien méchante; vous êtes cause que ce malheureux deviendra tout à fait fou.

— Eh ! la grande perte que ferait le pays ! Un pareil homme suffit pour déshonorer la ville où il est né. N'est-ce pas révoltant de voir un millionnaire, couvert des haillons de la misère, entasser toujours pour ne jamais jouir, et priver les malheureux de travail en enfouissant ses richesses. La ville renferme cinq ou six individus énormément riches, et c'est à qui d'entre eux sera le plus cancre; ce sont autant de sangsues qui aspirent incessamment l'or et l'argent de la société et ne lui en rendent rien.

L'indignation de Carmen était fondée. Dans les pays où l'argent, comme véhicule du travail, est mis par l'établissement des banques usant de papiers monétaires à la portée de tous ceux qui ont de l'industrie, l'avare est un fou dont tout le monde se rit; mais, dans les pays arriérés, où l'or a conservé toute sa puissance, l'avare est un ennemi public qui arrête la circulation de la monnaie et rend le travail onéreux ou impossible même par l'exorbitance de ses exigences ; qu'on ne s'étonne donc pas que les masses exploitées par la cupidité de quel-

ques uns se réjouissent et appuient, de leurs
forces, les extorsions du pouvoir ; elles se ven-
gent de celles que chaque jour elles endurent.
L'invention des temps modernes la plus féconde
en résultats est peut-être, après l'imprimerie,
celle des papiers monétaires ; ils sont venus
mettre un frein à la puissance de l'or en lui
faisant concurrence ; ils ont rendu l'acquisition
des richesses toujours possible au travail habile
et constant ; en un mot, ils ont anéanti l'usure et
l'esclavage du talent. Dans tous les pays où le système de crédit public ne mettra pas l'argent ou
le signe qui le représente à la portée du travail [1],
les gens à argent seront aussi odieux au peuple
qu'ils l'étaient aux Romains, que les Juifs au
peuple du moyen-âge, et, en toutes occasions,
il se montrera disposé à prêter son appui au
pouvoir qui les dépouillera.

[1] Le système de crédit de l'Angleterre et des États-Unis a en-
fanté des prodiges, en donnant au travail un immense développement ; son exagération a sans doute occasionné des crises commerciales, mais elles n'ont été que des calamités passagères ; le commerce est toujours sorti de ces crises plus florissant que jamais, et
l'expérience acquise va faire prendre des mesures dans l'un et
l'autre pays qui en préviendront le retour. Sans ce système, comment l'Angleterre aurait-elle pu faire supporter au peuple l'é-
norme fardeau de ses taxes en présence d'une aristocratie qui possède tout le sol.

Comme nous terminions les réflexions que
l'avarice du señor Ugarte avait provoquées,
don Juan de Goyenèche s'approcha de nous. Il
était tellement défait, que je crus qu'il allait
tomber. Carmen l'invita à entrer.

— Je vais chez don Pio, dit-il; j'espère qu'il
pourra me prêter de l'argent, autrement Dieu
sait ce qu'il va arriver de notre famille. Vous
savez, mesdames, que ces gens... (dona Carmen,
il n'y a pas de danger qu'on nous entende?
regardez donc à la fenêtre si quelqu'un ne
nous écouterait pas), vous savez qu'ils ont eu
l'impudence d'imposer notre vénérable frère,
l'évêque, à 20,000 piastres! ma sœur a été
taxée à 5,000 et moi à 6,000. Ainsi, voilà
34,000 piastres enlevées, d'un seul coup, à notre fortune! Ah! Florita! combien donnerais-je
pour être à la place de notre frère Mariano!
Il est tranquille, lui; jouit paisiblement, à Bordeaux, de ses revenus : ce n'est pas d'aujourd'hui
que je me repens de lui avoir acheté tous les biens
qu'il possédait ici, et, plus que jamais, depuis
cette révolution, je déplore l'insigne folie que
j'ai faite de m'être enchaîné dans ce pays.

— Don Juan, dit ma cousine, tout ceci n'est
qu'un orage; lorsqu'il sera passé, vous rede-

viendrez roi. Par sa dignité, votre frère est ici le premier, comme vous l'êtes par vos richesses. Cette position éminente, la retrouveriez-vous en France, où le nombre des grandes fortunes ne permet pas qu'on en distingue aucune?

— Ah! dona Carmen, l'avantage d'être quelque chose dans un pays de révolution coûte trop cher pour qu'on ne préfère pas l'obscurité à la vaine jouissance d'une pareille distinction. Songez à ce que nous a coûté chaque apparition d'un nouveau gouvernement : le *libertador* Bolivar a enlevé à notre maison 40,000 piastres, le général Sucre, 30,000, San Martin, tout ce que mon frère Mariano possédait à Lima, et maintenant voilà Nieto et Baldivia qui ont pris à tâche de nous ruiner.

— Cousin, il faut un peu de philosophie. Les billets gagnants et perdants sortent de la roue de la fortune; on ne peut toujours se saisir des premiers. Votre père est venu dans ce pays sans rien; il y a amassé de grands biens; votre frère, don Emmanuel, aujourd'hui comte de Guaqui, a, dit-on, 20 millions à lui; tout cela provient du Pérou : croyez-vous réellement, don Juan, que si votre père fût resté en Bis-

caye, vos frères seraient, l'un, évêque, et l'autre grand d'Espagne?

J'interrompis la maligne Carmen, qui se plaisait à torturer cet autre Ugarte.

— Cousin, lui dis-je, cet argent vous sera
fidèlement rendu; mon oncle Pio en est convaincu; aussi prêterait-il à ce gouvernement
tout ce qu'il voudrait.

— Alors, Florita, dites-moi, je vous prie,
pourquoi notre gracieux cousin ne lui a prêté
que 4,000 piastres, quand, dit-on, il a conseillé à Baldivia de nous en faire *prêter trente
et un mille?*

— Mon cousin, il ne faut pas ajouter foi aux
on dit; on en rapporte peut-être de vous qui
ne seraient pas plus agréables pour mon oncle.

— Mais, Florita, convenez au moins que
cette disproportion est choquante; tout le
monde sait que don Pio est plus riche que moi,
et.....

— Don Juan, dit Carmen, il paraît que c'est
le jour où il ne se trouve que des pauvres à
Aréquipa; nous venons de voir passer Ugarte
qui n'avait pas de souliers aux pieds....

Il se leva, voyant bien que ce n'était pas de

Carmen, qui le déteste, qu'il devait attendre la moindre consolation.

— Je vais voir, dit-il, si don Pio voudra me prêter de l'argent; et il sortit.

— J'espére, Florita, que voilà d'excellents types à mettre sur votre journal? Que pensez-vous de tous ces pauvres millionnaires? Ne trouvez-vous pas que notre illustre parent, M. de Goyenèche, est bien à plaindre? Son père est arrivé de Biscaye en sabots; il était bête à manger du foin; c'est en tout temps une qualité pour faire fortune; et à cette heureuse époque, il ne fallait pas beaucoup d'esprit pour gagner de l'argent. Il en gagna énormément, se maria avec une cousine de votre grand'mère, une demoiselle Moscoso, qui lui apporta une riche dot; l'un et l'autre, très avares, élevèrent leurs enfants dans ces bons principes, firent donner de l'éducation aux deux aînés, don Emmanuel et don Mariano, que vous connaissez. Emmanuel alla en Espagne, y servit comme militaire et obtint la confiance de je ne sais quel ministre, qui l'envoya au Pérou pour y soutenir la cause du roi; quand cette cause fut perdue, il reçut la mission de recueillir tous les débris de l'ancienne splendeur afin de les faire

passer en Espagne. Il exécuta cet ordre avec
autant de rigueur que s'il eût été né Castillan;
il prit au Pérou tout ce qu'il put, traitant son
propre pays, celui où son père avait fait sa fortune, comme un pays conquis. On n'a jamais
su au juste combien il avait enlevé de millions
aux Péruviens; mais, ce qu'il y a de très sûr,
c'est qu'il en a gardé une vingtaine pour lui;
vous voyez, chère amie, qu'on ne se ruine pas
à faire les affaires du roi. Ce fut don Emmanuel qui fit nommer son frère évêque, et Mariano occupait aussi, par son influence, la place
de juge à Lima; il en fut chassé par San Martin,
qui s'empara de tout ce qu'il possédait à Lima;
et, quoique riche encore de 100,000 livres de
rente, il s'est fait donner, par le gouvernement
espagnol, une pension de 20,000 francs à titre
de dédommagement. Je ne vous parle pas des
honneurs qui ont plu sur eux, les croix de
Saint-Jean, de Saint-Jacques; les titres de
comte de Guaqui [1], de grand d'Espagne, etc.,
et vpilà ce don Juan qui vient pleurer misère
parce que la république lui demande 6,000
piastres. Au diable puissent aller ces étrangers

___
[1] Le comte de Guaqui est actuellement auprès de don Carlos,
avec la charge de grand-écuyer.

qui n'accourent dans un pays nouveau que pour
le dépouiller; et, se moquant ensuite de ceux
qu'ils ont ruinés, se retirent avec leur butin
dans des villes d'Europe.

Il était évident que Carmen éprouvait une
secrète joie à se venger de ces avares qui avaient
critiqué sa manière de vivre, tout en acceptant
ses cigares à *deux sous*, ses dîners et ses fêtes.

Elle insistait pour me faire retourner à la
croisée, mais ce spectacle de l'avarice aux prises
avec l'oppression me répugnait; il me montrait
l'humanité sous un aspect trop méprisable, et
je résistais aux sollicitations de Carmen.

— Au moins, Florita, venez voir encore le
vieux voisin Hurtado; le bon-homme fait charger
stoïquement ses 6,000 piastres sur son âne;
celui-là est philosophe..... Voyons donc ce qu'il
va nous conter.

Je me laissai aller à la curiosité de savoir ce
que pensait le vieux philosophe en donnant ses
piastres.

— Bravo, père Hurtado! au moins, vous ne
vous fatiguez pas à porter vos sacs à l'hôtel-de-
ville!

— Carmen, le philosophe ne doit plier que
sous le poids de la sagesse. Mon âne est destiné

à porter des fardeaux, et je ne vois pas pourquoi
l'or et l'argent seraient, par exception, trans-
portés exclusivement par des hommes, quand
le fer, le cuivre, le plomb, métaux beaucoup
plus utiles, sont chargés sur des bêtes de somme.

— Voisin, je vois que vous vous exécutez de
bonne grace, ce qui est facile, lorsque, comme
vous, on possède un *tombeau*[1]; mais les malheureux, tels que don Pio de Tristan, Juan de
Goyenèche, Ugarte, Gamio et autres ne peuvent, vous le sentez, se résigner aussi aisément.

— Oui, Carmen, vous avez raison, je possède
un *tombeau*; car la vraie sagesse est plus inépuisable que le tombeau du plus riche des anciens Incas.

— La sagesse, voisin, la sagesse est chose
précieuse, j'en conviens; mais je vous assure
que j'aurais beau être sage comme un de ces
sages grecs ou romains dont je n'ai jamais su
les noms, que tout cela ne me mettrait pas une
once dans la poche.

— Vous le croyez, ma fille, et voilà précisément votre erreur.

[1] On dit, des gens qui ont une fortune dont on ne connaît pas
l'origine, qu'ils possèdent un *tombeau*, parce que les anciens Péruviens étaient ensevelis avec leurs trésors, et que, lors de la
conquête, ils cachèrent leurs richesses dans les tombeaux.

— Père Hurtado, vous allez encore me faire
mettre en colère; il en est de même chaque
fois que je cause avec vous. N'allez-vous pas
entreprendre de me prouver que c'est votre
sagesse qui vous a fourni les moyens d'acheter
les sept ou huit maisons que vous possédez
en ville, votre belle campagne, votre grande
sucrerie; que c'est avec votre sagesse que vous
avez élevé vos onze enfants, fait donner à tous
de l'éducation, doté vos filles; que c'est dans
votre sagesse que vous trouvez de quoi entretenir votre fille, religieuse à Santa-Cathalina, avec
un luxe qui scandalise toute la communauté;
à faire des offrandes aux couvents, à bâtir une
église dans le village où est située votre campagne?... Ah! laissez-nous donc tranquilles avec
votre sagesse; par le Christ! à ce prix-là tout
le monde deviendrait sage.

— Oui, si les dispositions à la sagesse avaient
été données au monde; mais j'ai beau observer
attentivement de tous côtés, je ne découvre aucun sage et ne vois que des fous... Adieu, voisine... Ma chère demoiselle Florita, puisque
vous allez mieux, venez donc me voir. J'ai encore
beaucoup d'autres choses curieuses à vous montrer dans mon cabinet. Vous avez, ma chère

enfant, tout ce qu'il faut pour arriver à la sagesse; voilà pourquoi j'aime tant à causer avec vous.

Et il s'éloigna.

— Que le ciel te confonde, vieux fou! avec ta sagesse, s'écria Carmen. Chaque fois que ce vieil Indien me parle, il me fait venir la chair de poule. Il possède un *tombeau*, j'en suis aussi sûre que de tenir un cigare à la main : il y puise depuis soixante ou quatre-vingts ans, car ce Sambo a survécu aux plus vieux. Son trésor lui fournit de quoi bâtir des maisons, des églises, et faire courir des rivières dans sa campagne. Il achète pour sa fille, la religieuse, les objets les plus chers qu'apportent les navires d'Europe; et le vieil hypocrite a l'effronterie de venir me prêcher la sagesse!... à moi qui, depuis vingt ans, endure avec une véritable philosophie toute espèce de privations, n'ayant pas même de quoi acheter une paire de bas de soie. En vérité, Florita, voilà de ces choses qui me révoltent! Je ne conçois pas que vous n'ayez pas pris la parole pour lui montrer que vous n'étiez pas sa dupe, et qu'on est mal reçu, quand on possède les trésors d'un *tombeau*, à venir faire étalage de sagesse devant ceux qui n'ont pas le sou.

Tout le monde, à Aréquipa, est persuadé que
le vieil Hurtado a trouvé un *tombeau* qui alimente ses immenses dépenses. Quant à moi,
je crois que, comme le vieillard de La Fontaine, il a rencontré le trésor dans son travail,
ou, comme il le dit, dans sa *sagesse*. Certes,
le travail intelligent est bien la meilleure sagesse humaine. Ce vénérable vieillard est économe sans avarice, et très laborieux : il possède
des connaissances d'application très étendues
et bien supérieures à celles des gens du pays.
Il a travaillé pendant une longue vie et a pu
mener à bonne fin ses nombreuses entreprises.
L'origine de sa fortune est, ce me semble, suffisamment expliquée, sans qu'il soit besoin de
recourir à la découverte miraculeuse d'un *tombeau*. Au surplus, la destinée l'en eût-elle favo-
risé, on devrait s'en réjouir, puisqu'il fait de
ses richesses un aussi noble usage : mais on est
jaloux des hommes dont l'intelligence prime les
autres; quand on ne peut calomnier leurs succès,
on les attribue au miracle plutôt que d'y reconnaître une supériorité.

Mon oncle m'envoya chercher, et je me retirai

chez moi. Malgré la lettre que j'avais écrite à la
famille, don Pio continuait à me témoigner une
entière confiance, il me parlait de ses inquiétudes les plus secrètes, me consultait sur tout,
et cela avec un abandon et une amitié que moi-
même je ne savais comment m'expliquer. Crai-
gnait-il mes ressentiments et voulait-il en paralyser les effets? Je serais tentée de le croire.
Je pouvais, par mes relations, lui rendre quelques services, et lorsqu'une personne peut lui
être utile, si humble qu'elle soit, don Pio a
un talent tout particulier pour s'en servir,
ainsi que pour assoupir les haines de ses ennemis.

Depuis les derniers évènements, la ville avait
complètement changé d'allure : calme, monotone, d'un accablant ennui avant la révolution,
elle venait de passer à une agitation extraordinaire, à un mouvement et un vacarme perpétuels.
Le gouvernement qui s'était organisé au nom
d'Orbegoso devait employer les sommes qu'il
avait reçues des propriétaires à mettre sur pied
une armée assez forte pour résister à celle de
Bermudez. J'étais très au courant de tout ce
qui se passait au quartier général ; Althaus avec
sa franchise, et le besoin qu'il éprouvait de

tourner ses illustres chefs en ridicule, me rapportait jusqu'aux plus petits détails. La présomption, l'incapacité, l'incurie de ces hommes surpassaient tout ce qu'on en pourrait supposer. Emmanuel, de son côté, me confiait tout ce qu'Althaus ne se trouvait pas à même de savoir, en sorte que j'étais la mieux informée du pays. Si Nieto et Baldivia avaient été, par leurs talents, au niveau de leur position politique, certes, ils eussent pu, avec de l'ordre, de l'économie et de l'activité, satisfaire à tous les besoins du moment, au moyen des sommes énormes qu'ils avaient extorquées aux malheureux propriétaires ; mais l'argent obtenu sans peine se dépense avec prodigalité : il n'était pas de fautes, d'extravagances que ces deux hommes ne commissent. Un navire arrivait-il à Islay, aussitôt le général faisait demander avec emphase quelles étaient les armes ou munitions qu'il apportait, et donnait l'ordre d'acheter immédiatement sabres, fusils, poudre, balles, draps, etc., etc., qui pouvaient se trouver à bord. On pense bien qu'avec cette manière de procéder la caisse fut bientôt vide. Baldivia n'agissait pas plus sagement, sans toutefois oublier ses intérêts personnels. Il fonda à Aréquipa un journal dont la rédaction coûtait fort cher, mais dont il était rédacteur en chef, avec 1,000 piastres par mois d'appointement, indépendamment du prix qu'il recevait pour chaque article dont il était l'auteur.

Un mois s'était à peine écoulé depuis la publication du fameux *bando*, lorsqu'un jour Althaus entra dans ma chambre, en riant à ne pouvoir parler :

— Qui peut donc provoquer ainsi votre hilarité, cousin? Encore quelques bévues du généralissime, je gage? Contez-le moi vite, que j'en rie avec vous.

— Ah! Florita, la place n'est plus tenable, j'ai tant ri depuis ce matin que, d'honneur, je crains d'être malade.

— Mais encore, dites-moi...

— Eh bien! figurez-vous... ah! ah!... pardon, cousine; mais je ne pourrai jamais vous raconter cela. C'est incroyable!... cette page de votre journal sera curieuse. Ah! coquin de Nieto, va, je te pardonne de ne pouvoir comprendre la plus simple figure de géométrie : quand on sait faire rire les vieux mathématiciens comme tu me fais rire depuis ce matin, on doit être dispensé de savoir que 2 et 2 font 4.

— Ah çà! Althaus, je vais me fâcher : il est

convenu entre nous que je serais la confidente des joies aussi bien que des tribulations, je veux rire à mon tour.

— Sachez donc, chère amie, que, ce matin, notre aimable et prévoyant général m'a fait dire qu'il voulait que j'allasse ranger ce qu'il appelle son *grand magasin*, c'est tout bonnement la petite chapelle qui tient à la prison. Après déjeûner, j'ai pris deux hommes avec moi, et je suis allé à ce sanctuaire dont, jusqu'alors, on m'avait interdit l'entrée. Ce n'était pas sans raison qu'ils m'en faisaient mystère : devinez, chère enfant, ce que j'ai trouvé dans ce magasin ?

— Mais, que sais-je, des sabres, des fusils ?

— Oui, des sabres, mais vous n'en devineriez pas le nombre...; il y a dans le magasin deux mille huit cents sabres qu'ils viennent d'acheter, quand je défie Nieto de réunir six à huit cents hommes sous ses ordres! Il s'y trouve dix-huit cents fusils, et quels fusils! Ah! il n'y a pas de danger, ils ne tueront pas leurs frères avec ces fusils fabriqués à Birmingham ; ils ne coûtent ici que 22 francs ; certes, voilà du beau poli anglais, à bon marché! mais un innocent échalas serait plus redoutable que dix de ces

fusils ; et les sabres! ho! ce seraient d'excellents
instruments pour couper des navets. Je ne vous
parle pas des piles de drap bleu, couleur des
grenadiers français, et des milliers de ceintu-
rons, de baudriers que j'ai rencontrés dans un
coin sans voir nulle part une seule giberne. Le
diable m'emporte, il faut croire que des pi-
geons voyageurs auront porté la nouvelle de la
révolution de Lima à ces farceurs de capitaines
anglais et français, pour qu'ils soient venus
empester le Pérou de tous ces rebuts de boutiques. Vous pensez peut-être que toutes ces armes étaient rangées dans l'ordre exigé pour leur
conservation ; que les fusils, par exemple,
avaient été disposés de manière à prévenir
l'atteinte de la rouille? nullement; tous les objets du magasin entassés pêle-mêle dans la
vieille chapelle, où l'eau tombe de tous côtés, y
avaient été jetés comme des bottes de foin ; mais
n'importe, mouillés ou non, les chiens de ces
fusils n'aboieront jamais. Allons, braves bourgeois d'Aréquipa, actuellement vous devez être
contents! si on vous prend votre argent, vous
avez au moins la satisfaction de le voir utilement
employé. Vous voilà avec un grand magasin, où
il y a plus de sabres que vous n'aurez jamais de

soldats...; où vous avez des masses de drap bleu,
lorsque vous êtes sans tailleurs pour en faire des
habits, et une belle quantité de baudriers; quant
aux gibernes, le capitaine les avait vendues à
Santa-Cruz. Ah! c'est délicieux! dites, Florita,
quand vous leur peindrez en France ces bam-
bochades péruviennes, ils croiront que vous
chargez le tableau : deux mille huit cents sabres pour six cents soldats qui n'ont ni souliers
à leurs pieds, ni schakos sur leur tête, qui enfin manquent de tout!!... Bravo, mon général!
tu t'y entends, et je dis, pas mal! Quel fournis-
seur soigné tu nous aurais fait! ceux de la
grande armée donnaient aux soldats des souliers qui ne leur duraient pas huit jours; mais
toi, fine fleur des fournisseurs, tu leur aurais
donné trois sabres en place d'une paire de souliers.

Althaus resta plus de deux heures à bouffon-
ner sur les faits et dires des illustres chefs de
la république, et cela avec une originalité et
une gaîté telles, que je ne pus m'empêcher d'en
rire autant que lui.

— Florita, racontez donc à don Pio, en
grande confidence, tout ce que je viens de
vous dire. Je ne serais pas fâché qu'il le sût,

mais je ne veux pas qu'il l'apprenne par moi.

— Althaus, vous devriez donner des conseils à ces gens-là ; vous voyez bien qu'ils n'ont aucune idée de ce qu'ils doivent faire au milieu des circonstances graves dans lesquelles leur ignorante témérité les a placés.

— Leur donner des conseils ! ah ! Florita, on voit bien que vous ne connaissez pas encore l'esprit des gens de ce pays ; ce sont des sots présomptueux qui croient avoir en eux la science infuse. Dans les premières années de mon séjour en Amérique, comme vous, j'étais peiné de leur voir commettre autant de fautes et leur remontrais, avec franchise, que, s'ils faisaient d'une autre manière, les choses iraient mieux. Savez-vous ce qu'il m'arriva ? Je me fis des ennemis implacables de tous ces imbécilles ; on se méfia de moi, on me fit mystère de tout, comme vous voyez que ceux-ci ont fait pour les armes ; et, sans le besoin urgent qu'ils avaient de mes connaissances, ils m'eussent chassé de chez eux comme un homme abominable. J'eus d'abord beaucoup à souffrir avec de tels gens ; mais, enfin, j'en pris mon parti, et sans m'en inquiéter, je les laissai faire leurs balourdises et me contentai de les plaisanter,

ayant appris, pendant mon séjour en France,
la puissance du ridicule quand on s'en sert
à propos et avec adresse.

— Mais, Althaus, tout ce que vous venez de
me dire est très alarmant ; de pareilles extravagances auront des conséquences fâcheuses pour
les habitants d'Aréquipa. Si Nieto achète ainsi
toutes les friperies des capitaines européens, il
va se trouver forcé d'avoir recours à de nouvelles extorsions ; et, à la manière dont ils y
vont, elles se répéteront sans cesse.

— Ce sera comme vous le dites : l'audacieux moine Baldivia fait déjà son second
bando. Cette fois, don Pio ne l'échappera pas :
Ugarte, Gamio vont être mis à sec ; mais c'est
surtout sur l'évêque et sa maison qu'on va
frapper. Ah ! messieurs les bourgeois, vous
voulez de la république ! Bien, bien, mes amis,
nous allons vous montrer ce que cela coûte
une république !

Althaus se mit à tourner en ridicule ce système de gouvernement : l'absolutisme était dans
l'ame du *baron d'Althaus*, et les résultats
qu'il avait sous les yeux n'étaient guère propres à le convertir à l'organisation républicaine.

Les villes de l'Amérique espagnole, séparées
les unes des autres par d'immenses étendues de
territoire sans culture et sans habitants, ont
encore peu d'intérêts communs. Le besoin le
plus urgent eût été de les doter d'organisations
municipales proportionnées à l'avancement in-
tellectuel de leurs populations et susceptibles de
progresser avec elles ; de les unir par un lien
fédératif qui n'aurait été que l'expression des
rapports existants entre ces villes. Mais, pour
s'affranchir de l'Espagne, il avait fallu mettre
des armées sur pied, et, comme cela arrive
toujours, la puissance du sabre a voulu dominer. Si les populations de ces républiques étaient
rapprochées, il se rencontrerait plus d'unité de
vues ; et ces contrées ne présenteraient pas, depuis vingt ans, l'affligeant spectacle de guerres
sans cesse renaissantes.

Le grand évènement de l'indépendance a
trompé toutes les prévisions : l'Angleterre a
dépensé des sommes énormes pour le provoquer, et, depuis que l'Amérique espagnole est
devenue indépendante, le commerce anglais y
a fait des opérations ruineuses. Le sentiment
qu'on a exploité pour exciter ces peuples à se-
couer le joug de l'Espagne n'a pas été l'amour

d'une liberté politique dont ils étaient bien loin encore de sentir le besoin, ni d'une indépendance commerciale dont les masses étaient trop pauvres pour pouvoir jouir. On a mis en jeu contre les Espagnols la haine qu'alimentaient les préférences dont ceux-ci étaient l'objet.

Les yeux fixés sur les prodiges que la liberté a fait éclore dans l'Amérique du nord, on s'étonne de voir celle du sud rester si longtemps en proie aux convulsions politiques, aux guerres civiles, et l'on ne fait pas assez d'attention à la diversité des climats, aux différences morales des deux peuples. Dans l'Amérique du sud, les besoins sont restreints et faciles à satisfaire. Les richesses sont encore très inégalement réparties, et la mendicité, compagne inséparable du catholicisme espagnol, y est presqu'un métier. Il existait au Pérou, avant l'indépendance, d'immenses fortunes faites dans les emplois publics, dans le commerce et spécialement le commerce interlope, et, enfin, par l'exploitation des mines; un très petit nombre de ces fortunes avait pour origine, la culture des terres; la masse de la population était couverte de haillons et n'a pas amélioré son sort depuis; tandis que, dans l'Amérique anglaise, les mœurs et

II.   6

usages s'étaient formés sous l'empire d'idées libérales, politiques et religieuses; les populations y étaient rapprochées, elles habitaient sous un climat qui donne de nombreux besoins, avaient conservé les habitudes laborieuses de l'Europe, et la richesse n'y étant acquise que par la culture des terres ou le commerce régulier, il y avait assez d'égalité dans sa distribution.

On a lieu d'être surpris, d'après les règles de la prudence humaine, que tous les gens riches n'aient pas évacué l'Amérique en même temps que le gouvernement espagnol; il était bien évident qu'ils devaient être les victimes de toutes les commotions; leurs richesses, en effet, ont alimenté les guerres, et celles-ci ne cesseront que lorsqu'il n'y aura plus de grandes fortunes à spolier. L'exploitation des mines diminue tous les jours; plusieurs, par suite des guerres, ont été inondées, et, lorsque la tranquillité sera rétablie, les habitants, se trouvant forcés de se livrer presque entièrement à la culture des terres, ce travail civilisateur fera naître graduellement, parmi eux, des idées d'ordre et de liberté rationnelle.

Quand la nouvelle des événements de Lima parvint à Aréquipa, les hommes qui firent déclarer la ville pour Orbegoso n'étaient pas mus par l'amour du bien public, parce qu'ils estimaient ce président valoir mieux que ses compétiteurs ; mais ils virent une occasion de se saisir du pouvoir, d'arriver à la fortune, et ils s'empressèrent d'en profiter. Baldivia, qui exerçait une grande influence sur le général Nieto, le poussa à s'emparer du commandement militaire de tout le département ; lui-même, sous les auspices du général, se mit à la tête du gouvernement civil, et distribua à ses créatures tous les emplois. Ces deux hommes, ou plutôt Baldivia seul, mena toutes les affaires pendant trois mois jusqu'à l'arrivée de San-Roman.

Le moine Baldivia, né avec d'éminents talents, a été élevé dans le plus fameux couvent d'Aréquipa, celui des Jésuites : son aptitude, sa prodigieuse intelligence, l'audace de son caractère le grandirent bien au dessus de la foule des élèves et fixèrent sur lui tous les regards. Le prêtre Luna Pizarro le prit sous sa protection immédiate, le retira chez lui, en fit son secrétaire, et donna tous ses soins à compléter l'éducation d'un jeune homme dont il comptait se servir un jour. Baldivia devint bientôt le confident intime de Luna Pizarro : celui-ci l'initia à tous ses projets d'ambition. Ces deux prêtres firent un pacte, unirent leurs moyens respectifs d'action pour arriver l'un et l'autre au pouvoir. Luna Pizarro aspirait à l'évêché d'Aréquipa, qui lui aurait donné la puissance ecclésiastique et près de 100,000 piastres de revenu; toutes ses menées tendaient à cette position éminente.

Baldivia est un homme d'environ trente-six ans; il a, depuis quinze ans, observé le cours des évènements, la marche de l'opinion, et il a bien reconnu que les temps de la puissance civile étaient arrivés; que le peuple, malgré son excessive bigoterie et sa superstition, accorderait naturellement plus d'autorité aux agents qu'il nomme lui-même, aux dépositaires de ses volontés, qu'aux prêtres qu'un pouvoir extérieur lui impose. Le catholicisme a dû commencer à décliner du jour où, abandonnant l'élection populaire, le sacerdoce n'a plus voulu recevoir ses fonctions de la conscience des peuples, pour les tenir des rois et des princes de l'Église. Cette religion s'est dès lors arrêtée, et cessant de progresser avec les nations, elle en a successivement été délaissée : c'est ce qui lui arrivera au Pérou, c'est ce qui aura lieu partout, si elle ne s'harmonise pas aux progrès de la pensée humaine.

Baldivia entra dans la carrière civile, se fit avocat, écrivain, journaliste, sans cesser d'être prêtre ; il se mit ainsi en position de profiter de tous les évènements, se réservant de se couvrir, au besoin, de son caractère sacerdotal, et de s'en servir, selon l'occurrence, comme moyen d'agression. Luna Pizarro, député d'Aréquipa au congrès national, intriguait à Lima, saisissait toutes les occasions de fomenter les discordes, d'exciter les troubles, de provoquer aux révolutions, tandis qu'à Aréquipa Baldivia faisait, comme prêtre, les prédications les plus furibondes contre l'évêque, l'attaquait dans ses plaidoyers, dans les articles virulents de son journal, irritait contre lui toute la population, et, le traînant dans la boue, lui enlevait tout le prestige de respect dont le prélat avait été jusqu'alors entouré. Le moine à tant d'esprit, de logique, de véhémence, que chaque article qu'il lançait dans son journal contre l'évêque lui faisait perdre *un de ses membres*, comme disait mon cousin Althaus ; mais si la voix de l'impétueux Baldivia eut autant de puissance contre l'évêque, c'est qu'il y avait de la vérité dans ses attaques. Baldivia et Luna Pizarro ne se montrèrent pas plus durs et impitoyables en-

vers l'évêque, que le prélat ne l'avait été lui-
même pendant douze ans envers les malheureux
que les devoirs de l'apôtre, les conditions que
la ville lui avait faites, qu'enfin toutes les considérations sociales et religieuses lui imposaient
la rigoureuse obligation de soulager.

Don José Sébastian de Goyenèche occupe,
depuis quatorze ans, le siége épiscopal d'Aréquipa : il parvint à cette haute dignité par la
toute-puissante influence dans les affaires du
Pérou qu'avait son frère don Emmanuel, comte
de Guaqui, très en faveur alors à la cour
de Ferdinand. L'évêché d'Aréquipa rapporte
annuellement près de 100,000 piastres; mais
l'évêque est obligé, d'après les conditions im-
posées par la ville en lui allouant cette somme,
d'en distribuer une partie aux pauvres. Cette
obligation, qui serait injurieuse au caractère
apostolique d'un évêque, si la charité était in-
failliblement la vertu des prélats nommés par les
cours, fut pour les malheureux d'Aréquipa une
garantie insuffisante de la bienfaisance du señor
de Goyenèche. J'ai déjà dit que le vice dominant
de cette famille est l'avarice; elle est chez l'évêque portée à une scandaleuse exagération !... non
seulement il frustrait les pauvres des aumônes

auxquelles ils avaient droit sur son énorme revenu, mais encore il commettait journellement
des actes de la plus révoltante dureté. Une pauvre
veuve, dénuée de toutes ressources, en proie à la
maladie et se débattant avec la misère, venait-elle
lui demander des secours, l'évêque lui faisait
remettre un réal (14 sous); un père de famille
se cassait-il un membre, il lui envoyait une
aumône d'égale valeur. Une dame pauvre, de
très bonne maison , ayant perdu sa fille qu'elle
aimait tendrement, alla un jour chez l'évêque
le prier de lui donner trois piastres (15 francs)
qui lui manquaient pour élever une modeste
pierre sur le tombeau de son enfant ; l'évêque les
lui refusa !.. Lorsque ma grand'mère mourut,
les pauvres, qui tous suivirent le convoi jusqu'au cimetière, répétaient en pleurant : « Nous
perdons là une femme qui nous donnait plus
en un mois que l'évêque dans toute l'année. »
Cette hideuse avarice a attiré sur lui et sa maison
le mépris public à tel point, qu'il est devenu
proverbial de dire, lorsque quelqu'un commet
une ladrerie, *c'est à la Goyenèche*. Mais si son
extrême avarice la prive de l'estime et de l'affection, toute cette famille s'est appliquée, par des
dehors pleins d'affabilité, de politesse et de mo-

destie, à se concilier le respect de tous : le mendiant déguenillé, auquel on refuse l'aumône, se
sent honoré d'être salué par un prélat couvert
de soie cramoisie, ayant une chaîne d'or au cou,
une belle bague au doigt, et suivi de quatre
prêtres richement vêtus. La sœur était aussi très
gracieuse envers tout le monde et les frères également. Sous cette apparence de rustique simplicité, ils apprécient tous avec assez de justesse
le cœur humain pour connaître la valeur attachée
aux politesses qui descendent de haut, et croient
pouvoir les offrir en compensation des vertus
qui leur manquent.

  Baldivia frappait juste en attaquant l'évêque,
et produisit un effet correspondant à la gravité
de ses accusations. Il publia, dans son journal,
une suite d'articles dans lesquels il dépeignit
l'avarice du prélat sous les couleurs les plus
odieuses; et, lorsqu'il eut porté à son comble
l'indignation publique, il prouva que, pendant
toute la durée de son épiscopat, M. de Goyenèche n'avait distribué annuellement aux indi-
gents de la ville ou aux curés des campagnes,
que 1,000 piastres, tandis qu'il aurait dû en
affecter 14,000 à cet usage, sur les 100,000
que la ville allouait à son évêque; puis,

établissant le compte des sommes *volées* aux pauvres, il démontra que, dans le cours de douze années, il leur avait été soustrait une somme qui se montat, avec les intérêts, à 200,000 piastres (un million et plus de notre monnaie); et le moine demandait à grands cris que l'évêque fût forcé à restitution. Tout le monde, même les amis de la famille Goyenèche, ne pouvaient s'empêcher de reconnaître la vérité des calculs de Baldivia et des conclusions qu'il en déduisait. Pour toute réponse, les Goyenèche se récriaient sur l'irrévérence et le scandale de pareilles attaques, refusant d'entrer autrement dans la question. Baldivia n'abandonna pas sa proie; il poursuivit l'évêque avec une constance et une force de logique qui réduisirent au silence les timides défenseurs du prélat. Le but du moine audacieux était de le traduire devant un tribunal de haute juridiction, sous une accusation de *péculat*. M. de Goyenèche, d'une chétive santé, eût succombé sous la honte d'un tel procès, ou se serait vu forcé de donner sa démission. Une fois l'arbre abattu, Baldivia aurait couru aux branches, et Luna Pizarro pris ses mesures pour parvenir à occuper le siége devenu vacant.

En organisant le nouveau gouvernement, Baldivia n'avait placé sous ses ordres que des gens extrêmement nuls, afin de paralyser toute opposition et d'avoir constamment à sa disposition de dociles instruments. Il nomma préfet don Emmanuel Cuadros, homme tout à fait incapable, mais qui se recommandait à son choix par la haine implacable qu'il portait aux Goyenèche. Le señor Cuadros avait demandé mademoiselle de Goyenèche en mariage ; cette demoiselle, que sa fortune rendait exigeante, avait déjà refusé de nombreux partis ; le señor Cuadros fut, je crois, le vingtième éconduit ; elle se fâchait à chaque proposition nouvelle qui lui était faite, disant tout haut « qu'elle ne concevait pas comment des hommes, n'ayant pour toute fortune que 60 à 80,000 piastres, osaient venir lui offrir une *piastre* en échange d'une *once*. » Le señor Cuadros d'Osencio appartenait à une très bonne famille de Cadix : aussi orgueilleux que sot, et furieux de voir qu'on mesurait son mérite au nombre de ses piastres, il devint l'ennemi irréconciliable de cette famille ; et, lorsqu'il fut en place, la pauvre Marequita paya bien cher le refus, un peu hautain, qu'elle avait fait du señor Cuadros.

Ainsi qu'Althaus me l'avait annoncé, Baldivia fit paraître son second *bando* un mois après le premier; cette fois, mon oncle Pio fut taxé à 6,000 piastres; il se récria, mais il fallut payer *dans la journée même :* le bando portait que les retardataires seraient conduits en prison. L'évêque fut imposé à 30,000 piastres! son frère à 6,000 et sa sœur à pareille somme, Ugarte à 40,000 : il en eut des accès de folie, et sa femme fut obligée de l'emmener à la campagne. Le pauvre Gamio faillit en mourir. Une de mes cousines, nommée Gutierrez, fut la seule qui montra du caractère; elle s'opiniâtra à ne pas payer, et l'on ne put réussir à l'y contraindre. Toute la ville fut dans une telle exaspération, que Nieto n'osait plus sortir dans les rues; et l'audacieux Baldivia, qui, depuis longtemps, se costumait presque toujours en bourgeois, jugea prudent de reprendre le froc. L'habit de moine a encore conservé de l'influence sur la populace, et Baldivia s'inquiétait fort peu du ressentiment des propriétaires. Après avoir levé cette seconde contribution, qui ne fut pas mieux employée que la première, on fit une réquisition de chevaux, puis de juments, de mules; et, à la fin, on enleva jusqu'aux *ânes*. Toutes ces extorsions épuisaient les malheureux Aréquipéniens; ils les supportaient en murmurant, sans avoir le courage de s'en affranchir, lorsque la levée d'hommes, ordonnée par le général Nieto, vint mettre le comble à leurs douleurs et à leur indignation. Le peuple péruvien est *anti-militaire ;* tous abhorrent l'état de soldat; l'Indien même préfère se tuer[1] que de servir. D'abord les Aréquipéniens refusèrent net d'obéir à l'appel du général ; Baldivia eut alors recours à la persuasion, et, dans une série d'articles de son journal, il sut si adroitement intéresser leur orgueil, que tous les jeunes gens s'enrôlèrent volontairement. L'habile moine, exploitant leur vanité, leur ignorance, les comparait aux Spartiates, aux Romains, et enfin, aux *immortels Parisiens de 1830 !* Il parvint, au moyen de ses flatteries, à exciter leur émulation, et c'était à qui d'entre eux, jeunes ou vieux, se mettrait au rang des défenseurs de la patrie. Je me rappelle que les articles du moine commençaient toujours ainsi : « Aréqui-

[1] Mon oncle m'a raconté que, pendant ses vingt années de guerre au Pérou, chaque fois qu'il avait des fleuves à traverser ou des précipices à côtoyer, il perdait un grand nombre de soldats indiens qui se jetaient eux-mêmes dans le fleuve ou le précipice, préférant cette mort affreuse à la vie de soldat.

péniens! la république du Pérou s'attend à trouver en vous des *défenseurs*, ne voulant plus
que sa noble cause soit défendue par ce qu'on
nomme *soldats*. » Une autre fois, il leur disait :
« Aréquipéniens! vous êtes tous libres : le chef
n'est pas plus que le subordonné, le subordonné est autant que son chef; *plus de soldats
parmi vous*, *rien que des frères*, des *hommes
libres*, des défenseurs de la patrie, etc., etc. »
— En vérité, me disait Althaus, je suis
tenté de croire, avec les vieilles femmes, que
ce moine damné a trouvé les *cornes du diable*,
qui donnent, disent-elles, la puissance de faire
des miracles. Quant à moi, je lui brûle une
belle chandelle; car je vous assure qu'il me
tire d'un cruel embarras. Le général, qui est
peureux comme une perdrix, m'avait donné la
corvée d'aller fouiller dans les maisons pour y
découvrir les conscrits qui ne voulaient pas se
rendre : cette besogne ne m'allait pas du tout.
Je suis homme à charger sur mon dos trois de
ces blancs-becs de conscrits que je rencontre-
rais sur la lisière d'un bois ; mais forcer l'entrée
d'une maison où j'aurais été entouré de la
vieille mère, de la jeune femme en pleurs qui
seraient venus me supplier, des enfants qui

m'auraient sauté au cou pour me caresser, je n'y aurais pu résister. Je suis dur sur le champ de bataille, parce que là j'ai appris à l'être, et que c'est une nécessité; mais, avec des malheureux qui souffrent et pleurent, je souffre et pleure aussi.

— Ah! cousin, je vous reconnais à ces paroles, et je vous aime! Althaus, vous n'étiez pas fait pour tuer des hommes.....

— Florita, je n'ai cependant jamais été plus beau qu'à Waterloo, et là je tuais des hommes...

— Pour Dieu! ne me parlez pas de votre Waterloo : ce mot me fait frissonner d'horreur; je ne puis l'entendre sans être péniblement affectée. Vous disiez donc, cousin, que le père Baldivia est parvenu à faire venir vos conscrits tout seuls, sans user envers eux de contrainte?

— C'est un fait très vrai; il les nomme des Alexandre, des César, des Napoléon; il leur parle en grec et en latin, et peut-être, entre nous, leur dit-il, dans ces langues antiques, qu'ils sont de fichues bêtes, des poltrons, etc., etc.; car, le diable m'emporte si un seul de tous les lecteurs du moine sait le latin. Entre autres belles phrases qu'il leur débite, n'a-t-il pas l'impudence de leur dire que l'Europe, le monde entier les contemplent! qu'à *Paris* on va être *jaloux* de leur valeur! que sais-je, moi, toutes les fariboles qu'il leur dit... Pourquoi donc ne lisez-vous pas son journal et ses sublimes proclamations avec exactitude? Je vous assure que ce sont des pièces très curieuses.

— Je lis tout ce que ce prêtre écrit; mais j'évite d'en parler, parce que cela me fait mal!... Il est impossible de se jouer de tout un peuple avec plus d'effronterie.

— Hé! Florita, pourquoi tout ce peuple est-il assez bête pour se laisser jouer par cet intrigant. Ces imbécilles Péruviens sont tellement gonflés d'orgueil, qu'ils ont la stupidité de croire qu'ils surpassent en valeur et en intelligence les Alexandre, les César et les Napoléon. Hé bien! ils n'auront que ce qu'ils méritent; il faut qu'ils paient leur sottise. Ils lâcheront le fromage, le renard s'en saisira et leur rira au nez. Vous êtes bien bonne de prendre pitié pour eux; riez donc avec moi de leurs sottises. Vous savez qu'il s'organise un corps de gardes nationales, à l'instar de Paris. Je crois, belle cousine, que c'est pour

vous plaire que, depuis votre arrivée, tout se
fait ici, selon la mode parisienne, *al uso de
Paris*. Ce corps d'armée se nomme les *immortels* : c'est à pouffer de rire ! Ils sont venus aujourd'hui me prier de leur donner *quelques
notions de l'art militaire*, absolument comme
on irait, chez un maitre de danse, lui dire
apprenez-moi, en deux ou trois leçons, à aller
en avant deux.... Misérables pékins ! quelques
notions de l'art militaire ! mais, bande d'épi-
ciers, il y a trente ans que moi, né dans les
camps, j'étudie l'art de la guerre, et je ne suis
encore que de la Saint-Jean à côté des grands
capitaines qui ont ébloui le monde de leur
gloire ! Ah ! si mes anciens camarades de l'armée du Rhin me voyaient faire manœuvrer ces
poupées de Péruviens, riraient-ils ! Dieu, riraient-ils ! Heureusement qu'en Allemagne on
ne s'occupe guère des faits et dires des immortels Péruviens : n'importe, je suis fâché de n'a-
voir pas changé de nom quand je suis arrivé dans
ce pays.

— Puisque vous paraissez humilié de commander de tels hommes, pourquoi restez-vous
parmi eux ?

— Pourquoi ! pourquoi, parce que je veux

d'abord qu'ils me paient les 150,000 piastres qu'ils me doivent; ensuite, parce que mon état est d'être soldat, et qu'ici on se bat. J'entends parfois quelques coups de fusil, et cela me rappelle mon bon temps; maintenant je suis un peu vieux pour aller m'enrôler sous la bannière du pacha d'Égypte ou sous celle du prince Othon. D'ailleurs, Florita, les armées de l'Orient me paraîtraient bien mesquines, après celles que j'ai vues; puis dans ces pays-là il n'y aurait pas de quoi rire, tandis qu'ici je m'amuse comme un fou de toutes leurs sottises, et c'est bien quelque chose. Cousine, dimanche vous verrez le général; faites-lui donc compliment sur son beau *corps d'immortels*, il est très flatté quand vous voulez bien parler guerre avec lui, il me demande souvent ce que vous pensez de toutes ces affaires. J'ai quelquefois l'envie de lui répondre que vous pensez qu'il est le premier parmi les ignorants.

— Althaus, les loups ne se mangent pas entre eux; soyez tranquille, dimanche je lui dirai que je n'ai jamais rien vu à Paris d'aussi grandiose, d'aussi magnifique.

— Oh! il le croira.

Tel est le caractère péruvien, vaniteux, fan-

faron, ne doutant de rien, pourfendant tout,
en paroles, et aussi incapable de fermeté dans
l'action que de persévérance dans une résolution
courageuse.

Le mouvement tumultueux de la ville, mes
nombreuses relations, mes conversations intimes avec mon oncle, Althaus et Emmanuel me
donnaient une existence variée et assez occupée ;
mais rien de tout cela n'intéressait mon cœur, et,
dès lors, un vide affreux, une tristesse indici-
ble s'emparèrent de moi. Les êtres d'une nature
aimante ne sauraient vivre seulement de l'agitation que provoquent les événements extérieurs ; il leur faut des affections. Je reconnus,
mais trop tard, que, poussée par le chagrin,
j'avais cédé avec une imprudente facilité à
mon imagination, en venant chercher au Pérou
un calme, un bonheur que je pouvais seulement
rencontrer au sein des douces émotions qu'il ne
m'était plus permis de ressentir. Jeune encore,
et passant pour demoiselle, j'aurais pu espérer
d'être aimée d'un homme qui m'eût épousée,
quoique privée de fortune. Je puis même dire,
sans craindre un démenti, que plusieurs de ces
messieurs d'Aréquipa m'ont assez manifesté
leurs intentions pour que je sois sans aucun

doute à cet égard. Si j'avais été libre, j'aurais partagé l'affection et accepté avec reconnaissance la protection d'un d'entre eux ; mais je sentais le poids de mes chaînes, même à la distance immense qui me séparait du maître auquel j'appartenais, je dus étouffer la belle nature que Dieu avait mise en moi, et paraître froide, indifférente et souvent même peu aimable. Franche jusqu'à l'excès, j'éprouvais le besoin d'épancher mes peines, et quand j'eusse voulu verser des larmes dans le sein d'un ami il me fallait, au milieu de mes semblables, isoler mon cœur, vivre dans une contrainte continuelle ; certes, j'étais loin de prévoir, lorsque je partis, les tortures que me ferait subir mon rôle de demoiselle ; la souffrance qu'à bord j'éprouvais de ma position était au moins adoucie par mon affection pour Chabrié ; mais dès l'instant où je rompis avec lui, je me promis bien de ne plus avoir de cette sorte d'amitié pour personne ; elle devenait trop dangereuse pour moi et celui qui en était l'objet.

Je ne vivais pas : vivre c'est aimer, et je n'avais conscience de mon existence que par ce besoin de mon cœur que je ne pouvais satisfaire.

Si, pour y donner le change, je cherchais à re-
porter toutes mes facultés aimantes sur ma fille,
j'apercevais aussi le danger de me laisser aller
à cet amour; je n'osais penser à cette enfant;
sans cesse je travaillais à la chasser de ma mémoire, tant je craignais de me trahir en parlant
d'elle dans la conversation. Ah! qu'il est difficile d'oublier huit années de sa vie, et surtout
sa qualité de mère!... La plus jeune des enfants
de Joaquina avait l'âge de ma fille; elle était
gentille, espiègle; son parler enfantin me rap-
pelait ma pauvre Aline; à cette pensée, mes
yeux se remplissaient de larmes... Je fuyais les
jeux de cette enfant et rentrais chez moi dans
un état de souffrance qu'une mère seule peut
concevoir. Ah! malheureuse, me disais-je,
qu'ai-je fait? La douleur m'a rendue lâche,
dénaturée; j'ai fui, incapable d'en supporter le
poids; j'ai laissé ma fille à la garde des étrangers; la malheureuse petite est peut-être malade, peut-être morte! alors mon imagination
me grossissait les dangers qu'elle pouvait courir
ainsi que mes torts envers elle, et je tombais
dans un désespoir délirant.

Tout ce qui m'entourait alimentait ma douleur;
je ne parlais plus aux enfants, j'aurais désiré

n'en pas voir. Je devins si froide avec ceux de
mon oncle et ceux d'Althaus, que ces pauvres petits êtres n'osaient plus me parler ni même me
regarder. Cette maison où était né mon père, qui
aurait dû être mienne, et où cependant j'étais considérée comme une étrangère, irritait toutes les
plaies de mon cœur ; la vue de ses maîtres rendait constamment présente à mon esprit l'o-
dieuse iniquité qu'impitoyablement ils commet-
taient envers moi. Le prix de leur hospitalité
m'était amer, et il n'y avait ni peines ni dangers auxquels je ne m'exposasse pour quitter
l'antre où j'avais été si cruellement spoliée.
La France ne s'offrait à ma pensée qu'avec
toutes les douleurs que j'y avais éprouvées.....
Je ne savais où fuir ni que devenir ! Je n'en-
trevoyais d'asile ni de repos nulle part sur la
terre. La mort, que pendant longtemps j'avais
crue prochaine et attendue comme un bienfait
de Dieu, s'était refusée à mes vœux et ma santé
raffermie ; pas de perspectives à mes espérances ; pas une personne dans le sein de laquelle
je pusse épancher ma douleur. Une sombre mélancolie s'était emparée de moi ; j'étais silen-
cieuse et méditais les plus sinistres projets. J'a-
vais pris la vie en aversion ; elle était devenue

un fardeau dont le poids m'accablait. C'est
dans ces circonstances que j'eus à lutter contre
une violente tentation de me détruire. Je n'ai
jamais approuvé le suicide : je l'ai toujours
considéré comme le résultat de l'impuissance à
supporter la douleur ; le mépris de la vie,
quand on souffre, me paraît si naturel, que
je n'ai jamais pu envisager cette action que
comme celle d'un lâche ; mais la souffrance a
ses colères, et l'intelligence est quelquefois bien
faible pour y résister, quand elle n'a pas la
foi pour appui. Je croyais alors à la raison humaine ; loin de marcher dans la vie, résignée à
tout, recherchant dans les évènements la voie
que la Providence m'avait destinée, j'espérais
ou me laissais aller à la douleur, selon que l'a-
venir me paraissait serein ou chargé d'orages.
J'eus de rudes combats à soutenir pour surmonter ce dégoût de la vie, cette soif de mourir :
un spectre infernal me peignait incessamment
tous les malheurs de mon existence passée, tous
ceux qui m'attendaient encore, et dirigeait
contre mon cœur sa main homicide. Je passai
huit jours et huit nuits dans ces étreintes de la
mort, et constamment sur mon corps je sentais
ses mains glacées. Enfin je sortis de ce long dé-

bat en laissant cette puissance infernale prendre possession de mon esprit.

Je me résolus, moi aussi, d'entrer dans la lutte sociale, et après avoir été longtemps dupe de la société et de ses préjugés, d'essayer de l'exploiter à mon tour, de vivre de la vie des autres, de devenir comme eux cupide, ambitieuse, impitoyable, de me faire comme eux le centre de toutes mes actions; de n'être, pas plus qu'ils ne le sont eux-mêmes, arrêtée par aucun scrupule. Je suis au milieu d'une société en révolution, me dis-je; voyons par quel moyen je pourrais y jouer un rôle, quels sont les instruments dont il me serait possible de me servir.

A cette époque, sans croire au catholicisme je croyais à l'existence du mal; je n'avais pas compris Dieu, sa toute-puissance, son amour infini pour les êtres qu'il crée; mes yeux ne s'étaient pas encore ouverts. Je ne voyais pas que la souffrance et la jouissance sont deux modes d'existence inséparables de la vie; que l'une amène l'autre inévitablement, et que c'est ainsi que tous les êtres progressent, que tous ont leurs phases de développement par les-

quelles ils doivent passer, et qu'aveugles agents
de la Providence, tous aussi ont leur mission
à remplir, de laquelle nous ne pouvons supposer qu'ils puissent s'écarter sans ravaler la puissance divine.

Je pensais qu'il dépendait de notre volonté
de nous façonner pour n'importe quel rôle que
ce fût; je n'avais jusqu'alors éprouvé que les
besoins du cœur; l'ambition, la cupidité et autres passions factices ne s'étaient présentées à
mon esprit que comme les effervescences de cer-
veaux malades. J'avais toujours aspiré à une vie
animée par de tendres affections, à une modeste
aisance; et ces souhaits m'étaient interdits; asservie à un homme... (je l'ai déjà qualifié) dans
un âge où toute résistance est impuissante; née
de parents dont l'union n'avait pas été enregistrée selon les formes légales, je devais, très
jeune encore, renoncer à jamais aux tendres
affections, à une vie au dessus de la pauvreté.
L'isolement était mon lot; je ne pouvais que
furtivement paraître dans le monde, et la fortune de mon père devenait la proie d'un oncle
millionnaire. La mesure comble, je me mis en
révolte ouverte contre un ordre de choses dont

j'étais si cruellement victime, qui sanctionnait la servitude du sexe faible, la spoliation de l'orphelin, et je me promis d'entrer dans les intrigues de l'ambition, de rivaliser d'audace et d'astuce avec le moine, d'être, comme lui, persévérante, comme lui, sans pitié.

Dès ce moment, l'enfer fut dans mon ame!... L'enfer, nous le rencontrons toujours en déviant de la route que la Providence nous a tracée, et nos tourments augmentent à mesure que nous nous en éloignons. C'est vainement que nous tentons de changer notre nature; peu de personnes, je pense, pourraient manifester une volonté plus forte que celle dont Dieu m'a douée; et cependant, ayant la ferme intention de m'endurcir, de devenir ambitieuse, je ne pus y réussir. Je portai toute mon attention sur Baldivia; je l'étudiai et compris son ardent désir de domination, sa haine contre l'évêque; mais aucun de ces sentiments ne put pénétrer en moi; je sentis que l'existence du moine me serait antipathique. Je pris la place d'Althaus, et je reconnus que les fortes émotions après lesquelles il courait me causeraient d'horribles douleurs. Quant à mon oncle, je ne pus jamais comprendre quelle jouissance il pouvait éprou-

ver à user sa vie en sourdes menées, en misérables petitesses.

Je n'en persistais pas moins dans le dessein
que j'avais formé, non seulement d'entrer dans
le mouvement politique, mais même d'y jouer
un principal rôle. J'avais sous les yeux, pour
m'encourager, l'exemple de la señora Gamarra,
qui était devenue l'arbitre de la république. Gamarra et sa femme n'avaient renversé Orbegoso
que pour régner sous le nom de Bermudez ; la
señora Gamarra conduisait toutes les affaires,
commandait dans les armées ; et sous les noms
de Bermudez et d'Orbegoso, la lutte allait, dans
le fait, s'engager entre la señora Gamarra et
le moine Baldivia.

Il fallait supplanter ce dernier, réunir autour
de soi les partisans d'Orbegoso ; ce n'était que
par la puissance du sabre qu'on pouvait réussir dans un pareil projet. J'éprouvais une peine
excessive d'être forcée d'avoir recours au bras
d'un autre, quand je me sentais capable d'agir.
Je devais m'appliquer à trouver un militaire
qui, par l'énergie de son caractère, son influence sur les soldats, fût propre à me seconder ; lui inspirer de l'amour, développer son
ambition et m'en servir pour tout entreprendre.

Je me mis sérieusement à étudier les officiers qui venaient chez mon oncle et ceux avec qui je causais familièrement tous les soirs chez Althaus.

Cependant je n'avais pu anéantir tellement tout mon être, que les bons principes qui étaient en moi ne se soulevassent contre la carrière dans laquelle je m'obstinais à vouloir me lancer. Assaillie, quand j'étais seule, de sinistres réflexions, je me représentais les nombreuses victimes qu'il faudrait immoler pour parvenir à se saisir du pouvoir et pour le conserver. Je cherchais vainement à me faire illusion par les beaux plans de bonheur public dont je bâtissais la chimère : une voix secrète me demandait qui m'avait révélé la certitude de leurs succès pour en tenter, au prix du meurtre, la réalisation, et si je pouvais accuser, des malheurs de ma position, les personnes dont je serais forcée de conjurer la perte. Je voyais déjà s'élever contre moi les manes de mes antagonistes égorgés : mon cœur de femme se gonflait, mes cheveux se hérissaient sur ma tête, et je subissais le supplice anticipé des remords.

Si, après avoir enduré toute une nuit le

tourment de mes réflexions, je parvenais à me
calmer en me rejetant dans l'irrésolution, il
suffisait d'un mot d'Althaus ou d'Emmanuel
pour que je reprisse ma détermination, et les
combats de la nuit se renouvelaient. Vainement aurais-je cherché à fuir les conversations sur la politique : chez mon oncle, la
politique était le sujet de tous les entretiens ;
chez Althaus, on ne s'occupait pas d'autre
chose : sa femme s'y engageait avec ardeur.
Chaque jour, Emmanuel venait chez moi ;
toutes les autres personnes que je voyais ne
me parlaient que des affaires de la répûbli-
que ; c'est que ces affaires intéressaient tous
les individus dans ce qu'ils avaient de plus
cher.

Carmen était la seule qui évitât, autant
qu'elle le pouvait, de parler sur ce sujet ; elle
me répétait souvent : — Florita, qu'avons-nous
besoin, nous autres femmes, de nous occuper
des affaires de l'État, puisque nous n'y pouvons remplir aucune charge, qu'on dédaigne
nos conseils, et que vos grands personnages ne
nous jugent propres qu'à leur servir de jouet
ou de ménagères ? Je trouve que vous et Ma-

nuela êtes bien bonnes de vous tourmenter de
toutes les sottises que commettent cet intrigant
de moine et cet imbécille de général. Laissez-les
donc se battre; du train dont ils y vont, encore
trois mois, et il ne restera plus une piastre au
Pérou pour payer la troupe : alors le combat
finira, faute de combattants.

Quand je ne savais comment échapper à la
tourmente intérieure qui m'agitait si violem-
ment et aux importunités des conversations
politiques, j'allais trouver ma cousine Carmen
et la priais de venir faire un tour hors la ville.
Carmen fut envers moi d'une complaisance
inépuisable que je me plairai toujours à reconnaître ; elle cédait à mes instances, quoique cela
fût pour elle une corvée. Comme à Aréquipa,
il n'y a point de promenade, les femmes n'ont
pas l'habitude de sortir : le soin qu'elles prennent de leurs pieds contribue aussi à les rendre
sédentaires ; elles craignent de les faire grossir
par la marche.

Nos promenades favorites étaient au moulin
de la rivière, dans lequel nous entrions quelquefois. Je me plaisais à examiner cette fabri-
que rustique qui, dans son ensemble, est bien
loin d'égaler les nôtres. Un autre jour, nous

visitions le moulin à chocolat, situé à côté de
celui à farine. Je retrouvais là avec plaisir les
progrès de la civilisation : on y voit moudre le
cacao, écraser le sucre et mélanger le tout pour
en former le chocolat. La machine a été im-
portée d'Angleterre; elle est très belle et mue
par la force de l'eau. Le maître de cet établissement me témoignait beaucoup de considération; elle m'était acquise par l'intérêt
que je mettais à le questionner sur sa machine
et l'attention que je prêtais aux explications
qu'il m'en donnait. Je sortais toujours de
chez lui avec une petite provision de très bon
cacao et un charmant bouquet que je tenais de
sa galanterie.

Lorsque la rivière était assez basse pour que
nous pussions la traverser, en sautant de pierre
en pierre ou en nous faisant porter par nos
négresses, nous passions de l'autre côté, afin
de gravir la colline au pied de laquelle coule la
rivière, et qui domine tout le vallon d'Aréquipa;
parvenues au sommet, nous nous arrêtions.
Assise auprès de Carmen, et, selon l'usage du
pays, les jambes croisées comme les Orientaux,
je trouvais un charme ineffable à rester ainsi,
pendant des heures entières, plongée dans une

douce rêverie, causant avec Carmen, tandis que celle-ci fumait son cigare.

— Dites-moi, chère Florita, dans votre belle France avez-vous un vallon qui vaille celui-ci?

— Non, cousine, je ne crois pas qu'il existe, dans aucun autre pays, une vallée plus pittoresque, une ville plus bizarrement placée, des volcans à la teinte plus mélancolique, aux proportions plus gigantesques, à l'aspect plus poétique.

— Et tout cela, Florita, laisse l'ame des Aréquipéniens froide, stérile; jamais, que je sache, un Aréquipénien n'a fait un vers.

— Mais, cousine, songez donc que, pour comprendre toutes les beautés qui nous environnent, pour que notre ame en soit profondément émue, il ne faut pas que nous soyons livrés aux agitations du monde, et qu'il faut, si l'on veut peindre ces beautés, cultiver son intelligence, s'exercer à manier sa langue, lire de bons livres. Avant que vos Aréquipéniens ne fissent des vers, il faudrait qu'il y eût des écoles où ils pussent apprendre à lire, où ils pussent se former le goût par la lecture d'Homère et Virgile, de Racine et de Byron. Il n'y a, parmi vous, que les personnes de la première classe de la société qui sachent lire, et encore n'ont-elles jamais lu que le catéchisme, sans même chercher à le comprendre! Les hautes facultés intellectuelles étant très rares, lorsque tout un peuple n'est pas appelé à jouir des avantages de l'instruction, il n'y apparaît que très peu d'hommes d'élite.

— Je partage votre opinion; mais pourquoi donc n'établit-on pas des écoles partout? Avec les sommes que ce moine vient d'arracher à tous ces avares, on aurait pu faire donner de l'instruction à tout le Pérou ; et nos gouvernants l'emploient à faire tuer des hommes! Tenez, Florita, quand je pense à cela, je cesse de croire en Dieu.

— Cousine, si Baldivia employait l'argent qu'il prend aux propriétaires à fonder des écoles pour la jeunesse des deux sexes ; à faire des routes pour transporter les denrées entre toutes les villes de votre territoire, à encourager l'industrie agricole et manufacturière, et aux autres choses utiles à la prospérité du pays, vous approuveriez donc sa conduite?

— Belle question! non seulement je l'ap-

prouverais, mais je me prosternerais devant lui,
et vendrais jusqu'à mon dernier châle de soie
pour contribuer à lui élever une statue.

— Ce que vous dites là est très beau! J'a-
voue, cousine, que je ne vous aurais pas crue
capable d'autant de dévouement pour votre
patrie : vous pourriez agir ainsi, parce que vous
avez du bon sens et que vous comprenez très
bien que la prospérité du pays est celle de tous
les individus qui l'habitent; mais la majorité
des Péruviens verrait-elle cela du même œil?

— Oui, sans doute, Florita, la très grande
majorité l'approuverait; car, comme vous le
répétez sans cesse, le bon sens est dans les
masses; les ambitieux, les intrigants seraient
seuls mécontents de voir employer l'argent à
des choses utiles : avides du bien d'autrui, ils
sont toujours disposés à fomenter les troubles;
ils y trouvent l'occasion de s'enrichir sans travail; dans le gaspillage des deniers publics, ils
tirent leur épingle du jeu et applaudissent à
des désordres dont ils profitent. Ces hommes
forment incontestablement le plus petit nombre; néanmoins ils mènent les affaires et ruinent notre malheureuse nation.

Lorsque, dans nos conversations, Carmen

me parlait des malheurs de son pays, mes douleurs redoublaient. Il était évident pour moi
que si une personne douée d'une ame généreuse
et forte pouvait réussir à s'emparer du
pouvoir, les calamités auraient un terme, et un
avenir de prospérité s'ouvrirait à cette contrée
infortunée. Je songeais à tout le bien que je
pourrais faire si j'étais à la place de la señora
Gamarra, et me décidais, plus que jamais, à
tenter d'y parvenir.

Parmi les militaires qui venaient chez mon
oncle ou chez Althaus, je n'en avais rencontré
qu'un seul qui aurait pu répondre à mon attente; et, quoiqu'il fût celui qui provoquait le
plus ma répugnance, je n'eusse pas hésité un
instant à tâcher de lui inspirer de l'amour,
tant j'étais pénétrée de la sainteté du rôle que
j'aurais pu remplir; mais il faut croire que
Dieu me réservait pour une autre mission :
cet officier était marié. Quand je fus bien convaincue qu'il ne se trouvait pas à Aréquipa un
homme qui pût me servir, force me fut d'a-
bandonner mes projets; cependant il me restait encore un espoir, et je m'y cramponnai;
je résolus d'aller à Lima.

J'annonçai à mon oncle et à toute la famille

que je voulais repartir pour la France; mais
que, désirant connaître la capitale du Pérou,
j'irais m'embarquer à Lima.

Cette nouvelle surprit tout le monde : mon
oncle en parut vivement affecté ; il me fit de
vives instances pour me détourner de ce dessein, sans cependant m'offrir une position plus
indépendante que celle dont je jouissais chez
lui. Althaus en fut véritablement peiné ; sa
femme s'en désespérait ; les deux personnes de
la famille qui en éprouvèrent les plus vifs regrets furent Emmanuel et Carmen.

La chère Carmen me répétait souvent, avec
une tristesse qui n'était pas feinte : « Personne
ici, Florita, ne souffrira plus vivement que
moi de votre absence. Don Pio est absorbé par
les affaires politiques ; Althaus, quoiqu'il vous
aime beaucoup, sera distrait par ses nombreuses occupations ; Manuela par ses relations
de société et sa toilette ; Emmanuel, par les
plaisirs de son âge ; mais moi, Florita, qui vis
retirée, méconnue de ceux-mêmes au milieu
desquels le destin m'a placée, qui pourra me
dédommager des consolations de votre douce
et haute philosophie ? qui pourra me donner ces
moments de gaîté que je devais à l'originalité

de votre caractère, moments dont le charme ravivait ma triste existence? Ah! Florita, il ne se passera pas un jour que je ne pousse un soupir de regret en pensant à vous. »

Je ne saurais dire combien j'éprouvais de peine à laisser ma cousine Carmen ; les autres n'avaient nul besoin de moi, tandis que j'étais devenue pour elle une nécessité.

Mon oncle me pria d'attendre au moins, avant de partir, la tournure qu'allaient prendre les affaires politiques ; j'y consentis.

Le moine était parvenu, à force d'argent et des fanfaronnades de son journal, à organiser les corps suivants :

Infanterie.	1,000 hommes.
Cavalerie.	800
Bataillon d'Immortels formé de la fleur des jeunes gens d'Aréquipa.	78
Chacareros (hommes des champs) de la banlieue. . .	300
Total de l'armée...	2,178

Il y avait, en outre, une garde nationale formée de 3 à 400 vétérans, réservée à la défense de la ville.

Pour prendre une apparence guerrière, le
général Nieto avait formé un camp; il croyait
habituer ses soldats aux fatigues en leur faisant
quitter leurs casernes. Ce camp, très mal placé
sous le rapport militaire, était à une lieue d'A-
réquipa, et se trouvant auprès d'un village, il
avait le grave inconvénient d'être entouré de
chicherias (sorte de cabarets où l'on vend la
chicha, boisson enivrante faite avec du maïs
concassé [1], mis en fermentation). Le quartier-
général était dans la maison d'un señor Menao.
Althaus avait essayé de détourner Nieto de
l'établissement de ce camp, en lui faisant observer les dangers que, dans la saison des pluies,
y courrait la santé du soldat, et les dépenses
énormes qui en résulteraient; le présomptueux
général avait dédaigné ces considérations, ainsi
que les sages avis de son chef d'état-major,
relativement à l'emplacement où il convenait
de camper : Nieto s'imaginait faire de l'effet,
paraître un grand capitaine par cette image
de la guerre; il cédait aussi à la sotte vanité
d'étaler son pouvoir au milieu des tentes et

[1] Là où il n'y a pas de moulin, les femmes mâchent le maïs et
le crachent à mesure dans le vase où elles le font fermenter.

d'un nombreux entourage d'officiers. Le général aimait à se montrer, suivi d'un brillant
état-major : de la ville au camp, du camp à la
ville, c'étaient des allées et venues continuelles,
et nous trouvions fort amusante la comédie que
nous donnait chaque jour l'héroïque cavalcade.
Le général, monté sur un beau cheval noir,
prenait les airs d'un Murat, tant il était re-
cherché et somptueux dans la variété de ses
costumes ; Baldivia, très souvent en habit de
moine, toujours sur un cheval blanc, figurait
le Lafayette péruvien, et la foule des officiers,
couverts d'or, chargés de panaches, n'était pas
moins ridicule.

Grâce à Althaus et à l'obligeance du général,
je pouvais disposer d'un cheval quand je voulais
aller voir le camp : les bourgeois n'avaient plus
de chevaux, ils s'étaient vus contraints de donner
les leurs, ou de les cacher pour les soustraire
aux réquisitions. Mon oncle seul avait conservé
sa jument chilienne, parce qu'elle était si fou-
gueuse, que nul officier ne se souciait de la
monter, et qu'au milieu d'un corps de cavalerie
elle eût occasionné des accidents. La visite du
camp était pour moi une promenade favorite :
j'y allais alternativement avec mon oncle, Al-

thaus ou Emmanuel, qui était devenu officier.
Le général me recevait toujours très bien, mais
le moine semblait deviner ma pensée et le mépris qu'il m'inspirait; dès qu'il me voyait, sa
physionomie, naturellement fausse, haineuse,
effrontée, prenait une expression toute particulière : il me paraissait évident qu'il devinait
l'antipathie que je ressentais pour lui. Baldivia
me saluait avec une froide politesse, écoutait
avec attention tout ce que je disais sans avoir
l'air de s'en occuper, et ne se mêlait jamais à la
conversation. Je savais, par Emmanuel, qu'on
n'aimait pas du tout mes visites, et que mes
parties de rire avec Althaus déplaisaient fort à
ces messieurs; mais comment n'aurais-je pas ri
en voyant des officiers aussi absurdement ridicules ! Nieto, n'ayant à camper que 1,800 hommes (les chacareros et les Immortels ne faisaient
pas partie du camp), avait pris plus de terrain
qu'il n'en aurait fallu à un général européen pour
une armée de 50,000 hommes. Sur un monticule,
à gauche de la maison de Menao, était construite
une redoute qu'on avait armée de cinq petits
canons de montagne; c'était la première fois de
ma vie que j'en voyais, ils me faisaient l'effet de

tuyaux de gouttières. Cette redoute se trouvait
dominée par une position que la nature elle-même
avait fortifiée, et où l'ennemi pouvait se loger
sans obstacle, s'il venait par le chemin qui la
joignait; or, comme Aréquipa est une ville
ouverte où l'on peut arriver par dix chemins
différents, il était difficile de prévoir celui que
prendrait l'ennemi.

L'infanterie, campée sur plusieurs lignes
auprès de la redoute, avait l'air très misérable; les malheureux soldats couchaient sous
de petites tentes mal fermées et faites d'une toile
tellement claire, qu'elle ne pouvait les garantir
des pluies fréquentes de la saison. La cavalerie,
commandée par le colonel Carillo, occupait
beaucoup plus de place; elle était établie de
l'autre côté de la redoute; le général me faisait
galoper devant cette longue file de chevaux qui
étaient sur un rang et très écartés les uns des
autres. Il n'y avait pas plus d'ordre là que dans
le quartier de l'infanterie, tout cela était pitoyable. A l'extrémité du camp, derrière les
tentes des soldats, étaient cantonnées les *ravanas*, avec tout leur attirail de cuisine et
d'enfants; on voyait du linge qui séchait, des

femmes occupées à laver, d'autres à coudre, toutes faisant un train effroyable par leurs cris, leurs chants et leur conversation.

Les *ravanas* sont les vivandières de l'Amérique du sud. Au Pérou, chaque soldat emmène avec lui autant de femmes qu'il veut; il y en a qui en ont jusqu'à quatre. Elles forment une troupe considérable, précèdent l'armée de plusieurs heures pour avoir le temps de lui procurer des vivres, de les faire cuire et de tout préparer au gîte qu'elle doit occuper. Le départ de l'avant-garde femelle fait de suite juger de tout ce que ces malheureuses ont à souffrir, de la vie de dangers et de fatigues qu'elles mènent. Les ravanas sont armées; elles chargent sur des mules les marmites, les tentes, tout le bagage enfin; elles traînent à leur suite une multitude d'enfants de tout âge, font partir leurs mules au grand trot, les suivent en courant, gravissent ainsi les hautes montagnes couvertes de neige, traversent les fleuves à la nage, portant un et quelquefois deux enfants sur leur dos. Lorsqu'elles arrivent au lieu qu'on leur a assigné, elles s'occupent d'abord de choisir le meilleur emplacement pour camper; ensuite elles déchargent les mules, dressent des tentes, allaitent et

couchent les enfants , allument des feux et mettent la cuisine en train. Si elles se trouvent peu
éloignées d'un endroit habité, elles s'y portent
en détachement pour y faire la *provision ;* se
jettent sur le village comme des bêtes affamées
et demandent aux habitants des vivres pour
l'armée ; quand on leur en donne de bonne
volonté, elles ne font aucun mal ; mais, si on
leur résiste, elles se battent comme des lionnes,
et, par leur féroce courage, triomphent toujours de la résistance ; elles pillent alors, sacca-
gent le village, emportent le butin au camp et
le partagent entre elles.

. . Ces femmes, qui pourvoient à tous les besoins
du soldat, qui lavent et raccommodent ses vêtements, ne reçoivent aucune paie et n'ont pour
salaire que la faculté de voler impunément ;
elles sont de race indienne, en parlent la langue
et ne savent pas un mot d'espagnol. Les *ravanas*
ne sont pas mariées, elles n'appartiennent à
personne et sont à qui veut d'elles. Ce sont des
créatures en dehors de tout ; elles vivent avec
les soldats, mangent avec eux , s'arrêtent où ils
séjournent, sont exposées aux mêmes dangers
et endurent de bien plus grandes fatigues.
Quand l'armée est en marche, c'est presque

toujours du courage, de l'intrépidité de ces
femmes qui la précèdent de quatre à cinq
heures que dépend sa subsistance. Lorsqu'on
songe qu'en menant cette vie de peines et de
périls elles ont encore les devoirs de la mater-
nité à remplir, on s'étonne qu'aucune y puisse
résister. Il est digne de remarque que, tandis
que l'Indien préfère se *tuer* que d'*être soldat*,
les femmes indiennes embrassent cette vie *volontairement* et en supportent les fatigues, en
affrontent les dangers avec un courage dont sont
incapables les hommes de leur race. Je ne crois
pas qu'on puisse citer une preuve plus frappante
de la supériorité de la femme, dans l'enfance
des peuples; n'en serait-il pas de même aussi
chez ceux plus avancés en civilisation, si une
éducation semblable était donnée aux deux
sexes? Il faut espérer que le temps viendra où
l'expérience en sera tentée.

Plusieurs généraux de mérite ont voulu suppléer au service des *ravanas* et les empêcher
de suivre l'armée; mais les soldats se sont toujours révoltés contre toutes les tentatives de ce
genre, et il a fallu leur céder. Ils n'avaient pas
assez de confiance dans l'administration militaire qui eût pourvu à leurs besoins pour

qu'on pût leur persuader de renoncer aux *ravanas*.

Ces femmes sont d'une laideur horrible ; cela
se conçoit, d'après la nature des fatigues qu'elles
endurent; en effet, elles supportent les intem-
péries des climats les plus opposés, successivement exposées à l'ardeur brûlante du soleil des
pampas et au froid du sommet glacé des Cordillières. Aussi ont-elles la peau brûlée, gercée,
les yeux éraillés; toutefois leurs dents sont très
blanches. Elles portent pour tout vêtement une
petite jupe de laine qui ne descend qu'aux genoux, plus une peau de mouton au milieu de
laquelle elles font un trou pour passer la tête et
dont les deux côtés leur cachent le dos et la
poitrine; elles ne s'occupent pas du surplus ;
les pieds, les bras et la tête sont toujours nus.
On remarque qu'il règne entre elles assez d'accord; cependant des scènes de jalousie amènent
parfois des meurtres; les passions de ces femmes
n'étant retenues par aucun frein, ces évènements ne doivent pas surprendre ; il est hors de
doute que, dans un nombre égal d'hommes que
nulle discipline ne contiendrait et qui mène-
raient la vie de ces femmes, les meurtres seraient beaucoup plus fréquents. Les ravanas

adorent le soleil, mais n'observent aucune pratique religieuse.

Le quartier-général avait été transformé en maison de jeu; la grande salle du bas, divisée en deux au moyen d'un rideau, était occupée, d'un côté, par le général et les officiers supérieurs; de l'autre, par des sous-officiers : tous, dans l'une et l'autre pièce, jouaient au pharaon des sommes énormes[1]. Althaus, voulant me faire voir dans leur beau les officiers de la république, m'amena, à onze heures de la nuit, à la maison de Menao; nous n'entrâmes pas, et, sans être aperçus, nous nous mîmes à regarder par la fenêtre. Ah! quel spectacle nous offrit cette réunion! Nous vîmes Nieto, Carillo, Morant, Rivero, Ros, assis autour d'une table, les cartes à la main, devant un tas d'or; la table était garnie de bouteilles, de verres remplis de vin ou de liqueurs. La figure de ces personnages exprimait ce que la passion du jeu a de plus violent! la rage concentrée ou cette cupidité que rien ne peut assouvir, qui s'accroît même par l'aliment que le hasard lui jette. Tous

[1] Les Péruviens sont très joueurs; le colonel Morant, dans une partie à Charillos, près de Lima, perdit dans une nuit 30,000 piastres.

avaient le cigare à la bouche, et la lumière bla-
farde qui pénétrait l'atmosphère de fumée donnait à ces physionomies quelque chose d'infernal. Le moine ne jouait pas, il se promenait
à pas lents, s'arrêtait par moments devant ces
hommes, et, se croisant les bras, il semblait
dire : Que puis-je espérer de pareils instruments !
A sa longue robe noire, à l'expression de ses
traits, au lieu où il se trouvait, on l'eût pris
pour le génie du mal, s'indignant des obstacles
que les vices apportent dans la carrière du
crime; les muscles de son visage se contractaient
d'une manière effrayante, ses petits yeux noirs
lançaient un feu sombre, sa lèvre supérieure
exprimait le mépris et la fierté; puis il reprenait
son impassibilité avec l'apparence de la résignation. Nous restâmes longtemps à examiner
cette scène; personne ne nous vit, les esclaves
de service dormaient, les braves défenseurs de
la patrie étaient absorbés par le jeu, le moine
par ses pensées. En nous retirant, nous causâmes, Althaus et moi, sur le malheur d'un pays
livré à de pareils chefs.

— Althaus, ceux qui se laissent dominer par
l'amour du jeu montrent assez qu'ils ont plus
de confiance dans le hasard que dans leur ha-

bileté; je doute que cette passion pût avoir prise
sur des hommes d'un mérite réel.

— Florita, si vous parlez des misérables jeux
de cartes, je suis de votre opinion; mais il existe
un jeu savant, auquel les plus hautes intelli-
gences peuvent s'exercer : ce sont les échecs[1];
si ces coquins-là employaient leur temps à y
jouer, je leur pardonnerais le gaspillage de l'argent enlevé aux propriétaires, et je soutiendrais
même, contre vous, belle cousine, qu'ils feraient
plus de progrès en jouant chaque jour aux
échecs, que ne leur en feront jamais faire les
balivernes que le moine leur débite en latin et
en espagnol, ou les ridicules revues du général.

— Mais, cousin, soyez donc conséquent avec
vous-même; puisque vous prétendez que pas un
de ces officiers n'est capable de comprendre la
plus simple démonstration mathématique, comment pourraient-ils passer, comme vous, trois
heures à résoudre une difficulté du jeu d'é-
checs?

— Vous avez raison; pour être propre aux
savantes combinaisons de ce jeu, il faut être né

[1] Althaüs est un des plus forts joueurs d'échecs que l'on puisse
citer.

en Germanie; cependant j'ai rencontré un Anglais et un Russe qui eussent pu rendre la dame
au plus fameux des joueurs allemands; mais
jamais je n'ai rencontré d'autres adversaires,
même en France, qui valussent la peine qu'on
se préparât avant l'heure de l'assaut.

Dans les derniers jours de mars, on apprit
de Lima que le président Orbegoso se disposait
à venir prendre le commandement de l'armée
du département d'Aréquipa. A cette nouvelle,
Nieto se désespéra : le président, disait-il, venait
lui enlever la gloire qu'il était sûr d'obtenir en
se mesurant avec San-Roman. Le présomptueux
général ne pouvait songer à se révolter, il n'a-
vait pas assez d'influence pour se poser comme
chef de parti et agir pour son compte; cependant, voulant prévenir ce qu'il considérait
comme un affront, il eut recours à un moyen
qui allait à la portée de son esprit. Il fit écrire,
en secret, une lettre confidentielle à je ne sais
qui, et prit ses mesures pour qu'elle tombât
dans les mains de San-Roman. On disait, dans
cette lettre, que l'armée de Nieto était dans le
plus misérable état, sans armes, sans munitions et tout à fait incapable de se défendre.
Après le départ de sa missive, le général espé-

rait chaque jour voir arriver l'armée ennemie,
et son impatience était au comble

Depuis trois mois, l'attaque dont le fameux
San-Roman menaçait Aréquipa faisait le sujet
de toutes les conversations ; pendant les deux
premiers mois, le nom de ce chef produisait sur
la population le même effet que le nom de *Croquemitaine* sur l'imagination des petits enfants.
Les partisans d'Orbegoso le dépeignaient comme
un homme méchant, féroce, capable d'égorger
lui-même, pour son propre plaisir, les pauvres
Aréquipéniens, et de mettre leur ville à feu et à
sang pour satisfaire aux vengeances de son
parti ; on disait encore de lui mille autres gentillesses de ce genre.

Si, dans le public, on se plaisait à faire des
contes sur San-Roman, dans le but de s'effrayer
mutuellement, et par ce penchant à l'exagération et au merveilleux, qui pousse toujours ce
peuple vers les extrêmes, il se trouvait aussi
des gens puissamment intéressés à accréditer ces
bruits, tels que le moine, le général, leurs su-
bordonnés et autres.

Sur chacune des deux armées reposaient
toutes les espérances du parti dont elle avait
embrassé la défense. L'une et l'autre allaient

jouer le tout d'un seul coup. La victoire assu-
rait au parti vainqueur un succès complet, la
défaite une ruine irréparable. Le parti d'Orbegoso, anéanti sur tous les points, n'avait d'autre
appui que dans la valeur des Aréquipéniens, et
tous les regards étaient fixés sur eux. La señora
Gamarra, de son côté, sentait que l'autorité du
gouvernement qu'elle avait organisé ne pourrait
se maintenir tant qu'il existerait une résistance
armée; que pour être maitresse à Lima, il fallait
d'abord qu'elle le fût à Aréquipa; et que si,
avec les trois bataillons qui lui restaient, elle
réduisait cette ville, Orbegoso n'attendrait pas
son retour dans la capitale. On conçoit combien il devait être important pour les chefs de
l'armée d'Aréquipa, les autorités de la ville
et les personnes qui avaient intérêt à soutenir Orbegoso, d'entretenir dans le peuple des
idées exagérées des calamités auxquelles le
triomphe de San-Roman l'exposerait afin de
l'exciter à se défendre jusqu'à la dernière extrémité. Aussi, faisait-on chaque jour circuler des écrits à la main, rédigés par le moine
(quoiqu'ils ne portassent aucune signature),
dans lesquels il était dit que San-Roman avait
promis à ses soldats le sac de la ville. La des-

cription des massacres, des viols, des atrocités
que contenaient ces écrits faisait passer, dans
l'ame timide des habitants, une terreur qui
allait jusqu'au désespoir. Le moine atteignait
ainsi son but, car le désespoir donne de la bravoure au plus lâche. Le général haranguait ses
soldats; le préfet, le maire lançaient leurs proclamations dans le même esprit; enfin les moines
des divers couvents, cédant à la force, prê-
chaient dans leurs églises la résistance jusqu'à
la mort.

Toutes ces harangues et prédications produisirent sur le peuple l'effet qu'on en attendait. Dans le premier mois qui s'écoula après
l'insurrection, la crainte de l'arrivée inopinée
de San-Roman, qui commandait les trois meilleurs bataillons, excita de pénibles anxiétés et
fit organiser la défense avec zèle. Le second
mois, les Aréquipéniens, prenant confiance
dans leurs préparatifs, et le triomphe que le
moine promettait à leur valeur, s'habituèrent
à l'idée de la lutte dans laquelle ils allaient s'engager, et attendirent l'ennemi de pied ferme;
mais, au troisième mois, leur impatience ne
connut plus de bornes! La lenteur que San-
Roman mettait à venir leur parut un témoi-

gnage de la peur qu'ils lui inspiraient; leur courage en augmenta; et, comme cela arrive toujours chez les peuples qui manquent d'expérience, ils passèrent aussitôt de la terreur qui les avait saisis à une jactance, une fanfaronnade qui donnèrent à toutes les personnes raisonnables de justes appréhensions ; elles redoutaient les revers et n'éprouvaient pas de moins cruelles inquiétudes sur les suites de la victoire, si ces hommes, aussi lâches que présomptueux, venaient à l'obtenir. Dès le moment où, dans leur aveugle confiance, ils crurent avoir gagné la bataille, sans connaître les ennemis qu'ils avaient à combattre, ce fut à qui d'entre eux ferait le plus de sottises, depuis le général en chef jusqu'au dernier employé de la mairie : c'était à faire pitié! Je reconnus dès lors que, quel que fût l'événement, le pays était perdu ; que les succès de Nieto amèneraient, aussi inévitablement que ceux de San-Roman, l'exigence de contributions énormes, la spoliation des propriétés et le pillage sous toutes ses formes.

Le 21 mars, Althaus me dit : — Enfin, Florita, il paraît que le général a des renseignements exacts : San-Roman sera ici demain ou après demain; croiriez-vous que, jusqu'à présent, tout en faisant une dépense énorme en espions, nous n'avons pu obtenir un mot de vrai sur ce qui se passe dans le camp de l'ennemi ? Le général ne veut pas que je m'en mêle ; l'amour-propre de ce sot se sent blessé d'un sage conseil, et il me cache tout ce qu'il peut.

Depuis deux jours, les troupes étaient rentrées dans leurs casernes ; on avait été obligé de les faire revenir, tant elles étaient exténuées par les fatigues et les privations qu'elles avaient éprouvées pendant leur inutile séjour dans le camp. Il semble que, d'après un avis qu'il croyait si sûr, le général aurait dû s'empresser de faire ressortir les troupes, soit pour reprendre la position qu'elles venaient de quitter, soit pour les établir dans la nouvelle que la circonstance pouvait exiger ; qu'il aurait dû n'oublier aucune des précautions indiquées par la prudence, pour éviter toute surprise de la part de l'ennemi, la confusion parmi les troupes et l'alarme dans le peuple ; que tout, enfin, devait être prévu, et des mesures prises pour prévenir les désordres qui pouvaient résulter dans la ville de la victoire ou de la défaite : telle eût été la conduite de tout militaire qui eût eu le sens commun ; mais le général Nieto ne songea à rien de tout cela, et, sans s'occuper d'aucune disposition, laissant les affaires à l'abandon, il alla, avec les autres chefs, à Tiavalla, fêter la semaine sainte. Le lendemain, vers quatre heures de l'après-midi, un espion vint dire, en toute hâte, que l'ennemi était à Cangallo : la rumeur fut générale! D'un côté, on courait chercher Nieto; de l'autre, les Immortels se rassemblaient, les troupes sortaient en désordre; les chacareros effrayés refusaient de marcher, et les *perruques* de l'hôtel-de-ville faisaient bêtises sur bêtises : la confusion était au comble.

Alors se montrèrent la profonde ignorance, l'absolue nullité de ces chefs présomptueux, tant civils que militaires, qui dirigeaient les affaires de ce malheureux pays. Je craindrais de fatiguer mon lecteur, de n'être pas crue de lui, si je l'entretenais du gaspillage qui se fit en toutes choses, des scènes de désordre, d'indiscipline qui se montrèrent dans ce moment de crise, et de la conduite des officiers qui, à la veille d'une bataille, au lieu d'être à leur poste, étaient tous à jouer ou à s'enivrer chez leurs maîtresses.

Tout ce qui se passa dans cette soirée, et la

nuit suivante, serait incroyable pour un Européen. Je n'entre donc dans aucun détail, mais j'affirme que la confusion fut telle que, si San-Roman en avait été instruit, il eût pu, ce jour-là même, s'emparer de la ville, et y faire caserner ses troupes sans combattre : on était hors d'état de tirer un seul coup de fusil pour l'en empêcher. Il eût ainsi terminé la guerre dans trois heures de temps. On doit certes bien regretter qu'il ne l'ait pas fait; beaucoup de sang répandu eût été épargné ; beaucoup de maux irréparables eussent été évités.

III.

LES COUVENTS D'ARÉQUIPA.

Ainsi que je l'ai déjà dit, Aréquipa est une des villes du Pérou qui renferme le plus de couvents d'hommes et de femmes. L'aspect de la plupart de ces monastères, le calme constant qui les enveloppe, l'air religieux qui s'en exhale, reportant la pensée sur les agitations de la société, on pourrait se laisser aller à croire que, si la paix et le bonheur habitent sur la terre, c'est dans ces asiles du Seigneur qu'ils résident. Mais, hélas! ce n'est pas dans les cloîtres que ce besoin de repos qu'éprouve le cœur détrompé des illusions du monde peut être satisfait. Dans l'enceinte de ces immenses monuments, au lieu de cette paix des tombeaux que leur extérieur sombre et froid avait fait supposer, on ne trouve qu'agitations fiévreuses que la règle captive, mais n'étouffe pas; sourdes, voilées, elles bouillonnent comme la lave dans les flancs du volcan qui la recèle.

Avant même d'avoir pénétré dans l'intérieur d'un seul de ces couvents, chaque fois que je passais devant leurs porches, toujours ouverts, ou le long de leurs grands murs noirs, de trente à quarante pieds d'élévation, mon cœur se serrait; j'éprouvais, pour les malheureuses victimes, ensevelies vivantes dans ces amas de pierres, une compassion si profonde, que mes yeux se remplissaient de larmes. Pendant mon séjour à Aréquipa, j'allais souvent m'asseoir sur le dôme de notre maison; de cette position, j'aimais à promener ma vue du volcan à la jolie rivière qui coule au bas, et du riant vallon qu'elle arrose sur les deux magnifiques couvents de Santa-Cathalina et de

Santa-Rosa. Ce dernier surtout attirait ma pensée
et captivait mon attention : c'était dans son triste
cloître que s'était passé un drame plein d'intérêt, dont l'héroïne était une jeune fille belle,
aimante, malheureuse, oh ! bien malheureuse ! Cette jeune fille était ma parente ; je
l'aimais par sympathie, et, forcée d'obéir aux
fanatiques préjugés du monde qui m'entourait,
je ne pouvais la voir qu'en cachette. Quoiqu'il
y eût deux ans, lors de mon arrivée à Aréquipa,
qu'elle s'était évadée du couvent, l'impression
que cet évènement avait produite était encore
toute récente ; je devais donc user de beaucoup
de ménagements dans l'intérêt que je montrais
à cette victime de la superstition ; je n'eusse pu
la servir par une autre conduite, et j'aurais
couru le danger d'exciter davantage le fanatisme de ses persécuteurs. Tout ce que Dominga
(c'était le nom de la jeune religieuse) m'avait
raconté de son étrange histoire me donnait le plus
vif désir de connaître l'intérieur du couvent où
la malheureuse avait langui durant onze années !
Aussi, le soir, lorsque je montais sur la maison
pour admirer les teintes gracieuses et mélanco-
liques que les derniers rayons du soleil répandent sur la charmante vallée d'Aréquipa, alors

qu'il disparaît derrière les trois volcans, dont il
colore de pourpre les neiges éternelles, mes yeux
se portaient involontairement sur le couvent de
Santa-Rosa. Mon imagination me représentait
ma pauvre cousine Dominga revêtue de l'ample
et lourd habit des religieuses de l'ordre des carmélites : je voyais son long voile noir, ses souliers
en cuir, à boucles de cuivre; sa discipline, en
cuir noir, pendant jusqu'à terre ; son énorme
rosaire que la malheureuse fille, par instants,
pressait avec ferveur en demandant à Dieu qu'il
l'aidât dans l'exécution de son projet, et qu'ensuite elle broyait entre ses mains crispées par
la colère et le désespoir. Elle m'apparaissait dans
le haut du clocher de la belle église de Santa-
Rosa. C'était dans ce clocher qu'allait tous les
soirs la jeune religieuse, sous le prétexte de voir
s'il ne manquait rien aux cloches et à l'horloge
dont le soin était commis à sa surveillance. Du
haut de cette tour, la jeune fille pouvait contempler à loisir l'étroit, mais joli petit vallon où les
heureux jours de son enfance s'étaient écoulés
si joyeusement : elle voyait la maison de sa mère,
ses sœurs et ses frères courir et folâtrer dans
le jardin..... Oh ! qu'elles lui paraissaient heureuses ses sœurs de pouvoir ainsi courir et jouer

en liberté! Comme elle admirait leurs robes de
toutes couleurs, et leurs beaux cheveux ornés
de fleurs et de perles! comme elle aimait leur
élégante chaussure, leur grand châle de soie et
leur légère écharpe de gaze! A cette vue, la
malheureuse se sentait étouffer sous le poids de
ses lourds vêtements; cette chemise, ces bas,
cette longue et large robe, tous en grossier
tissu de laine, lui étaient en horreur! la dureté
de sa chaussure blessait ses pieds, et son long
voile noir, de laine aussi, que l'ordre exigeait avec
rigueur de tenir toujours baissé, était pour elle
la planche qui a renfermé vivant le léthargique
dans le cercueil. L'infortunée Dominga repous-
sait ce voile affreux avec un mouvement con-
vulsif; de sourds gémissements sortaient de sa
poitrine; elle essayait de passer ses bras entre les
barreaux qui ferment les ouvertures du clocher.
La pauvre recluse ne désirait qu'un peu du
grand air que Dieu a donné à toutes ses créatures, qu'un petit espace dans le vallon où elle
pût mouvoir ses membres engourdis; elle ne
demandait qu'à chanter les airs de ses montagnes, qu'à danser avec ses sœurs, qu'à mettre
comme elles de petits souliers roses, une légère
écharpe blanche et quelques fleurs des champs

dans ses cheveux. Hélas! c'était bien peu de chose que les désirs de la jeune fille; mais un vœu terrible, solennel, qu'aucune puissance humaine ne pouvait rompre, la privait à jamais d'air pur et de chants joyeux, d'habits de son âge, appropriés aux changements des saisons, et d'exercices nécessaires à sa santé. L'infortunée, à seize ans, entraînée par un mouvement de dépit et d'amour-propre blessé, avait voulu renoncer au monde. L'ignorante enfant avait coupé elle-même ses longs cheveux, et, les jetant au pied de la croix, avait juré, sur le Christ, qu'elle prenait Dieu pour époux. L'histoire de la *monja*[1] fit grand bruit à Aréquipa et dans tout le Pérou; je l'ai jugée assez remarquable pour qu'elle dût trouver place dans ma relation. Mais, avant d'instruire mes lecteurs de tous les faits et dires de ma cousine Dominga, je les prie de vouloir bien me suivre dans l'intérieur de Santa-Rosa.

Dans les temps ordinaires, ces couvents sont inaccessibles; on n'y peut pas entrer sans la permission de l'évêque d'Aréquipa, permission que, depuis l'évasion de la *monja*, il refusait inflexiblement. Mais dans les circonstances im-

[1] Nonne.

minentes où la ville se trouvait, tous les couvents offrirent l'asile du sanctuaire à la population alarmée. Ma tante et Manuela jugèrent
prudent d'y prendre refuge, et je profitai de
cette circonstance pour m'instruire des détails
de la vie monastique. Santa-Rosa était toujours
présent à ma pensée ; je m'efforçais de décider
ces dames à lui donner la préférence sur Santa-
Cathalina, où elles inclinaient à aller. Les supérieures de ces deux couvents étaient nos cousines ; l'une et l'autre nous avaient fait les invitations les plus affectueuses : chacune d'elles
désirait nous avoir, et cherchait à déterminer
notre choix en faveur de la bonne hospitalité
qu'elle nous préparait. Santa-Rosa, par sa
beauté, devait plus vivement exciter notre curiosité ; mais ces dames redoutaient l'extrême
sévérité de l'ordre des carmélites dont les religieuses de ce couvent ne se relâchent en aucune
circonstance. J'eus beaucoup de peine à vaincre
toutes leurs répugnances ; cependant je parvins
à en triompher. Vers sept heures du soir, nous
nous rendîmes au couvent après avoir eu le soin
d'envoyer devant nous une négresse pour nous
annoncer.

Je ne crois pas qu'il ait jamais existé, dans
l'état le plus monarchique, une aristocratie plus

hautaine et plus choquante dans ses distinctions
que celle dont le spectacle me frappa d'étonnement en entrant à Santa-Rosa. Là régnent, dans
toute leur puissance, les hiérarchies de la naissance, des titres, des couleurs de la peau et des
fortunes ; et ce ne sont pas de vaines classifi-
cations. A voir dans le couvent marcher en
procession les membres de cette nombreuse
communauté, vêtus du même uniforme, on
croirait que la même égalité subsiste en tout ;
mais entre-t-on dans l'une des cours, on est
surpris de l'orgueil qu'apporte la femme titrée
dans ses relations avec la femme de sang plé-
béien ; du ton de mépris qu'affectent les blanches envers celles de couleur, et les riches à
l'égard de celles qui ne le sont pas. C'est en
voyant ce contraste, d'une humilité apparente
et de l'orgueil le plus indomptable, qu'on est
tenté de répéter ces paroles du sage : « Vanité
des vanités. »

Nous fûmes reçues à la porte par des religieuses que la supérieure envoyait pour nous
recevoir. Cette grave députation nous conduisit,
avec tout le cérémonial voulu par l'étiquette,
jusqu'à la cellule de la supérieure, qui était
malade et couchée. Son lit était supporté par

une estrade sur les marches de laquelle un
grand nombre de religieuses étaient hiérarchi-
quement placées. L'estrade, couverte d'un tapis
en grosse laine blanche, donnait à ce lit l'air
d'un *trône*. Nous restâmes assez longtemps auprès de la vénérable supérieure. Les draps de
lit étaient en toile, et une de ses dames de compagnie nous expliqua, à voix basse, que la supérieure était excessivement affligée de se voir
contrainte, par la nature de sa maladie, à enfreindre la règle du saint ordre des carmélites,
en remplaçant la *laine* par de la *toile*. Après
que les bonnes religieuses eurent satisfait leur
curiosité sur les affaires du jour, et qu'avec retenue elles m'eurent, en hésitant, adressé quelques questions sur les usages d'Europe, nous
nous retirâmes dans les cellules qu'elles nous
avaient fait préparer. Je demandai à une des
jeunes religieuses qui m'accompagnaient si elle
pourrait me faire voir la cellule de *Dominga*.
« Oui, me répondit-elle, demain, je vous don-
nerai la clef pour que vous y entriez; mais n'en
dites rien, car ici cette pauvre Dominga est
maudite : nous sommes trois seulement qui
osions la plaindre. »

Santa-Rosa est un des plus vastes et des plus

riches couvents d'Aréquipa. La distribution intérieure est commode : elle présente quatre
cloîtres qui enferment chacun une cour spacieuse. De larges piliers en pierre supportent
la voûte assez basse de ces cloîtres ; les cellules
des religieuses règnent à l'entour ; on y entre
par une petite porte basse : elles sont grandes
et les murs en sont tenus très blancs ; elles sont
éclairées par une croisée à quatre vitraux, qui,
ainsi que la porte, donne sur le cloître. L'ameublement de ces cellules consiste en une table en
chêne, un escabeau de même bois, une cruche
en terre et un gobelet d'étain ; au dessus de la
table, il y a un grand crucifix ; le Christ est
en os jauni et noirci par le temps, et la croix
est en bois noir. Sur la table, sont une tête de
mort, un petit sablier, des heures et parfois
quelques autres livres de prières ; à côté, ac-
crochée à un gros clou, pend une discipline en
cuir noir. Excepté la supérieure, pas une religieuse ne peut coucher dans sa cellule. Elles
n'ont leur cellule que pour méditer dans l'isolement et le silence, se recueillir ou se reposer.
Elles mangent en commun dans un immense
réfectoire, dînent à midi et soupent à six heures. Pendant qu'elles prennent leur repas, une

d'entre elles fait la lecture de quelques passages
des livres saints, et toutes couchent dans les
dortoirs, qui sont au nombre de trois dans le
couvent de Santa-Rosa.

Ces dortoirs sont voûtés, construits en forme
d'équerre, et sans aucune fenêtre qui laisse pénétrer le jour. Une lampe sépulcrale, placée
dans l'angle, jette à peine assez de lueur pour
éclairer l'espace à six pieds autour d'elle, en
sorte que les deux côtés du dortoir restent dans
une obscurité profonde. L'entrée de ces dortoirs
est interdite, non seulement aux personnes
étrangères, mais même aux filles de service de
la communauté, et si furtivement on s'introduit le soir sous les voûtes sombres et froides de
leurs longues salles, aux objets dont on se sent
environné, on se croirait descendu aux cata-
combes, et ces lieux sont tellement lugubres,
qu'il est difficile de se défendre d'un mouvement
d'effroi. Les *tombeaux*[1] sont disposés de chaque
côté du dortoir, à douze ou quinze pieds de distance les uns des autres; élevés sur une estrade,
ils ressemblent entièrement, par leur forme et
l'ordre dans lequel ils sont rangés, aux tom-

---

[1] On nomme tombeau l'endroit où chaque religieuse se retire
pour dormir.

beaux que l'on voit dans les caveaux des églises. Ils sont recouverts d'une étoffe noire, en laine, semblable à celle qu'on emploie pour tenture dans les cérémonies funéraires. L'intérieur de ces tombeaux a dix à douze pieds de long sur cinq à six de large et autant de hauteur. Ils sont meublés d'un lit fait avec deux grosses planches de chêne placées sur quatre pieux en fer. Dessus ces planches est un gros sac de toile, qui est rempli, selon le degré de sainteté de celle qui y repose, de cendres, de cailloux, d'épines même, de paille ou de laine. Je dois dire que je suis entrée dans trois de ces tombeaux, et que j'en ai trouvé les sacs remplis de paille. A l'extrémité du lit, est un petit meuble en bois noir qui sert tout ensemble de table, de prie-dieu et d'armoire. De même que dans la cellule, il y a au dessus de ce meuble un grand Christ faisant face à la tête du lit : au dessous du Christ sont rangés une tête de mort, un livre de prières, un rosaire et une discipline. Il est expressément défendu, dans aucune circonstance, d'avoir de la lumière dans les tombeaux. Quand une religieuse est malade, elle va à l'infirmerie; c'est dans un de ces tombeaux que ma pauvre cousine Dominga avait couché pendant onze ans!

La vie que mènent ces religieuses est des plus pénibles : le matin, elles se lèvent à quatre heures pour aller aux matines; puis se succèdent, presque sans interruption, une suite de pratiques religieuses auxquelles elles sont tenues d'assister : cela dure jusqu'à l'heure de midi qui les appelle au réfectoire. De midi à trois heures, elles jouissent de quelque repos; alors recommencent pour elles des prières qui se prolongent jusqu'au soir. De nombreuses fêtes viennent encore ajouter à ces devoirs par les processions et autres cérémonies qu'elles imposent à la communauté : tel est l'aperçu des austérités et des exigences de la vie religieuse dans les cloîtres de Santa-Rosa. La seule récréation de ces recluses est la promenade dans leurs magnifiques jardins; elles en ont trois dans lesquels elles cultivent de belles fleurs qu'elles entretiennent avec un grand soin.

En prenant le voile dans l'ordre des carmélites, les religieuses de Santa-Rosa font vœu de pauvreté et de silence. Quand elles se rencontrent, l'une doit dire : « Sœur, nous devons mourir; » et l'autre répondre : « Sœur, la mort est notre délivrance, » et ne jamais prononcer une parole de plus. Toutefois ces dames par-

lent, et beaucoup; mais c'est seulement pendant
le travail du jardin, ou dans la cuisine lorsqu'elles y vont pour surveiller les femmes de
service, ou sur le haut des tours et des clochers
quand leur devoir les y appelle; elles parlent
encore dans leurs cellules, lorsqu'à la dérobée,
elles vont s'y faire de longues visites. Enfin les
bonnes dames parlent partout où elles croient
pouvoir le faire sans violer leur vœu, et, pour
se mettre en paix avec leur conscience, elles
observent un silence de mort dans les cours,
au réfectoire, à l'église et surtout dans les dortoirs où jamais voix humaine n'a retenti. Ce
n'est certes pas moi qui leur imputerais à crime
leurs légères transgressions à la règle du saint
ordre des carmélites. Je trouve tout naturel
qu'elles recherchent l'occasion d'échanger quelques paroles après de longues heures de silence;
mais je désirerais, pour leur bonheur, qu'elles
se bornassent à parler des belles fleurs qu'elles
cultivent; des bonnes confitures et des excellents gâteaux qu'elles font si bien; de leurs magnifiques processions et des riches pierreries de leur
Vierge, ou même encore de leur confesseur.
Malheureusement, ces dames ne se bornent point
à ces sujets de conversation. La critique, la mé-

disance, la calomnie même régnent dans leurs
entretiens ; il est difficile de se faire une juste
idée de toutes les petites jalousies, des basses
envies qu'elles nourrissent les unes contre les
autres et des cruelles méchancetés qu'elles ne
cessent de se faire. Rien de moins onctueux que
les rapports qu'ont entre elles ces religieuses ;
tout, au contraire, dans ces rapports, annonce
la sécheresse, l'âpreté, la haine. Ces dames ne
sont pas plus rigoureuses dans l'observation de
leur vœu de pauvreté. Aucune d'elles ne devrait
avoir, d'après le réglement, m'a-t-on dit, plus
d'une fille pour la servir ; cependant plusieurs
de ces dames possèdent trois ou quatre femmes
esclaves, logées dans l'intérieur. Chacune entretient, en outre, une esclave au dehors pour
faire ses commissions, acheter ce qu'elle désire,
communiquer enfin avec sa famille et le monde.
Il se trouve même, dans cette communauté,
des religieuses dont la fortune est très considérable, qui font de très riches présents au
monastère et à son église ; envoient fréquemment, à leurs connaissances de la ville, des cadeaux consistant en fruits, friandises de toute
sorte, petits ouvrages faits dans le couvent, et
parfois les personnes qu'elles affectionnent re-

çoivent d'elles des dons d'une plus haute valeur.

Santa-Rosa d'Aréquipa est considéré comme un des plus riches monastères du Pérou ; néanmoins les religieuses m'en ont paru plus malheureuses que celles d'aucun des couvents que j'ai eu l'occasion de visiter. L'exactitude de mon observation m'a été confirmée, en Amérique, par les personnes familières avec l'intérieur des communautés, qui m'ont toutes assuré que les austérités des nonnes de Santa-Rosa surpassaient de beaucoup celles auxquelles s'astreignent les religieuses de tout autre couvent. J'eus plusieurs entretiens avec la supérieure, pendant les trois jours que j'habitai Santa-Rosa ; je vais en citer quelques passages pour faire connaître l'esprit qui dirige cette communauté.

Je dois d'abord dire que la supérieure me reçut avec beaucoup de distinction ; elle avait alors soixante-huit ans, et, depuis dix-huit ans, dirigeait la communauté. Elle a dû être très belle, sa physionomie est noble, et tout en elle annonce une grande force de volonté. Née à Séville, elle vint à Aréquipa à l'âge de sept ans. Son père là mit à Santa-Rosa pour y faire son éducation, et, depuis lors, elle n'en est plus sortie. Cette dame parle l'espagnol avec une

pureté et une élégance remarquables ; elle est
aussi instruite qu'une religieuse peut l'être.
Toutes les questions qu'elle m'adressa sur l'Europe me prouvèrent que la supérieure de Santa-
Rosa s'était beaucoup occupée des évènements
politiques qui ont agité l'Espagne et le Pérou
depuis vingt ans. Ses opinions en politique sont
aussi exaltées qu'en religion, et son fanatisme
religieux dépasse toutes les limites de la raison.
Je rapporterai une de ses phrases qui, à elle
seule, résume l'ordre d'idées de cette vieille
religieuse. « Hélas ! ma chère enfant, me dit-elle,
maintenant je suis trop vieille pour rien entreprendre, mon temps est fini ; mais, si je n'avais
que trente ans, je partirais avec vous : j'irais à
Madrid, et là, j'y perdrais ma fortune, mon illustre nom et ma vie, ou, par la mort de Jésus-
Christ, là, en croix, je vous'jure que je rétablirais
la sainte inquisition. » Il est impossible d'avoir
plus de feu dans le regard, d'énergie dans la
voix et d'expression dans le geste, qu'elle n'en
mit en étendant la main vers le Christ qui était
au pied de son lit : sa conversation était toujours montée au même diapason. En parlant
de Dominga, elle me dit : « Cette fille était *pos-
sédée du démon ;* je suis contente que le diable

ait choisi mon couvent de préférence : cet exemple y fera revivre la foi ; car, ma chère Flora, à vous je confierai une partie de mes peines ; chaque jour, je vois chanceler, dans le cœur des jeunes nonnes, cette foi puissante qui seule peut faire croire aux miracles. » L'évasion de Dominga ne me paraissait pas devoir produire l'effet qu'en attendait la supérieure et me semblait, au contraire, de nature à provoquer l'imitation. Je doute même qu'elle se fît illusion à cet égard ; mais, parlant de Dominga , en présence de quelques religieuses, elle crut peut-être de son devoir de faire cette réflexion. Cette femme, d'une austérité rigoureuse, a su se faire obéir et respecter des religieuses tout en les gouvernant avec une main de fer ; mais, depuis tant d'années qu'elle leur commande, elle n'a pu obtenir la sincère affection d'aucune d'elles.

Les trois jours passés dans l'intérieur de ce couvent avaient tellement fatigué ma tante et mes cousines, que, n'importe le risque qu'elles pouvaient courir en sortant, ces dames ne voulurent pas y demeurer plus longtemps. Quant à moi, j'avais, pendant un aussi court séjour, recueilli beaucoup d'observations et ne m'étais nullement ennuyée. Ces graves religieuses nous

accompagnèrent avec le même cérémonial et la
même étiquette qu'elles avaient mis à nous recevoir; enfin nous passâmes le seuil de cette
énorme porte en chêne, verrouillée et bardée de
fer comme celle d'une citadelle : à peine la portière l'eut-elle refermée, que nous nous mîmes
toutes à courir dans la longue et large rue de
Santa-Rosa , en criant : « Dieu! quel bonheur
d'être en liberté!» Toutes ces dames pleuraient;
les enfants et les négresses gambadaient dans la
rue; et moi j'avoue que je respirais plus facilement. Liberté, oh! chère liberté, il n'est pour ta
perte aucune compensation : la sécurité même
n'en est pas une; rien au monde ne saurait te
remplacer.

Dès le lendemain de notre entrée à Santa-Rosa,
Althaus nous avait fait dire que la nouvelle
était fausse , que l'Indien de qui on la tenait
était vendu à San-Roman, et que celui-ci n'ar-
riverait pas avant quinze jours. Nous crûmes
donc pouvoir revenir chez nous ; mais, le soir
même de notre sortie, il y eut une autre alerte,
et, cette fois, mes parentes se retirèrent à Santa-
Cathalina. Il paraissait positif que San-Roman
était à Cangallo. Son arrivée à une si courte
distance d'Aréquipa (quatre lieues) rendait le

danger imminent ; aussitôt que la nouvelle s'en
répandit, le désordre dans la ville et dans le
camp ne fut guère moindre qu'à la première
alarme donnée par l'espion ; on battit la générale, on sonna le tocsin ; des masses de monde
se réfugièrent dans les couvents ; ce furent une
confusion, une terreur qui ne me donnèrent pas
une haute idée de la bravoure de cette population fanfaronne, qui devait défendre la ville
jusqu'au *dernier souffle de vie.* Les couvents
et les églises étaient devenus les *garde-meubles*
des habitants ; depuis quinze jours, ils y ca-
chaient tout ce qu'ils possédaient d'objets trans-
portables, et leurs maisons entièrement dégar-
nies avaient l'air d'avoir été pillées ; moi-même
je fis porter mes malles à Santo-Domingo avec
les effets de mon oncle. C'était à midi qu'on
avait appris l'arrivée de l'ennemi à Cangallo,
et l'on s'attendait à la voir paraître vers six ou
sept heures. Les dômes des maisons étaient couverts d'une foule de monde qui regardait dans
toutes les directions ; mais l'attente générale fut
déçue. L'ennemi avait fait une halte.

Althaus revint du camp, et me dit : —Cousine, il est très vrai, cette fois, que San-Roman est à Cangallo ; mais ses soldats sont ha-

rassés de fatigue, et je suis bien sûr qu'ils resteront là trois ou quatre jours pour se refaire.

— Vous croyez donc qu'ils ne viendront pas aujourd'hui?

— Je ne pense pas qu'ils soient ici avant quatre ou cinq jours; ainsi, vous pouvez aller retrouver Manuela. Au surplus, vous verrez la mêlée du haut des tours du monastère, aussi bien que de dessus la maison de votre oncle.

Je suivis son conseil, et j'allai à Santa-Cathalina rejoindre mes parentes.

— Me voilà donc encore dans l'intérieur d'un couvent; mais quel contraste avec celui que je venais de quitter! quel bruit assourdissant, quels houras quand j'entrai! *La Francesita!* la *Francesita!* criait-on de toutes parts. A peine la porte fut-elle ouverte, que je fus entourée par une douzaine de religieuses qui me parlaient toutes à la fois, criant, riant et sautant de joie. L'une m'ôtait mon chapeau, parce que, disait-elle, un chapeau était un vêtement *indécent;* mon peigne fut également ôté sous le même prétexte qu'il était *indécent;* une autre voulait me retirer mes gigots, toujours sur la même accusation d'être *très indécents.* Celle-là écartait ma robe par derrière, parce qu'elle voulait voir comment était fait mon corset. Une religieuse me défaisait les cheveux pour voir comme ils étaient longs; une autre me levait le pied pour examiner mes brodequins de Paris; mais ce qui excita surtout leur étonnement, ce fut la découverte de mon pantalon. Ces bonnes filles sont naïves, et il y avait sans doute plus *d'indécence* dans leurs questions que n'en présentaient mon chapeau, mon peigne et mes vêtements. En un mot, ces dames me tournèrent en tous sens, et en agirent envers moi comme fait un enfant avec la poupée qu'on vient de lui donner.

Je restai, sans nulle exagération, un grand quart d'heure à la porte d'entrée, qui sert de tour, craignant à chaque instant d'être suffoquée par la chaleur dans le peu d'espace que me laissaient ces turbulentes religieuses et la multitude de négresses ou de *sambas* qui m'entouraient. Mes parentes, qui avaient vu l'embarras de ma position et qui sentaient tout ce que je devais en souffrir, faisaient tous leurs efforts pour tâcher de percer jusqu'au lieu où j'étais, tandis que ma *samba*, entrée en même temps que moi, criait de toutes ses forces qu'on m'étouffait, qu'on me faisait mal, et appelait à mon secours. Mais ses cris et ceux de mes cousines étaient couverts par plus de cent voix à la fois : *Ha! la Francesita ; que bonita es! viene aqui a vivir con nosotros.*

Je commençais sérieusement à désespérer de sortir de là autrement qu'évanouie. Je sentais mes jambes défaillir sous moi ; j'étais baignée de sueur, et le vacarme que tout ce monde faisait à mes oreilles m'étourdissait tellement, que je ne savais plus où j'en étais, lorsque enfin la supérieure arriva pour me recevoir. Elle était cousine de celle de Santa-Rosa, et notre parente au même degré. A son approche, le bruit se calma un peu, et la foule s'ouvrit pour la laisser arriver jusqu'à moi. Je me sentais réellement très mal. La bonne dame, qui s'en aperçut, gronda sévèrement les religieuses, et donna ordre qu'on fît retirer toutes les négresses. Elle m'emmena ensuite dans sa grande et belle cellule, et là, après m'avoir fait asseoir sur de riches tapis et de moelleux coussins, elle me fit apporter, sur un des plus beaux plateaux de l'industrie parisienne, diverses sortes d'excellents gâteaux faits dans le couvent, des vins d'Espagne dans de beaux flacons de cristal, et un superbe verre doré, élégamment taillé et gravé aux armes d'Espagne.

Quand je fus un peu remise, la bonne dame voulut absolument m'accompagner à la cellule qu'elle me destinait. Oh! quel amour de cellule! et combien de nos petites-maîtresses la voudraient pour boudoir. Qu'on imagine une petite chambre voûtée, large de dix à douze pieds et longue de quatorze à seize, couverte en entier d'un beau tapis anglais avec des dessins turcs, ayant au milieu une petite porte en ogive, et sur deux des côtés une petite croisée du même style, et ces deux croisées garnies de rideaux en soie couleur cerise avec des franges noires et bleues; sur un côté de la chambre·un petit lit en fer verni avec un matelas en coutil anglais et des draps en batiste garnis en dentelle d'Espagne. En face, un divan aussi en coutil anglais, recouvert d'un riche tapis venant de Cuzco. Auprès du divan, des coussins pour asseoir les visiteurs et de jolis tabourets en tapisserie. Dans le fond était pratiquée une niche occupée par une belle console à dessus de marbre blanc qui figurait assez bien un petit autel. Il y avait sur la console plusieurs jolis vases remplis de fleurs

naturelles et artificielles ; des chandeliers en argent avec des bougies bleues ; un petit livre de
messe relié en velours violet et fermé avec un
petit cadenas en or. Au dessus de la console,
étaient placés un petit Christ en chêne d'un beau
travail, au dessus du Christ une Vierge dans
un cadre d'argent, et à ses côtés, dans de riches
bordures, sainte Catherine et sainte Thérèse.
Un petit rosaire à grains fins et des plus mignons
avait été passé autour de la tête du Christ.
Enfin, pour que rien ne manquât à cet élégant
ameublement, il y avait au milieu de la
chambre une table couverte d'un grand tapis,
et sur cette table un grand plateau qui contenait
un thé de quatre tasses ; une carafe en cristal
taillé, un verre et tout ce qui était nécessaire
pour se rafraîchir. Cette charmante retraite était
le *retiro* de la supérieure. Cette dame s'était
prise pour moi d'une amitié enthousiaste par le
seul motif que je venais *du pays où vivait
Rossini.* Malgré mes instances pour ne pas accepter cet agréable gîte, elle voulut à toute
force que je m'installasse dans son *rétiro.* L'aimable religieuse me tint compagnie assez tard,
et nous causâmes de musique principalement,
ensuite des affaires de l'Europe auxquelles ces

dames prennent un vif intérêt; puis elle se retira entourée d'une foule de religieuses, car toutes l'aiment comme leur mère et leur amie.

J'ai dû, pendant dix ans de voyages, changer fréquemment d'habitation et de lit; mais je ne me souviens pas d'avoir jamais éprouvé une sensation aussi délicieuse que celle que je ressentis en me couchant dans le charmant petit lit de la supérieure de Santa-Cathalina. J'eus l'enfantillage d'allumer les deux bougies bleues qui étaient sur l'autel, je pris le petit rosaire, le joli livre de prières, et je restai longtemps à lire, m'interrompant souvent pour admirer l'ensemble des objets qui m'entouraient, ou pour respirer avec volupté le doux parfum qui s'exhalait de mes draps garnis de dentelle. Cette nuit-là, j'eus presque le désir de me faire religieuse. Le lendemain, je me levai très tard, l'indulgente supérieure m'ayant prévenue qu'il était inutile que je me levasse à six heures (comme on l'avait exigé de nous à Santa-Rosa), pour me rendre à la messe : Il suffit que vous paraissiez à celle de onze heures, m'avait dit la bonne dame, et si votre santé ne vous le permet pas, je vous dispense d'y paraître. La première journée fut em-

ployée à faire des visites à toutes les religieuses :
c'était à qui me verrait, me toucherait, me par-
lerait; ces d mes me questionnaient sur tout.
Comment s'habille-t-on à Paris? qu'y mange-
t-on? y a-t-il des couvents? mais surtout qu'y
fait-on en musique? Dans chaque cellule nous
trouvions nombreuse société : tout le monde y
parlait à la fois, au milieu des rires et des
saillies; partout on nous offrait des gâteaux de
toute espèce, des fruits, des confitures, des
crèmes, des sucres candis, des sirops, des vins
d'Espagne. C'était une suite continuelle de banquets. La supérieure avait fait arranger, pour
le soir, un concert dans sa petite chapelle, et
là j'entendis une très bonne musique composée
des plus beaux passages de Rossini. Elle fut
exécutée par trois jeunes et jolies religieuses
non moins dilettanti que leur supérieure. Le
piano sortait des mains du plus habile fac-
teur de Londres, et la supérieure l'avait payé
4,000 fr.

Santa-Cathalina est aussi de l'ordre des carmélites; mais, ainsi que me le fit observer la
supérieure, *avec beaucoup de modifications.*
Oh oui! pensais-je, avec d'immenses modifications....

Ces dames ne portent pas le même habit que celles de Santa-Rosa. Leur robe est blanche, très ample et traînante à terre : leur voile, carmélite ordinairement, est noir les jours de grandes solennités. Je ne sais si leur règle exige qu'elles n'usent que d'étoffes de *laine*; mais ce que je puis assurer, c'est que leur robe est le seul de leurs vêtements qui soit en *laine*. Elle est d'un tissu très fin, soyeux et d'une blancheur éclatante. Leur bonnet est en crêpe noir, et si joliment plissé que j'avais envie d'en emporter un comme objet de curiosité; sa forme gracieuse leur donne une physionomie charmante. Le voile est aussi en crêpe; elles ne le portent jamais baissé qu'à l'église ou en cérémonie. Il faut croire aussi que ces pieuses dames ne font vœu ni de silence, ni de pauvreté; car elles parlent passablement et font presque toutes beaucoup de dépenses. L'église du couvent est grande; les ornements en sont riches, mais mal entretenus. L'orgue est très beau, les chœurs et tout ce qui est relatif à la musique de l'église sont l'objet, de la part des religieuses, de soins tout spéciaux. La distribution intérieure du couvent est d'une grande bizarrerie; il est composé de deux corps de bâtiment dont

l'un s'appelle le vieux couvent et l'autre le neuf.
Ce dernier se compose de trois petits cloîtres
très élégamment construits; les cellules en sont
petites, mais aérées et très claires. Dans le milieu de la cour, il y a une corbeille de fleurs et
deux belles fontaines qui entretiennent partout
la fraîcheur et la propreté. L'extérieur des cloîtres est tapissé de vignes. On communique par
une rue escarpée avec le vieux couvent. Celui-
là est un véritable labyrinthe, composé de quantité de rues et ruelles dans toutes les directions,
et traversé par une rue principale qu'on monte
presque comme un escalier. Ces rues et ruelles
sont fermées par les cellules qui sont autant de
petits corps-de-logis d'une construction originale. Les religieuses qui les habitent y sont
comme dans de petites maisons de campagne.
J'ai vu de ces cellules qui avaient une cour
d'entrée assez spacieuse pour y élever de la vo-
laille, et où se trouvaient établis la cuisine et le
logement des esclaves; puis une seconde cour
sur laquelle deux ou trois chambres étaient construites; ensuite un jardin et un petit *retiro* dont
le toit formait terrasse. Depuis plus de vingt
ans, ces dames ne vivent plus en commun : le
réfectoire est abandonné, le dortoir l'est égale-

ment, quoique, pour la forme, chacune des religieuses y tienne encore un lit, qui est blanc,
selon que la règle l'exige. Elles ne sont pas non
plus astreintes, comme les carmélites de Santa-
Rosa, à cette foule de pratiques religieuses qui
emploient tout le temps de ces dernières. Il leur
reste au contraire, après l'accomplissement de
leurs devoirs conventuels, beaucoup de loisir
qu'elles consacrent au soin de leur ménage, à
l'entretien de leurs vêtements, à des occupations
de charité, enfin à leurs amusements. La communauté a trois vastes jardins qui ne sont cul-
tivés qu'en légumes et maïs, parce que chaque
religieuse cultive des fleurs dans le jardin de sa
cellule. Au surplus, la vie que mènent ces dames
est très laborieuse; elles travaillent à toute sorte
de petits ouvrages d'aiguille, prennent des pensionnaires qu'elles instruisent, et ont, en outre,
une école gratuite où elles font l'enseignement
des filles pauvres. Leur charité s'étend à tout :
elles donnent du linge aux hôpitaux, dotent de
jeunes filles, et journellement distribuent du
pain, du maïs et des vêtements aux pauvres.
Les revenus de cette communauté s'élèvent à
une somme énorme; mais ces dames dépensent
en proportion de ces mêmes revenus. La supé-

rieure avait alors soixante-douze ans : nommée et destituée à plusieurs reprises, son extrême bonté la faisait toujours rejeter par les prêtres qui ont autorité sur le couvent, mais cette même bonté la faisait nommer de nouveau par les religieuses qui ont le droit d'élire leur supérieure au scrutin.

Cette aimable femme, en tout point l'inverse de sa cousine de Santa-Rosa, est si maigre, si délicate, qu'elle disparaît presque entièrement sous sa longue et large robe. Toute sa vie elle a été malade, et la seule chose qui apporte quelque soulagement à ses maux, c'est d'entendre de la bonne musique. Elle ne paraît vieille, cette chère dame, que par sa figure et ses mains décrépites. Je n'aurais jamais cru qu'on pût rencontrer, dans une femme de cet âge et d'une aussi faible organisation, autant de vivacité et d'activité qu'en montrait la supérieure. Sa conversation, extrêmement gaie, était toujours brillante de saillies et piquante d'originalité; pas une de ses jeunes religieuses ne l'aurait surpassée dans le feu qu'elle y mettait. Je lui rapportai le propos que m'avait tenu la supérieure de Santa-Rosa; elle haussa les épaules avec un sourire de pitié, et me dit avec une expression tout à fait artistique :

« Et moi, ma chère enfant, si je n'avais que
trente ans, j'irais avec vous à Paris voir jouer,
au grand Opéra, les sublimes chefs-d'œuvre de
l'immortel Rossini; une note de cet homme de
génie est plus utile à la santé morale et physique
des peuples que ne le furent jamais à la religion les hideux spectacles des auto-da-fé de la
sainte Inquisition. »

A Santa-Cathalina, chacune de ces dames fait
à peu près ce qu'elle veut; la supérieure est trop
bonne pour gêner ou même contrarier aucune
de ses religieuses. L'aristocratie des richesses,
celle qui règne partout, même au sein des dé-
mocraties, est la seule dont j'aie remarqué l'existence dans ce couvent. Les religieuses de Santa-
Cathalina sont réellement en progrès. Parmi ces
dames, il y en a trois qui sont considérées
comme les reines du lieu. La première, placée
dans le couvent à l'âge de deux ans, pouvait en
avoir, lorsque j'y étais, trente-deux à trente-
trois; elle appartient à une des plus riches familles de la Bolivia, et avait huit négresses ou
sambas pour la servir. La seconde est une jeune
fille de vingt-huit ans, grande et svelte, belle
de cette beauté vive et hardie des femmes de
Barcelonne; aussi est-elle d'origine catalane.

Cette charmante fille, orpheline avec 40,000 livres de rente, habite le monastère depuis cinq
ans. Enfin la troisième, aimable personne de
vingt-quatre ans, bonne, gaie, rieuse, est religieuse depuis sept ans. La plus âgée, qui se
nomme Margarita, est pharmacienne du couvent; Rosita, la seconde, en est la portière;
quant à la plus jeune, Manuelita, elle est trop
folle et trop légère pour qu'on lui confie la
moindre fonction.

Ces trois religieuses, par le besoin incessant
d'activité qui les tourmente, par les bizarreries
de leur esprit, furent cause d'une de ces desti-
tutions auxquelles son excessive bonté a exposé
la supérieure. La sœur Manuelita, que trop
de force et trop d'embonpoint rendent toujours
malade, eut une petite querelle avec le vieux
docteur du couvent, parce qu'il voulait lui
imposer des diètes auxquelles la jeune fille,
un peu gourmande, refusait de s'astreindre.
Le père de Manuelita est un vieillard oc-
togénaire, non moins extraordinaire dans son
genre que ma cousine la supérieure l'est dans
le sien. L'un et l'autre sympathisent très bien
ensemble et sont aussi bons amis qu'on peut
l'être. Ce vieillard, qui allait souvent au cou-

vent, où il avait la permission d'entrer quand
il voulait, aime sa fille la religieuse avec une
passion toute particulière. Manuelita, qui en
mésuse ainsi que le font tous les enfants gâtés,
se plaignit à lui du traitement auquel voulait la
contraindre le vieux docteur, et se fit beaucoup
plus malade qu'elle ne l'était réellement. Don
Hurtado, le vieux *sage* que mon lecteur connaît
déjà, a la prétention d'être philosophe, médecin,
chimiste et astrologue, et, de plus, est porté
d'une grande vénération pour tous les Européens.
Il se montra sensiblement affecté de l'état de sa
fille chérie et indigné contre le vieux docteur
Bagras, qui voulait mettre sa fille à la diète.
— Chère enfant, lui dit-il, je ne veux plus que
cet ignorant te prescrive le moindre remède; je
t'amenerai demain un docteur anglais, jeune
homme charmant, plein de science, et qui a
déjà fait, à vingt-six ans, deux fois le tour du
monde; juge, ma fille, quel médecin cela doit
faire. » Le père Hurtado, exact à sa promesse,
vint le lendemain au couvent, accompagné d'un
élégant et aimable dandy, qui parlait l'espagnol
avec un accent très agréable, qu'on était surpris d'entendre de la bouche d'un étranger. Cet
infatigable voyageur, dont l'organe avait été as-

soupli par l'usage des langues française et ita-
lienne, qu'il parlait également bien, était en
même temps le plus *fashionable* des médecins.
Il joignait, à des manières distinguées, une
originalité spéciale à sa nation, et une gaîté qu'il
est très rare d'y rencontrer.

Après avoir vu et questionné Manuelita, il
jugea que toute sa maladie provenait du défaut
d'exercice, et réellement la tendance de cette
jeune fille à l'obésité en dénotait l'urgent besoin.
Le jeune docteur anglais prescrivit l'exercice du
cheval à la religieuse, qui reçut l'ordonnance
avec joie; elle y vit une occasion de se distraire
de la vie monotone dont le poids l'accablait, et
dit aussitôt à son père qu'elle sentait que ce remède seul pourrait la soulager. Le vieil Hurtado proposa d'amener, dans le couvent, sa jument, qui était très douce. L'aimable docteur
offrit la selle anglaise dont se servait sa femme,
et il ne manquait plus, pour suivre l'ordonnance, que l'assentiment de la supérieure. La
sœur Rosita, qui était l'enfant de prédilection
de la bonne dame, se chargea de l'obtenir : en
effet, elle lui fit comprendre que Manuelita
avait une maladie de nerfs d'une nature telle,
que l'exercice du cheval était aussi nécessaire

à sa guérison que la mélodie d'une bonne musique à la santé de leur vénérable supérieure.
La comparaison de la rusée Rosita réussit parfaitement ; la permission fut accordée sans la
moindre difficulté, et la supérieure ajouta qu'as-
surément ce jeune docteur anglais devait connaître la musique, et qu'elle désirait qu'il lui
fût présenté.

Le jour attendu avec impatience étant enfin
arrivé, don Hurtado entra de grand matin dans
le couvent, suivi de la jument ; elle était com-
plétement harnachée, et elle avait une magnifique selle de velours vert. La vue de cette jolie
bête produisit d'universelles acclamations ; les
pauvres recluses accouraient de toutes parts,
avides de contempler un objet aussi nouveau
pour elles. Quand toute la communauté se fut
bien rassasiée du plaisir de voir et de toucher
la jument, la selle, la bride et la cravache, le
vieil Hurtado aida sa fille à monter ; et, lorsqu'elle fut en selle, il conduisit la jument par
la bride et fit deux fois le tour des cours. Après
que Manuelita fut descendue, son amie Rosita,
qui avait aussi des maux de nerfs, voulut
monter sur la jument ; plus hardie que la première cavalière, elle conduisit seule sa monture,

et, au troisième tour, la mit au trot. Ce trait
de bravoure extasia ces timides religieuses;
toutes, même les vieilles, voulaient aussi monter sur la jument. Il fut convenu que cette charmante bête resterait dans le couvent, et que don
Hurtado reviendrait le lendemain pour présider
à la promenade. Le jour suivant, Manuelita
conduisit son cheval elle-même et le fit aller au
trot. Rosita monta ensuite, et dès lors il fut
arrêté qu'à l'avenir on se passerait du père
Hurtado. La señora dona Margarita, qui, depuis longtemps, souffrait horriblement de ses
nerfs, voulut aussi essayer de l'exercice dont
ses deux compagnes se trouvaient si bien. La
chère dame étant un peu lourde et très pol-
tronne, la Rosita fut sa conductrice les premiers
jours. Il y avait près de quinze jours que les
promenades à cheval divertissaient le couvent,
alimentaient toutes les conversations et guéris-
saient merveilleusement de tous les maux, quand
un événement, qui faillit devenir funeste, fit
cesser la joie générale, excita la plus vive inquiétude et mit le trouble au sein de la communauté. La sœur Margarita, qui était loin d'être
aussi agile que ses deux belles compagnes, et
qui n'avait pu devenir aussi bonne cavalière,

voulut cependant les imiter en faisant courir
son cheval au galop; il lui en arriva mal : au
détour d'une des ruelles du vieux couvent, sa
longue robe venant à s'accrocher à un buisson,
Margarita, dans le mouvement qu'elle fit pour
la dégager, perdit l'équilibre et tomba lourde-
ment sur la borne, à l'angle de la ruelle; dans
sa chute, la malheureuse se fracassa l'épaule
d'une manière horrible.

Doña Margarita fut portée sur son lit dans
un cruel état de souffrance : on courut chercher le médecin anglais, qui se hâta de venir,
remit l'épaule fracassée, et rassura les amies de
la malade, en leur affirmant que la blessure ne
présentait aucun danger, quoiqu'il craignît que
la guérison ne fût un peu longue.

Cependant le vieux docteur Bagras, qui venait comme de coutume au couvent, ne voyant
plus la sœur Margarita paraître dans sa pharmacie, demanda si elle était malade. — Non,
répondit-on d'abord; mais elle s'est fait remplacer dans la pharmacie, ayant ailleurs des
occupations qui, pour quelques jours, l'empê-
cheront d'y venir. Quatre semaines s'écoulèrent sans que la pauvre pharmacienne fût
en état de se lever pour aller elle-même dis-

tribuer au docteur Bagras les médicaments
dont il avait besoin pour les malades du couvent; et tandis que la curiosité du vieux docteur à son sujet lui faisait naître des inquiétudes, elle était contrainte de rester dans son
lit, souffrant d'atroces douleurs.

Bagras enfin commença à suspecter qu'on
lui cachait quelque chose sur la sœur Margarita. Il épia les négresses de cette religieuse,
questionna plusieurs d'entre elles, et l'air embarrassé avec lequel on répondit à ses questions
le convainquit que Margarita était malade. Le
soupçonneux docteur fut intrigué du mystère
que tout le couvent lui avait fait de cette maladie; mille suppositions s'élevèrent dans son
esprit, et il n'eut plus qu'une pensée, celle de
découvrir le mot de l'énigme.

Il avait, comme médecin de la communauté,
le droit de pénétrer dans l'intérieur des cloîtres : un jour, il guetta l'instant où les cours
étaient désertes, et en profita pour aller se
présenter à la cellule de Margarita. Il trouva
la religieuse couchée, et méconnaissable, tant
elle était pâle et amaigrie par la souffrance. A la
vue du docteur, toutes les personnes présentes
jetèrent un cri d'effroi; la malade s'évanouit.

Le vieil Esculape ne savait plus où il en était ;
il ne pouvait s'expliquer comment lui, médecin
du couvent depuis vingt-cinq ans, connu de
toutes les dames de la communauté, qui, toutes,
le traitaient avec familiarité, il ne pouvait concevoir comment il venait à produire sur celles
qui étaient dans la cellule de la malade un si
terrible effet. Il voulut s'approcher du lit de
Margarita pour lui offrir ses soins, mais toutes
ces religieuses se précipitèrent sur lui pour le
repousser. L'alarme qu'il avait causée, le mystère dont ces dames s'enveloppaient, firent
naître dans la pensée du vieux docteur les plus
étranges soupçons : il en était abasourdi. Plein
de respect pour le couvent de Santa-Cathalina,
que, depuis si longtemps, il servait avec zèle, et
jaloux de la sainteté de ses religieuses, il se
persuada qu'il était de son devoir et de sa religion de prévenir la supérieure de tout ce qui
se passait. Néanmoins, ce qui au fond de son
âme le peinait davantage, c'était de voir que la
sœur Margarita n'eût pas eu assez de confiance
en lui pour réclamer ses soins. Arrivé en présence de la supérieure, Bagras, qui en connaissait l'extrême vivacité, n'osait faire un long
préambule, et cependant ne savait comment s'y

prendre pour aborder clairement le sujet ; la
vénérable dame, dont l'intelligence est vraiment extraordinaire, comprit la pensée du vieux
docteur, avant qu'il n'eût pu trouver des mots
pour l'exprimer. Cette vieille religieuse, avec
toute la bizarrerie et la gaîté de son esprit, a
toujours été d'une sévérité de principes et d'une
vertu exemplaires ; elle souffrait dans son ame,
et fut horriblement scandalisée à l'idée qu'on
pût soupçonner une de ses religieuses de s'être
écartée des règles de cette vertu qu'elle croit
exister dans le cœur de toutes les sœurs avec
la même pureté que dans le sien. D'un geste
elle imposa silence au vieillard, et d'une voix
pleine de noblesse et d'indulgence, elle lui dit :
— Docteur Bagras, j'ai consenti qu'on vous ca-
chât le malheureux évènement qui est arrivé à
la sœur Margarita ; je l'ai voulu purement par
considération pour vous ; vos longs services
méritent des égards que je ne saurais méconnaître ; mais vous le sentez, docteur, je ne dois
pas porter la complaisance au point de compromettre la santé des saintes filles que Dieu
a confiées à mes soins. J'ai jugé convenable
d'appeler dans mon couvent un jeune docteur
étranger qui, désormais, vous aidera dans vos

fonctions, beaucoup trop pénibles pour un
homme de votre âge. Notre nouveau docteur a
prescrit à plusieurs de ces dames de monter à
cheval. Cet exercice leur fait beaucoup de
bien ; mais la Providence a permis que notre
chère fille Margarita fît une chute et se cas-
sât l'épaule. Elle souffre depuis deux mois, et
le docteur anglais qui la soigne répond de la
guérir. Telles sont, docteur Bagras, les causes
bien simples de la maladie de la sœur Margarita. Maintenant que vous êtes instruit de
ce que vous vouliez savoir, vous pouvez vous
retirer. — Je raconte ce trait de ma vieille
cousine avec une satisfaction intérieure que
je ne puis taire; sa conduite, en cette occasion, me paraît admirable de générosité et de
dignité.

Le docteur Bagras fut tellement furieux de se
voir chassé par le fashionable anglais, qu'il
rentra chez lui bouillant de colère, et adressa
aussitôt à l'évêque un rapport sur ce qui venait de se passer au couvent.

J'ai lu la copie de ce rapport : c'est vraiment
une pièce curieuse. Il y est dit : « Horreur,
» trois fois horreur ! il est entré, dans le saint
» couvent de Santa-Cathalina, un mécréant,

» un *chien d'Anglais*[1]! Enfin , monseigneur ,
» pourriez-vous jamais le croire! le *chien* a fait
» galoper les saintes religieuses sur une ju-
» ment qui était *vêtue* d'une selle anglaise.... »
Tout le rapport est de cette force.

Cet événement fit grand bruit dans la ville.
La jeune génération était toute contre l'évêque et pour l'élégant docteur anglais et la généreuse supérieure. Celle-ci n'en fut pas moins
destituée à cause du fait que je viens de raconter ; mais les religieuses furent tellement
indignées de cette injustice, qu'elles la réélurent
immédiatement.

Les aimables cavalières de Santa-Cathalina
m'ont détourné un peu de mon sujet. Ce couvent offre un champ si vaste à l'observation ,
qu'il est difficile, en omettant même beaucoup
de choses, de n'être pas plus long qu'on n'en
avait l'intention. Il faut cependant ajouter, pour
terminer cette digression, que, depuis ce malheureux évènement, ces dames durent renoncer

[1] Au Pérou on croit généralement que tous les Anglais sont
protestants, et la tolérance y a encore fait si peu de progrès, que
l'épithète de *chien* est communément usitée à leur égard. J'ai entendu dire , en parlant d'une fille qui s'était mariée à un Anglais,
qu'elle avait épousé un *chien*.

au beau projet qu'elles avaient conçu de faire
bâtir dans un coin du jardin une écurie pour
y tenir trois chevaux, afin que chacune d'elles
pût avoir le sien. Don Hurtado fut même obligé
de reprendre sa jument et reçut une verte se-
monce de la part de l'évêque. Enfin l'aimable
docteur anglais fut consigné à la porte du couvent; mais il s'en dédommagea à la grille du
parloir, où il continua de donner de *pernicieux
conseils* aux saintes filles, qui toutes avaient
mal aux nerfs depuis que le sévère docteur
Bagras les traitait par ordre de l'évêque.

Dès le lendemain de notre arrivée, chacune
des trois amies avait laissé voir, en causant, un
vif désir d'entendre de nous le récit exact de
l'histoire de la pauvre Dominga; le bruit courait dans le couvent que ces trois dames, depuis
l'aventure de Dominga, en méditaient de concert, pour chacune d'elles, une non moins
abominable. Rosita était de l'âge de Dominga
et lui portait un vif intérêt, l'ayant beaucoup
connue lorsque toutes deux n'étaient encore
qu'enfants. Ma cousine Althaus, qui ne demandait pas mieux que de raconter cette histoire,
pour la vingtième fois peut-être, s'offrit avec gaîté
à satisfaire la curiosité de ces dames. Il fut con-

venu que la bonne Manuelita engagerait ma
cousine et moi à dîner en petit comité avec ses
deux amies, afin de pouvoir causer tout à notre
aise et aussi longtemps que nous le voudrions.
Ce fut la veille de notre sortie du couvent que ce
dîner eut lieu; c'était terminer d'une manière
assez piquante les six agréables journées que
nous avions passées dans ce monastère.

Manuelita nous reçut dans sa jolie petite habitation du vieux couvent. Le dîner fut un des
plus splendides et surtout des mieux servis de
tous ceux où je fus invitée pendant mon séjour
à Aréquipa. Nous eûmes de la belle porcelaine
de Sèvres, du linge damassé, une argenterie
élégante, et, au dessert, des couteaux en ver-
meil. Quand le repas fut terminé, la gracieuse
Manuelita nous engagea à passer dans son *retiro*.
Elle ferma la porte de son jardin et donna des
ordres à sa première négresse, pour que nous
ne fussions point dérangées, sous quelque prétexte que ce fût.

Ce petit retiro n'était pas aussi joli que celui
de la supérieure, mais il était plus original.
Comme j'étais étrangère, ces dames m'en firent
les honneurs. On voulut que je prisse le divan
à moi toute seule, et je m'y couchai mollement,

appuyée sur des coussins de soie. Les trois religieuses, tout à fait élégantes avec leur robe à
larges plis, prirent place autour de moi ; Rosita,
assise sur un carreau, les jambes croisées à la
mode du pays, se penchait sur le pied du divan ;
la bonne Manuelita, assise à côté de moi, jouait
avec mes cheveux, qu'elle dénattait et renattait
de mille manières ; et la grave Margarita, au
milieu de nous, montrait avec complaisance sa
belle main grasse et blanche qui courait sur son
gros rosaire d'ébène. Ma cousine, l'actrice principale, était assise, en face de son auditoire,
sur un grand fauteuil bien à l'antique et avec
un bon carreau sous ses pieds.

Ma cousine commença par nous faire connaître les motifs qui avaient déterminé Dominga
à se faire religieuse. Dominga était plus belle
qu'aucune de ses trois sœurs : à quatorze ans,
sa beauté était déjà assez développée pour qu'elle
inspirât de l'amour. Elle plut à un jeune médecin
espagnol qui, apprenant qu'elle était riche, cher-
cha à s'en faire aimer : ce lui fut chose facile ;
Dominga naissait au monde ; elle était tendre et
elle l'aima comme on aime à son âge, avec sincérité et sans défiance, croyant, dans sa naïveté,

la pauvre enfant, que l'amour qu'elle inspirait
égalait celui qu'elle éprouvait elle-même. L'Espagnol la demanda en mariage : la mère accueillit sa demande ; mais, craignant que sa fille ne
fût trop jeune encore, elle voulut que le mariage
ne se fît que dans un an. Cet Espagnol , comme
presque tous les Européens qui abordent dans
ces contrées, était dominé par la cupidité ;
il voulait arriver à de grandes richesses, et la
possession de Dominga lui ayant paru un moyen
d'y parvenir, il avait spéculé sur la crédule
innocence d'une enfant. Il s'était à peine écoulé
quelques mois, depuis que cet étranger avait
demandé sa main, que, pour une femme veuve,
sans nulle qualité, mais beaucoup plus riche
que Dominga, il renonça à l'amour vrai de
cette enfant, sans montrer le plus léger souci
du profond chagrin qu'il allait lui causer
en l'abandonnant. Le manque de foi de l'Espagnol blessa cruellement le cœur de Dominga :
son mariage projeté avait été annoncé publiquement à toute sa famille , et sa fierté ne
put supporter cet outrage. Cette jeune fille se
sentait humiliée , et les consolations qu'on
cherchait à lui donner ne faisaient qu'irriter

une douleur qui aurait voulu se cacher à elle-même. Dans son désespoir, elle ne vit d'autre refuge que dans la vie conventuelle ; elle déclara à sa famille que Dieu l'appelait à lui, et qu'elle était résolue à entrer dans un monastère. Tous les parents de Dominga unirent leurs efforts pour ébranler sa résolution ; mais elle avait la tête exaltée, et les souffrances de son cœur ne lui permirent d'écouter aucune prière. Tout fut inutilement tenté : la jeune fille se montra aussi indifférente aux remontrances et aux conseils qu'elle avait été sourde aux sollicitations. La résistance qu'elle rencontra dans sa famille n'eut d'autre résultat que de porter son opiniâtre témérité à vouloir entrer dans le couvent le plus rigide de l'ordre des carmélites. Après un an de noviciat, Dominga prit le voile à Santa-Rosa.

Il paraît, continua ma cousine, que Dominga, dans la ferveur de son zèle, fut heureuse les deux premières années de son séjour à Santa-Rosa. Au bout de ce temps, elle commença à se fatiguer de la sévérité de la règle. Les souffrances physiques avaient calmé l'exaltation morale, et de tardives réflexions lui firent verser des larmes sur le sort qu'elle s'était fait. Elle n'osa parler de son chagrin et de son ennui à sa famille, qui s'était si fortement opposée au parti qu'elle avait pris, et d'ailleurs à quoi cela aurait-il pu lui servir ? — Vous le savez, mesdames, ajouta ma cousine, tout regret est inutile : une fois entré dans une de vos retraites, on n'en sort plus.

Ici les trois religieuses se regardèrent, et il y eut un accord dans ces regards échangés à la dérobée, qui n'échappa à aucune de nous deux.

La malheureuse Dominga renferma ses chagrins dans son cœur, et, n'espérant de soulagement de personne, elle se résigna à souffrir, attendant de la mort la fin de ses maux. Chaque jour passé dans le couvent, que la religieuse ne considérait plus que comme sa prison, affaiblissait sa santé jadis si brillante ; une pâleur mortelle avait remplacé sur ses joues le vermillon qui donnait tant d'éclat à sa beauté, lorsqu'elle vivait dans le monde. Ses beaux yeux, devenus ternes, étaient enfoncés dans leurs orbites, comme ceux des pénitents épuisés par les austérités du cloître. Un jour, vers la fin de la troisième année, le tour de faire la lecture

dans le réfectoire étant venu à lui échoir, Dominga trouva, dans un passage de sainte Thérèse, l'espoir de sa délivrance.

Il est raconté dans ce passage que fréquemment le démon a recours à mille moyens ingé-
nieux pour tenter les nonnes. La sainte rapporte, en exemple, l'histoire d'une religieuse de
Salamanque, qui succomba à la tentation de
s'évader du couvent, et à qui le démon avait
suggéré la pensée de mettre, dans le lit de sa
cellule, le cadavre d'une femme morte, destiné
à faire croire, à toute la communauté, que la
religieuse avait cessé de vivre, afin qu'elle eût
le temps, aidée d'un messager du diable, sous
la forme d'un beau jeune homme, de se mettre
à couvert des alguazils de la sainte inquisition.

Quel trait de lumière pour la jeune fille! Elle
aussi pourra sortir de sa prison, de son tombeau, par le même moyen que la religieuse de
Salamanque. Dès ce moment, l'espérance rentre
dans son ame, et, dès lors, plus d'ennui : à
peine a-t-elle assez de temps pour employer
toute l'activité de son imagination à songer aux
moyens de réaliser son projet. Plus de pratiques
austères, de devoirs pénibles qui lui coûtent à

remplir, parce qu'elle voit un terme à sa captivité. Elle changea graduellement de manière d'être avec les religieuses, recherchant les occasions de leur parler, afin de parvenir à connaître à fond chacune d'elles. Dominga tâchait surtout de se lier avec les sœurs portières. Les fonctions de ces sœurs ne durent que deux ans au couvent de Santa-Rosa. A chaque changement, elle s'efforçait, par ses attentions et ses assiduités, de se faire bien venir de la nouvelle portière. Elle se montra très généreuse et très bonne envers la négresse qui lui servait de commissionnaire au dehors du couvent, afin de s'assurer un dévouement sans bornes. La prudente et persévérante jeune fille n'oublia en somme rien de ce qui pouvait faciliter l'exécution de son projet. Huit années s'écoulèrent cependant avant qu'elle pût le réaliser. Hélas! combien de fois, durant cette longue attente, la malheureuse ne passa-t-elle pas, de la joie délirante qu'éprouve le prisonnier près de quitter son cachot, par un effort de courage et d'adresse, au découragement profond, au désespoir de l'esclave qui, surpris au moment de sa fuite, va retomber sous la main d'un maître cruel! Il serait trop long de vous

raconter toutes ses anxiétés, toutes ses alterna-
tives d'espoir et de crainte. Quelquefois, après
avoir passé près de deux années à flatter une
vieille sœur portière, dure et revêche, au moment où Dominga se croyait sûre de la sympathie et de la discrétion de la vieille, une circonstance lui faisait voir que, si elle avait eu
l'imprudence de se confier à cette femme, elle
eût été perdue. A cette pensée, Dominga, épouvantée du danger qu'elle venait de courir, fris-
sonnait de terreur; il se passait alors plusieurs
mois sans qu'elle osât faire la moindre tentative.
Il arrivait encore qu'au moment de se confier
à une portière qui lui paraissait bonne et digne
du terrible secret qu'elle avait à lui dire, celle-ci
était changée et remplacée par une espèce de
cerbère dont la voix seule glaçait la pauvre
Dominga. C'est au milieu de ces cruelles
anxiétés que vécut, pendant huit ans, la jeune
religieuse. On ne conçoit pas comment sa santé
put résister à une aussi longue agonie. A la
fin, sentant qu'elle était au bout de ses forces, elle se décida et s'ouvrit à une de ses
compagnes qu'elle aimait plus que les autres et
qui venait d'être nommée portière. Sa confiance
se trouva heureusement bien placée, et Do-

minga, assurée qu'elle fut de l'aide et du silence
de la portière, ne songea plus qu'aux moyens
de se procurer ce dont elle avait besoin pour
l'exécution de son projet. Il lui fallait se confier
à la négresse, sa commissionnaire; car, sans
le concours de cette esclave, il était impossible
de réussir. Cette confidence était entourée de
dangers, et, dans cette circonstance, comme
dans toutes celles qui se rattachent à l'exécution de son plan d'évasion, Dominga fut admirable de courage et de persévérance. Elle ne
pouvait communiquer avec sa négresse qu'au
parloir, et à travers une grille. Les paroles de
Dominga pouvaient être entendues par une des
silencieuses religieuses qui allaient et venaient
sans cesse au parloir, et qui, sans cesse aussi,
avaient l'oreille au guet. Voici le plan qu'avait
conçu Dominga et qu'elle eut la hardiesse d'exposer à sa négresse, en lui offrant une large
récompense pour dédommager cette esclave des
périls qu'elle avait à courir.

Il fallait que la négresse se procurât une
femme *morte*; qu'elle l'apportât, le soir, à la
nuit tombante, au couvent : la portière devait
lui ouvrir et lui montrer l'endroit où elle ca-
cherait le cadavre : ensuite Dominga devait,

dans la nuit, le venir chercher, le porter sur
son lit, y mettre le feu, puis s'échapper pendant que les flammes brûleraient le cadavre et
le *tombeau*. Ce ne fut que très longtemps après
être entrée dans l'entreprise de sa maîtresse que
la négresse put apporter le cadavre. Il eût été
dangereux d'en demander à l'hôpital qui, au
surplus, n'en eût donné qu'à des chirurgiens,
et pour un usage indiqué, attendu qu'il n'y a
pas d'école de médecine à Aréquipa. Il était
presque impossible d'obtenir le corps d'une
femme morte chez elle : aussi assure-t-on que,
sans les bons offices d'un jeune chirurgien qui
fut mis dans la confidence, la bonne amie de
Dominga aurait achevé ses deux années de sœur
portière avant que l'esclave eût pu se procurer
le cadavre qui devait, dans le couvent, faire
croire à la mort de sa maîtresse. Par une nuit
sombre, la négresse surmonta ses terreurs en
songeant à la récompense promise, et chargea,
sur ses épaules, le cadavre d'une femme indienne, morte depuis trois jours. Arrivée à la
porte du couvent, elle fit le signal convenu ; la
portière, toute tremblante, ouvrit, et la négresse, en silence, déposa son fardeau dans le
lieu que, du doigt, lui montrait la portière.

L'esclave alla ensuite se poster au détour de la rue de Santa-Rosa, pour y attendre sa maîtresse.

Dominga était, depuis plusieurs jours, en proie aux plus vives inquiétudes par les obstacles sans cesse renaissants qui entravaient l'exécution de son projet. Elle attendait, dans une anxiété inimaginable, le résultat des dernières démarches qu'on avait dû tenter pour se procurer un cadavre de femme, lorsque son amie la portière vint la prévenir que sa négresse en avait introduit un dans le couvent. A cette nouvelle, Dominga tomba à genoux, baisa la terre, puis, portant les yeux sur son Christ, resta longtemps dans cette position, comme abîmée dans un sentiment ineffable d'amour et de reconnaissance.

Le soir, la portière verrouilla la porte sans la fermer à la clef ; ensuite elle alla, selon que la règle l'exigeait, porter la clef à la supérieure et se retira dans *son tombeau*. Dominga, vers minuit, lorsqu'elle jugea que toutes les religieuses étaient profondément endormies, sortit de son tombeau, où elle laissa sa petite lanterne sourde, et alla, à l'endroit que lui avait indiqué la portière, prendre le cadavre. C'était une

charge bien lourde pour les membres délicats
de la jeune religieuse; mais que ne peut l'a-
mour de la liberté? Dominga enleva l'horrible
fardeau avec autant de facilité que si c'eût été
une corbeille de fleurs. Elle le déposa sur son
lit, le revêtit de ses habits de religieuse, et,
s'étant revêtue elle-même d'un habillement
complet dont elle avait pris le soin de se pourvoir, elle mit le feu à son lit et prit la fuite,
laissant grande ouverte la porte du couvent.

Ma cousine se tut, et les trois religieuses de
Santa-Cathalina se regardèrent encore cette fois
avec un air d'intelligence qui me fit pressentir
leurs pensées. Après quelques instants de silence, la sœur Margarita demanda ce qui
s'était passé au couvent, par suite de l'évasion
de Dominga, et ce qu'on en avait pensé. — Personne, reprit ma cousine, ne se douta de la
vérité. La sœur portière, qui ne dormait pas,
comme vous devez bien le présumer, courut
sur les pas de Dominga fermer sa porte au
verrou; et, dans la confusion occasionnée par
l'incendie du tombeau, l'adroite portière sut
reprendre sa clef chez la supérieure, et ferma
sa porte comme de coutume. Tout le monde

fut convaincu que Dominga s'était *brûlée*.
Les restes du cadavre que l'on trouva étaient
méconnaissables, et ils furent enterrés avec
les cérémonies en usage pour l'enterrement des
religieuses. Deux mois après, la vérité sur
cet évènement commença à se répandre; mais
les religieuses de Santa-Rosa ne voulurent
pas y ajouter foi; et quand l'existence de
Dominga avait cessé d'être un doute pour tout
le monde, les bonnes sœurs soutenaient encore
qu'elle était bien morte, et que ce qu'on
racontait sur sa prétendue sortie du couvent
était une calomnie. Elles ne furent convaincues
que lorsque Dominga elle-même prit soin de
les convaincre en attaquant la supérieure, pour
qu'elle eût à lui restituer sa dot, qui était de
10,000 piastres (50,000 francs).

Pendant tout le temps qu'avait duré le récit
de ma cousine, je m'étais occupée attentivement
à remarquer l'effet produit par sa narration sur
les trois charmantes religieuses. La plus ancienne des trois, la sœur Margarita, s'était à
peu près constamment tenue dans sa réserve
conventuelle. Il était échappé à la vive et impé-
tueuse Rosita plusieurs exclamations qui déno-

taient avec quelle sincérité cette aimable fille compatissait aux souffrances qu'avait éprouvées Dominga pendant ses onze années d'agonie. Quant à la douce Manuelita, elle pleurait et répétait souvent avec une naïve compassion : « Pauvre Dominga ! comme elle a dû souffrir ; mais aussi comme elle est heureuse d'être enfin délivrée ! » Et la gracieuse fille jetait sa tête sur mon épaule avec un mouvement d'enfant, et pleurait.

Nous nous retirâmes, laissant ces dames plongées dans une rêverie que nous ne crûmes pas discret de troubler. Je gagerais bien, dis-je alors à ma cousine, qu'avant deux ans ces trois religieuses ne seront plus ici. — Je le pense comme vous, me répondit-elle, et j'en serais bien contente : ces trois femmes sont trop belles et trop aimables pour vivre dans un couvent.

Le lendemain, nous sortîmes de Santa-Cathalina : nous y avions demeuré six jours, pendant lesquels ces dames mirent tous leurs soins à nous faire passer le temps le plus agréablement possible. Dîners magnifiques, petits goûters délicieux, promenades dans les jardins et dans tous les endroits curieux du couvent ; ces aima-

bles religieuses n'omirent rien pour nous plaire
et pour nous faire jouir des récréations que le
couvent leur permettait de nous offrir. Nous
fûmes reconduites jusqu'à la porte par toute la
communauté, pêle-mêle, sans cérémonie et
sans la moindre étiquette; mais avec une affection si vraie et si touchante, que nous pleurâ-
mes avec les bonnes religieuses de la peine
réelle que nous éprouvions à nous séparer. Nos
impressions étaient bien différentes de celles que
nous ressentîmes à notre sortie de Santa-Rosa.
Cette fois, nous ne sortions qu'à regret du
couvent, et nous nous arrêtâmes à plusieurs reprises dans la rue pour porter nos regards sur
les tours de l'asile hospitalier que nous venions
de quitter. Nos enfants et les esclaves étaient
tristes, et ces dames ne tarissaient pas en éloges
sur la bonté de ces aimables religieuses.

Il n'y eut pas de jour, dans la semaine qui
suivit notre sortie, que ces religieuses ne nous
aient envoyé des cadeaux de toute espèce. Il serait difficile de se faire une idée de la générosité de ces excellentes dames. J'avais gardé un
si agréable souvenir de l'accueil amical que
j'avais reçu dans le couvent de Santa-Cathalina,

qu'avant mon départ d'Aréquipa, j'allai plusieurs fois causer au parloir avec mes anciennes
amies. Dans cette circonstance, ces dames me
comblèrent encore de petits cadeaux et me
donnèrent la commission de leur envoyer de
France de la musique de Rossini.

IV.

BATAILLE DE CANGALLO.

Le mardi 1ᵉʳ avril, nous sortîmes de Santa-Cathalina : ma tante, inquiète de son mari, de son ménage, et ne pouvant tenir à son impatience, avait voulu rentrer chez elle. D'ailleurs tout le monde disait que San-Roman, effrayé du nombre et de la bonne tenue des troupes de Nieto, n'oserait point approcher, et qu'il res-

terait à Cangallo jusqu'à ce que Gamarra lui
eût envoyé des renforts du Cuzco. Le général
partageait aussi l'opinion de la foule, et toujours préoccupé de l'arrivée d'Orbegoso, il
s'impatientait de la lenteur de l'ennemi et ne
prenait aucune disposition pour le recevoir; le
moine, dans sa feuille, entonnait déjà les
chants de victoire; les beaux-esprits d'Aréquipa
faisaient des chansons en l'honneur de Nieto,
Carillo, Morant, et des complaintes sur San-Roman, le tout d'un burlesque, d'un ridicule qui
me rappelaient les chanteurs de rues de Paris
après les journées de juillet.

Ce même mardi, jour de fête, on paya la
troupe, et Nieto, pour se faire bien venir des
soldats, leur donna permission de s'amuser, faveur dont ils usèrent largement. Ils allèrent
dans les *chicherias* boire de la *chicha*, chantè-
rent à tue-tête les chansons dont je viens de
parler, et passèrent toute la nuit dans l'ivresse
et le désordre. Du reste, ils ne faisaient en cela
que suivre l'exemple de leurs chefs qui, de leur
côté, s'étaient réunis pour boire et jouer. On
était tellement persuadé que San-Roman ne se
hasarderait pas à avancer avant qu'il n'eût reçu
des renforts, qu'on ne faisait aucun préparatif,

qu'on ne prenait aucune précaution ; la même
négligence régnait dans les avant-postes. Le
mercredi 2 avril, tandis que les défenseurs de
la patrie, profondément endormis, cuvaient le
vin de la veille, on apprit tout à coup l'approche
de l'ennemi. Tout le monde monta sur les maisons ; mais on avait été si souvent trompé par le
général, qu'on n'ajoutait qu'une foi douteuse
aux nouvelles qu'il annonçait.

Il était deux heures de l'après-midi, qu'excepté ce que l'imagination de chacun mettait
dans le verre de sa longue-vue, on n'avait encore
rien aperçu. On commençait à se fatiguer : le
soleil était brûlant ; un vent sec, tel qu'il en fait
continuellemen à Aréquipa, rendait la chaleur
plus insupportable encore, et, balayant les toits
des maisons, en soufflait la poussière au visage
des spectateurs. La place n'était tenable que
pour un observateur de mon intrépidité. En
vain, mon oncle me criait-il de la cour que j'allais perdre les yeux par la réverbération du soleil, que j'attendrais inutilement, que San-Roman ne viendrait pas de la journée, je ne tenais
nul compte de ses avis. Je m'étais arrangée
sur le rebord du mur ; j'avais pris un grand
parapluie rouge pour me garantir du soleil ; et,

munie d'une longue-vue de Chevallier, je me
trouvais très bien installée. Je m'étais laissée
aller à mes rêveries en contemplant le volcan, la
vallée, et ne songeais plus à San-Roman, quand
je fus subitement rappelée à l'objet de l'attention
générale par un nègre qui me criait : « Madame,
les voici! » J'entendis mon oncle monter ; et,
braquant de suite ma longue-vue dans la direction que m'indiquait le nègre, je vis très distinctement deux lignes noires qui se dessinaient
sur le haut de la montagne voisine du volcan.
Ces deux lignes, minces comme un fil, se dé-
roulaient dans le désert, décrivant tantôt une
courbe, tantôt une autre, à mesure qu'elles
avançaient, formant parfois des zigzags, mais
sans jamais se rompre, ainsi que l'on voit des
bandes d'oiseaux voyageurs varier à l'infini
l'ordre de leur course, et présenter dans l'air
des séries de points noirs.

En apercevant l'ennemi, toute la ville poussa
un cri de joie. La position malheureuse dans
laquelle le moine et Nieto avaient mis les habitants leur était insupportable, et, à tout prix,
ils voulaient en sortir. Dans le camp de Nieto,
grande aussi fut la joie ; officiers et soldats se
remirent à boire de la *chicha* et à chanter des

hymnes de victoire, célébrant les funérailles de
ceux qu'ils allaient *terrasser, anéantir.* Vers
trois heures, Althaus entra dans la cour à
bride abattue; et, comme il nous vit tous sur le
haut de la maison, il m'appela avec l'émotion
d'un homme très inquiet. Je descendis, et promis à mon oncle de remonter lui faire part des
nouvelles que j'aurais apprises.

— Ah! cousine, jamais je ne me suis trouvé
dans un moment plus critique; décidément,
tous ces gens-là sont fous : figurez-vous que ces
misérables sont ivres; pas un officier n'est en
état de donner un ordre, et pas un soldat de
charger son fusil. Si San-Roman a un bon espion, nous sommes perdus; dans deux heures,
il sera maître de la ville.

Je remontai et communiquai à mon oncle les
funestes pressentiments d'Althaus. — Je m'y
attendais, dit mon oncle; ces hommes sont entièrement incapables; ils perdront leur cause,
et ce ne sera peut-être pas un malheur pour le
pays.

La petite armée de San-Roman mit près de
deux heures à descendre la montagne, et vint
se placer à gauche du volcan, sur le monticule
nommé la *Pacheta.* Cette position dominait les

fortifications de Nieto ; c'était celle qu'Althaus
avait prévu que l'ennemi occuperait. San-Roman disposa ses troupes en lignes fort étendues,
dans l'espoir de faire illusion sur leur nombre ;
mais on distinguait parfaitement que les rangs
n'avaient qu'un à deux hommes de profondeur ;
il forma aussi en bataillon carré les soixante-
dix-huit hommes qui composaient toute sa cavalerie : il fit, en un mot, tout ce qu'un habile
tacticien pouvait faire pour qu'on lui supposât
quatre fois plus de monde. Les *ravanas* allu-
mèrent une multitude de feux sur le sommet
du monticule, étalèrent tout leur matériel avec
grand fracas, et firent un tel bruit, que leurs
cris s'entendaient du bas de la vallée.

Mais, une fois en présence, les deux armées se
craignirent mutuellement, et chacune d'elles fut
convaincue de la supériorité de celle qui lui était
opposée. Si l'apparence vraiment militaire que
San-Roman avait prise aux yeux de Nieto fit
craindre à celui-ci que ses élégants Immortels
ne fussent pas de force à soutenir le choc des
vieux soldats de son adversaire ; de son côté,
San-Roman, apercevant la grande supériorité nu-
mérique des troupes de Nieto, s'imagina avoir
commis une imprudence, et cette préoccupation

lui fit perdre la tête. Quoique bon soldat, San-
Roman n'était ni plus sage ni moins présomptueux que Nieto; d'après les rapports de ses espions, il pensait marcher à une victoire aisée ;
il croyait même la remporter sans combattre.
Plusieurs de ses officiers m'ont dit qu'ils étaient
tous tellement persuadés d'entrer le même soir
à Aréquipa, qu'en partant le matin de Cangallo
ils n'avaient songé qu'à leurs petits préparatifs de
toilette, afin d'être, à l'arrivée, tout prêts à aller
faire des visites aux dames. Les soldats, qui
partageaient cette même confiance, avaient jeté
le reste de leurs vivres, renversé les marmites,
en criant : « Vive la soupe de la caserne d'Aréquipa ! » Cependant les *dames ravanas*, malgré
tout le mouvement qu'elles se donnaient pour
avoir l'air de faire la cuisine, n'avaient pas une
tête de maïs à faire cuire, aucun aliment à offrir à leurs imprudents compagnons; et, pour
comble de calamité, l'armée se trouvait campée
dans un lieu où elle ne pouvait se procurer une
goutte d'eau. Quand San-Roman fut à même
d'apprécier sa position, il ne sut que se désespérer et pleura comme un enfant, ainsi que
nous l'avons appris depuis; mais, heureusement, pour son parti, il avait auprès de lui trois

jeunes officiers dont le courage, la fermeté et le talent le tirèrent d'embarras. MM. Torres, Montoya, Quirroga, que leurs qualités rendaient dignes de servir une meilleure cause, s'emparèrent du commandement, ranimèrent le moral du soldat, apaisèrent les insolents murmures des ravanas ; et, donnant l'exemple de la résignation que tout militaire doit avoir dans de pareils moments, ils coupèrent, avec leurs sabres, des *raquettes* qui croissent en abondance sur la montagne, en mâchèrent les premiers, afin d'étancher leur soif, en distribuèrent aux soldats, aux ravanas, qui, tous, les reçurent avec soumission et s'en alimentèrent sans oser répliquer. Mais ces officiers sentaient bien que ce moyen ne pouvait calmer l'irritation de leurs hommes que pour quelques heures ; et ils se décidèrent à risquer le combat, préférant mourir par le fer que par la soif. Le lieutenant Quirroga demanda aux soldats s'ils voulaient se retirer sans combattre, fuir honteusement en présence de l'ennemi et s'exposer, en retournant à Cangallo, à périr de faim et de soif, à mourir, dans le désert, de la mort d'un mulet, ou s'ils n'aimaient pas mieux faire sentir la puissance de leurs bras à cette troupe de fanfarons incapables de leur résister malgré leur nombre; ces soldats, qui, dans toute autre circonstance, eussent pris la fuite seulement à la vue du nombre de leurs ennemis, répondirent, par leurs acclamations, à cette harangue militaire, et demandèrent le combat.

Il était près de sept heures du soir; je venais de remonter à mon poste; le calme paraissait régner dans les deux camps; on supposait que, vu l'heure avancée, l'affaire ne s'engagerait que le lendemain au point du jour. Tout à coup je vis se détacher, du bataillon carré de San-Roman, une espèce de porte-drapeau, suivi immédiatement de tout l'escadron de cavalerie, et aussitôt, de l'armée de Nieto, s'avancèrent à leur rencontre les dragons commandés par le colonel Carillo; les deux escadrons se lancèrent au pas de charge; lorsqu'ils furent à portée, il se fit une décharge de mousqueterie; une autre suivit, ainsi de suite : le combat était engagé. J'aperçus alors une grande rumeur dans les deux camps; mais la fumée devint si épaisse, qu'elle nous cacha cette scène de carnage.

La nuit survint, et nous restâmes dans une complète ignorance sur tout ce qui se passait,

Mille bruits divers se répandirent ; les alar-
mistes prétendaient que nous avions perdu
beaucoup de monde et que les ennemis allaient
entrer en ville. Notre maison ne désemplissait
pas de gens qui venaient dans l'espoir d'avoir
des nouvelles : l'un pleurait pour son fils, celle-
là pour son mari ou son frère : c'était une désolation générale. Vers neuf heures, un homme,
arrivant du champ de bataille, passa dans la rue
Santo-Domingo ; nous l'arrêtâmes, et il nous
dit que tout était perdu ; que le général l'envoyait auprès de sa femme lui dire de se retirer
de suite au couvent de Santa-Rosa. Il ajouta
qu'il y avait un désordre affreux dans nos troupes ; que l'artillerie du colonel Morant avait tiré
sur nos dragons, les prenant pour l'ennemi, et
en avait tué un grand nombre. Cette nouvelle
se propagea dans la ville ; l'effroi s'empara de
tout le monde ; ceux qui avaient cru pouvoir
rester dans leurs maisons, épouvantés de leur
propre courage, s'empressèrent de les quitter ;
on les voyait courir comme des fous, chargés
de leurs plats d'argent, de leurs vases de nuit de
même métal [1] ; celle-ci tenait une petite cas-

[1] Au Pérou, tous les vases de nuit sont en argent.

sette de bijoux; celle-là un *brasero*; les négresses, les sambas emportaient pêle-mêle les
tapis, les robes de leurs maîtresses; les cris des
enfants, les vociférations des esclaves, les im-
précations des maîtres donnaient, à cette scène
de confusion, une effroyable expression! Les
possesseurs de l'or, les propriétaires d'esclaves,
la race dominatrice, enfin, était en proie à la
terreur; tandis que l'Indien et le nègre, se ré-
jouissant de la prochaine catastrophe, semblaient méditer des vengeances, et en savou-
raient d'avance les prémices. Les menaces
étaient dans la bouche de l'indigène, et le blanc
s'en intimidait; l'esclave n'obéissait pas; son
rire cruel, son regard sombre et farouche interdisaient le maître, qui n'osait le frapper. C'é-
tait la première fois, sans doute, que toutes ces
figures blanches et noires laissaient lire sur
leur physionomie toute la bassesse de leur
ame. Calme au milieu de ce chaos, je considérais, avec un dégoût que je ne pouvais répri-
mer, ce panorama des mauvaises passions de
notre nature. L'agonie de ces avares, redoutant
la perte de leurs richesses plus que celle de la
vie; la lâcheté de toute cette population blanche, incapable de la moindre énergie pour se

défendre elle-même ; cette haine de l'Indien dissimulée jusqu'alors sous des formes obsé- quieuses, viles, rampantes ; cette soif de ven- geance de l'esclave qui, la veille encore, baisait comme le chien la main qui l'avait frappé, m'inspiraient, pour l'espèce humaine, le mépris le plus profond que j'aie jamais ressenti. Je par- lais à ma samba sur le même ton qu'à l'ordi- naire ; et cette fille, qui était ivre de joie, m'o- béissait parce qu'elle voyait que je n'avais pas peur. Ma tante et moi ne voulûmes plus aller dans aucun couvent ; mes cousines s'y rendi- rent seules avec les enfants. Au tumulte de l'horrible scène dont je viens de parler, succéda le silence du désert ; en moins d'une heure, toute la population parvint à s'entasser pêle- mêle dans les couvents de femmes ou d'hommes et dans les églises. Je suis sûre qu'il ne resta pas dans la ville vingt maisons habitées.

Notre maison était devenue le rendez-vous général des habitants, d'abord par la sécurité qu'offrait la proximité de l'église de Santo-Do- mingo, ensuite parce qu'on espérait qu'Althaus ferait parvenir à don Pio des nouvelles. Nous étions tous réunis dans une immense salle voû- tée donnant sur la rue ; c'était le cabinet de

mon oncle : il n'y avait pas de lumière, afin de
ne pas attirer l'attention des passants; nous
n'avions que la lueur des cigares que les fu-
meurs, ce soir-là, tinrent constamment allu-
més dans leur bouche; c'était une scène digne
du pinceau de Rembrandt. On apercevait, à
travers les épais nuages de fumée qui remplissaient la chambre, les faces larges et stupides
de quatre moines de l'ordre de Santo-Domingo,
avec leurs longues robes blanches, leurs gros
rosaires à grains noirs, leurs gros souliers à
boucles d'argent; d'une main, faisant tomber la
cendre de leur cigare; de l'autre, jouant avec
leur discipline. Sur le côté opposé, les figures
pâles et amaigries des trois pauvres millionnaires, que le lecteur connaît déjà ; des señores
Juan de Goyenèche, Gamio, Ugarte; une douzaine d'autres personnes se trouvaient encore
là. Ma tante était assise dans le coin d'un des
sophas, les mains jointes, priant pour les tré-
passés des deux partis. Quant à mon oncle, il
allait et venait d'un bout de la pièce à l'autre,
parlant, gesticulant d'une manière brusque et
animée. Moi j'étais assise sur le rebord de la
croisée, enveloppée dans mon manteau. Je jouissais du double spectacle qu'offraient la rue et le

cabinet. Cette nuit fut pour moi pleine d'en-
seignements ; le caractère de ce peuple a un
cachet qui lui est propre : son goût pour le
merveilleux et l'exagération est extraordinaire.
Je ne saurais dire combien, pendant cette
longue nuit, il fut raconté d'histoires ef-
frayantes, débité de mensonges divers, le tout
avec un aplomb, une dignité dont je ne pouvais
assez m'étonner. Ceux qui écoutaient prou-
vaient, par leur froide indifférence, qu'ils
croyaient peu aux contes qu'on leur narrait.

Mais on abandonnait la narration des contes,
et la conversation changeait tout à coup, chaque fois qu'on apprenait des nouvelles vraies
ou fausses de ce qui se passait dans le camp.
Si un soldat blessé, en se traînant à l'hôpital,
disait que les Aréquipéniens avaient perdu la
bataille, il s'élevait aussitôt dans la salle une
rumeur des plus burlesques : on se récriait contre le *lâche*, le *coquin*, l'*imbécille* Nieto, et l'on
exaltait le *digne*, le *brave*, le *glorieux* San-
Roman. Les bons moines de Santo-Domingo,
adressaient au ciel leurs vœux sincères, pour
que ce *chien* de Nieto fût tué, et se mettaient à
faire de beaux projets, pour la brillante réception qu'ils comptaient faire à l'illustre San-Ro-

man. Un quart d'heure après, venait-il à passer un autre soldat criant : « Vive le général
Nieto! la victoire est à nous ; San-Roman est
enfoncé! » alors les assistants d'applaudir : les
bons pères battaient dans leurs grosses mains,
et s'écriaient : « Oh! le brave général! que de
courage! que de talent! Damné soit ce misérable Indien, ce sambo de San-Roman! » Mon
oncle craignait d'être compromis par ces im-
pertinents bavards, aussi ridicules que mépri-
sables ; mais en vain employait-il toute son éloquence pour les faire taire, ses efforts étaient
inutiles, tant il est dans la nature des gens de
ce pays d'accabler sans mesure comme sans
pitié celui qui tombe, pour louer avec exagération celui qui réussit.

Vers une heure du matin, Althaus nous envoya un de ses aides de camp pour nous informer que, depuis huit heures, l'action avait cessé ;
que l'ennemi, intimidé par le nombre, n'avait
osé s'aventurer, la nuit, dans des localités qu'il
ne connaissait pas ; que nous avions déjà perdu
trente ou quarante hommes au nombre desquels
était un officier; que la funeste méprise de Morant en était cause, et qu'un désordre alarmant
régnait dans la troupe. Mon cousin me faisait re-

mettre un mot écrit au crayon, par lequel il me disait qu'il considérait la bataille comme perdue.

Vers deux heures, me sentant très fatiguée, je me retirai chez moi; comme, dans ces circonstances, je tenais à tout voir, je priai ma tante de me faire réveiller dès que le jour commencerait à poindre.

A quatre heures du matin, j'étais sur le haut de la maison; j'admirais, au lever du soleil, le magnifique spectacle qu'offraient les dômes des nombreuses églises et couvents que renferme cette ville. Tous ces êtres humains, hommes, femmes, enfants, présentant du noir au blanc toutes les nuances, vêtus, selon leur rang, dans les costumes divers de leur race respective, égaux dans cet instant, par la même pensée qui les préoccupait, formaient un tout harmonique, n'avaient qu'une expression. Les dômes, les clochers avaient perdu leur nature inerte; la vie s'y était incorporée; ils étaient animés par la même ame. Ces figures immobiles dans la même attitude, toutes le corps penché, la bouche entr'ouverte, les yeux fixés dans la même direction, vers les deux camps, couvraient entièrement les dômes, les clochers et leur donnaient un aspect sublime!

Par quelle impulsion divine, me demandais-je,
tous ces êtres, qui vivent entre eux dans une
lutte perpétuelle; qui, hier encore, offraient
l'image du chaos, composent-ils maintenant
un harmonieux ensemble? Quelle puissance surhumaine les a fait tous, au même instant, quitter leurs demeures, laisser le tumulte de leur
ville, où règnent maintenant le silence et l'immobilité? Comment ont-ils pu un moment oublier le *tien* et le *mien;* confondre leurs pensées
dans une pensée commune? Ainsi qu'à bord
d'un vaisseau où toutes les haines s'apaisent,
toutes les querelles cessent quand la tempête
s'élève, l'union ne peut-elle exister sur la terre,
parmi les hommes, que par l'imminence du
danger qu'ils courent? Comment n'ont-ils pas
encore senti que les sociétés ne peuvent arriver
au bonheur que comme elles évitent le danger, par l'union, et que l'isolement est aussi
funeste à l'individu qu'à la société dont il fait
partie.

Je tournais le dos au camp : captivée par
mes réflexions, j'oubliais le combat et les combattants; Un bruit long et sourd, qui s'échappa
de ces dômes, comme d'un tombeau, me tira
de ma rêverie. Toute cette masse animée du

même sentiment n'eut qu'une voix ! De ces milliers de poitrines sortit un seul cri, vibrant d'une douloureuse expression; j'en fus émue jusqu'aux larmes. Sans avoir besoin de tourner la tête vers le champ de bataille, je venais de comprendre qu'on tuait !.... ou qu'on allait tuer!... A ce cri de douleur succéda un silence de mort, et l'attitude des dômes, des clochers annonçait le plus haut degré d'attention. Tout à coup se fit entendre un second cri, et l'accent de celui-ci, le geste dont il fut accompagné me rassurèrent sur le sort des combattants. Je me retournai et vis les deux camps en grand mouvement. Je priai mon oncle de me laisser regarder dans sa longue-vue. J'aperçus des officiers courant d'un camp à l'autre et qui tiraient en l'air des coups de pistolet; puis le général Nieto, suivi de ses officiers, qui allait à la rencontre d'un groupe d'officiers du camp ennemi. Je les vis se confondre en mutuels embrassements : nous fûmes alors convaincus que l'armée de San-Roman venait de se rendre, et que tout allait s'arranger.

Comme nous étions à former des conjectures, Althaüs entra dans la cour de toute la vitesse de son cheval, en criant à tue-tête : « Hé là haut! descendez, descendez vite, je vous apporte de grandes nouvelles!!!» Les escaliers en échelle, par lesquels on monte sur les maisons, sont loin d'être commodes ; néanmoins, oubliant tout danger, ce fut à qui de nous descendrait le plus vite. Parvenue dans la cour avant les autres, je sautai au cou d'Althaus, et l'embrassai tendrement pour la première fois ; il n'était pas blessé ; mais, grand Dieu! dans quel état se trouvait-il ? lui, si remarquable par la propreté de ses vêtements, était alors couvert de poussière, de boue et de sang. Ses traits étaient méconnaissables ; ses yeux rouges, gonflés, lui sortaient de la tête ; son nez, ses lèvres étaient enflés ; il avait la peau déchirée, des contusions partout ; les mains noires de poudre, et enfin la voix tellement enrouée, qu'à peine pouvait-on comprendre ses paroles.

— Ah! cousin, lui dis-je, le cœur navré, je n'avais pas besoin de vous voir dans cet état pour abhorrer la guerre ; d'après tout ce que j'ai vu depuis hier, je ne pense pas qu'il puisse exister de châtiments trop cruels pour ceux qui la font naître.

— Florita, vous aurez bon marché de moi aujourd'hui, je ne peux pas parler ; mais, de

grâce, ne donnez pas le nom de *guerre* à une
mêlée ridicule dans laquelle pas un de ces blancs-
becs ne savait pointer une pièce. Me voilà fait
comme un voleur ! et, pour mettre le comble à
ma bonne humeur, mon aimable épouse a caché
jusqu'à ma dernière chemise.

Althaus s'appropria de son mieux, avala quatre
à cinq tasses de thé, mangea une douzaine de tar-
tines, et se mit ensuite à fumer ; tout en faisant
ces choses, il grondait après sa femme, riait,
plaisantait comme à son ordinaire, et nous racontait tout ce qui s'était passé depuis la veille.

— Hier, dit-il, l'engagement ne fut qu'une
bousculade ; mais, quelle inextricable confusion
s'ensuivit ! heureusement que les gamarristes eurent peur et se retirèrent. Il m'a fallu toute la nuit
pour remettre un peu d'ordre parmi nos gens.
Ce matin, nous occupions le champ de bataille,
et nous nous attendions à voir l'ennemi fondre
sur nous avec tout l'avantage de sa position,
quand, au lieu de cela, nous avons vu venir un
parlementaire qui, au nom de San-Roman, a
demandé à parler au général. Nieto, oubliant
sa dignité, voulait, à l'étourdie, se rendre immédiatement à cette invitation : le moine s'y est
opposé, et les autres aussi. Pour couper court à

la discussion, j'ai dit : « Comme chef d'état-major, c'est à moi d'y aller ; » et, sans attendre la
réponse, j'ai piqué des deux vers le parlementaire ; celui-ci m'a annoncé que San-Roman
voulait parler au général en personne ; ne pouvant obtenir d'autres paroles de ce parlementaire, je suis retourné au général, à qui j'ai
dit : — Si vous m'en croyez, pour toute conversation, nous leur enverrons des balles ; ces
phrases se comprennent toujours. L'imbécille
Nieto n'a tenu compte de mon avis ; il a voulu
faire le bon, le généreux, voir son ancien camarade, ses frères du Cuzco ; le moine grinçait des
dents, écumait de rage ; mais force lui a été
de céder à l'homme dont il avait compté, en le
faisant nommer, se servir comme d'un instrument. Nieto lui a imposé silence par ces mots :
« Señor Baldivia, le seul chef ici *c'est moi.* »
Le *padre* courroucé lui a lancé un regard qui
disait clairement : « Quand je pourrai t'étran-
gler, je ne te manquerai pas. » Toutefois il s'est
résigné, ne voulant pas abandonner la partie,
à suivre le sensible Nieto. Ils sont actuellement,
assistés des deux journalistes Quiros et Ros, en
conférence avec l'ennemi ; mais me voilà maintenant ravitaillé, un peu nettoyé, et je retourne

au camp, où je vais dormir jusqu'à ce qu'on vienne me dire s'il faut se battre ou s'embrasser.

La nouvelle que nous donnait Althaus se répandit rapidement dans la ville, et pénétra dans tous les couvents. On crut que l'entrevue des deux chefs amenerait la paix : cette espérance était déjà un bonheur pour tous. Les Aréquipéniens sont essentiellement paresseux ; les cruelles agitations éprouvées pendant un jour et une nuit avaient épuisé leurs forces ; ils saisirent avec empressement l'occasion de se remettre : ayant un moment de répit, ils s'endormirent sur l'avenir, et furent sans énergie pour intervenir dans leur propre cause ; chacun d'eux ne songea qu'aux petites jouissances dont il avait été privé pendant vingt-quatre heures : celui-ci pensait à son chocolat, celui-là à renouveler sa provision de cigares ; tous étaient à la recherche de quelque place dans les couvents et les églises où ils pussent se blottir pour prendre du repos. Moi aussi je me sentais fatiguée : les émotions aussi fortes que nouvelles dont j'avais été agitée, depuis la veille, me faisaient également du repos un besoin auquel je n'avais nul intérêt de résister. Je me couchai après avoir donné à ma samba l'ordre de ne m'éveiller que lorsque les ennemis seraient dans la cour. Nous étions au jeudi 3 avril.

Vers six heures du soir, j'étais encore profondément endormie, lorsque Emmanuel et mon oncle entrèrent : — Eh bien ! dit mon oncle, quelle nouvelle nous apportes-tu ?

— Rien de positif; le général est resté avec San-Roman depuis cinq heures du matin jusqu'à trois heures ; mais, lorsqu'il est revenu, il n'a rien dit de cette longue conférence, sinon qu'il pensait que tout allait s'arranger. Nous avons su, par un aide de camp, que l'entrevue des deux chefs avait été très touchante; ils ont beaucoup pleuré sur les malheurs de la patrie, sur la perte de l'officier Montenegro, dont ils ont entouré le corps en jurant ; sur ses manes, *union* et *fraternité;* enfin toute la journée s'est passée à débiter, de part et d'autre, de belles phrases. Les gamarristes font les niais et sont doux comme des agneaux ; tandis que Nieto, plus sensible que jamais, a permis à San-Roman d'envoyer ses hommes et ses chevaux s'abreuver à la fontaine del *Agua-Salada;* il leur a même fait porter des vivres et traite enfin San-Roman et son armée comme des frères.

Emmanuel m'engagea à aller visiter le camp ;
mon oncle voulut bien m'y accompagner, et
nous partîmes : je trouvai les *chicherias*, la
maison de Menao presque entièrement détruites,
et le camp dans le plus grand désordre. A l'aspect des lieux, on les aurait crus occupés par
l'ennemi ; les champs de maïs étaient ravagés ;
les pauvres paysans avaient été obligés de fuir ;
leurs cabanes étaient remplies de ravanas. A
l'état-major, je vis ces beaux officiers, ordinairement si élégants, sales, les yeux rouges et la
voix enrouée ; la plupart dormaient, étendus
sur la terre, ainsi que les soldats. Le quartier
des ravanas avait le plus souffert ; l'artillerie
de Morant, dans la confusion, l'ayant atteint,
y avait tout culbuté ; trois de ces femmes avaient
été tuées, et sept à huit autres grièvement bles-
sées. Je ne rencontrai ni le général, ni Baldivia :
ils dormaient.

A notre retour, mon oncle me dit : — Florita, j'augure mal de tout ceci ; je connais les
gamarristes, ils ne sont pas gens à céder. Il y
a, avec San-Roman, des hommes de mérite ;
Nieto n'est pas capable de lutter de finesse avec
eux. Sous ces dehors de cordialité, je serais bien
trompé s'il ne se cache pas un piége.

Le lendemain, Nieto alla encore voir San-Roman; il lui fit porter du vin, des jambons et du pain pour sa troupe. On s'attendait à voir publier, à midi, un *bando* dans lequel le général instruirait l'armée et le peuple du résultat des conférences qu'il avait eues, depuis deux jours, avec l'ennemi. Deux heures après midi se passèrent, et nul *bando* ne parut. Alors, on commença à crier, à haute voix, contre cet homme, nommé par le peuple, commandant-général du département, qui, depuis trois mois, disposait à son gré de la fortune, de la liberté, de la vie des citoyens, et répondait à une telle confiance en se donnant les airs d'un président, ou plutôt d'un *dictateur.*

Cette conduite porta à son comble l'exaspération contre Nieto; une population de trente mille âmes, forcée d'abandonner ses occupations, ses habitudes, pour se tapir dans les monastères et les églises, était impatiente de savoir à quoi s'en tenir; elle ne pouvait endurer davantage la position qu'on lui avait faite. Le petit nombre de personnes restées dans leurs maisons, comme nous avions fait, y étaient de la manière la plus incommode : tout était caché dans les couvents; on se trouvait privé de linge, de cuillers, de chaises, même de lits. Mais si nous souffrions de toutes ces privations, les milliers de malheureux entassés pêle-mêle dans les monastères souffraient bien davantage encore : ils manquaient de vêtements et des choses indispensables à la préparation des aliments; hommes, femmes, enfants, esclaves, étaient contraints de rester ensemble dans un petit espace; leur situation était horrible.

Indépendamment de ces souffrances réelles, ce peuple éprouvait une véritable peine morale de ne pas savoir pour lequel des concurrents il devait se prononcer, d'ignorer le nom de celui que le destin offrait à son encens, et de l'infortuné qu'il devait accabler de ses outrages et de ses malédictions. Ne pouvant prévoir lequel des deux chefs allait l'emporter, il fallait attendre; et attendre sans pouvoir parler était, pour ce peuple *hablador*, un supplice cruel.

Vers trois heures, le bruit courut, dans la ville, que tout était arrangé, San-Roman ayant reconnu Orbegoso pour le légitime président, et fraternisé avec ses frères d'Aréquipa; que son entrée était remise au dimanche suivant, afin qu'il pût, en actions de grâces, entendre la

grand'messe. La population fut ravie de joie
lorsqu'elle apprit cette nouvelle ; mais cette joie
fut, hélas ! de bien courte durée. A cinq heures,
un aide de camp vint, de la part d'Althaus,
nous annoncer que les négociations étaient rom-
pues entre les deux chefs, et que lui-même
viendrait, le soir, nous raconter toute l'affaire. In-
formé de ce résultat, le peuple, dont l'indignation était comprimée par la crainte, tomba dans
une sorte de stupeur : il resta comme pétrifié.

Nous étions réunis dans le cabinet de mon
oncle, nous ne savions, après tant de nouvelles
contradictoires, la tournure qu'allaient prendre
les affaires, et attendions Althaus avec une vive
anxiété, quand le malheureux général vint à
passer, suivi du moine et de quelques autres.
Je m'avançai à la fenêtre, et lui dis : Général,
auriez-vous la bonté de nous apprendre si décidément la bataille aura lieu? — Oui, mademoiselle, demain au point du jour, ceci est positif. Frappée du son de sa voix, j'en eus pitié ;
pendant qu'il parlait à mon oncle, je l'exa-
minai avec attention : tout en lui décelait une
douleur morale portée au plus haut degré ; son
être entier en était affecté ; ses yeux hagards,
les veines de son front tendues comme des cor-

des, ses muscles crispés, ses traits décomposés, manifestaient clairement que le malheureux étourdi venait d'être trompé d'une manière indigne! A peine s'il pouvait se tenir en selle; de grosses gouttes de sueur coulaient le long de ses tempes; sa voix avait un timbre si déchirant, qu'elle faisait mal à entendre; ses mains broyaient les rênes de son cheval; je le crus fou... Le moine était sombre, mais impassible; je ne pus soutenir son regard; il me glaça... Ils ne s'arrêtèrent que quelques minutes; comme ils s'éloignaient, mon oncle me dit : — Mais, Florita, ce pauvre général est malade; il ne pourra jamais commander demain.

— Mon oncle, la bataille est *perdue*; cet homme n'a plus sa raison; ses membres lui refusent leurs services; il faut absolument le remplacer, autrement il couronnera demain toutes ses sottises.

Me laissant alors entraîner à l'impulsion de mon ame, je suppliai mon oncle d'aller trouver le préfet, le maire, les chefs de l'armée, de leur faire envisager la position critique dans laquelle Nieto les avait mis pour les porter à s'assembler immédiatement, afin de retirer à Nieto le commandement et nommer un autre général à sa place.

Mon oncle me regarda effrayé, et me demanda si, à mon tour, j'étais devenue folle de vouloir l'engager à se *compromettre* par un acte de cette nature. Et de pareils hommes veulent être en république!... Comme nous étions à parler sur ce sujet, Althaus arriva.

— Florita a raison, votre devoir, don Pio, est de rassembler à l'instant les principaux citoyens de la ville, afin que, ce *soir même*, le commandement soit ôté à Nieto. Qu'on nomme n'importe qui, Morant, Carillo, le moine, vous; mais, par Waterloo! que cet *animal* ne se mêle plus de rien, sans quoi la bataille est *perdue*. Nieto n'est pas un méchant homme; mais sa faiblesse, sa sensiblerie ont fait plus de mal que la méchanceté n'aurait pu faire; il voit aujourd'hui toute l'étendue des fautes commises par lui, et sa faible intelligence en est tellement épouvantée, qu'il est devenu *fou*. J'atteste qu'il est fou : toutes ses actions le prouvent.

Mon oncle n'osait plus dire un mot, il redoutait la franchise d'Althaus et la mienne; voyant que nous parlions tout haut devant vingt

personnes, et toujours préoccupé par la crainte
d'être compromis, il prit le parti de se faire
malade, et alla se coucher; ma tante en fit autant, et je restai seule de la maison.

Althaus me dit que toute l'armée était indi-
gnée contre le général ; qu'on parlait au camp
de lui arracher ses épaulettes.

— Cousin, racontez-moi donc tout ce qui
s'est passé.

—Voici l'affaire en deux mots : San-Roman n'a-
vait pas de vivres ; il a cajolé Nieto pour en
avoir, lui a promis qu'il allait reconnaître Orbegoso, et notre crédule général a ajouté foi à des
promesses que dictait le besoin. Enfin Nieto est
revenu : nous étions tous excessivement impa-
tientés d'attendre; Morant lui a demandé : « Décidément, général, se battra-t-on? et faut-il se
préparer pour ce soir? » « Pour demain, monsieur, au lever du soleil. » Il amenait avec lui
trois officiers de San-Roman; il les a fait arrêter, et voilà que, ce soir, il veut les faire fusiller.
Je vous le répète, cet homme est fou... Il serait
urgent de lui ôter le commandement ; mais le
choix d'un autre chef est très embarrassant ; et
comment procéder à cette nomination ? Vous le

voyez, tous ces citoyens qui devaient mourir pour la patrie sont cachés dans les couvents; votre oncle se couche; les Goyenèche, les Gamio, etc., se contentent de pleurer. Eh bien, je vous le demande, que diable voulez-vous faire avec ce peuple de poules mouillées? Je regarde comme certain que nous perdrons la bataille, et j'en suis contrarié, car je déteste ce Gamarra.

Althaus me serra la main, me rassura sur son sort en me disant : « Ne craignez rien pour moi, les Péruviens savent courir, mais non pas tuer; » et il retourna au camp.

Je fus réveillée, avant le jour, par un vieux *chacarero*, qui venait nous dire, de la part d'Althaus, que San-Roman, profitant de l'obscurité de la nuit, avait quitté sa position pour se retirer vers Cangallo, et que Nieto s'était mis à sa poursuite avec toute l'armée, suivi même des ravanas.

Lorsque le jour parut, je montai sur la maison et ne vis plus dans la plaine vestige d'aucun camp; enfin ils étaient partis pour aller se battre.

De nouveau la foule couvrait les dômes des églises et des couvents; mais ce n'était plus cette réunion d'êtres n'en formant qu'un seul

par le sentiment qui l'animait, dont le silence,
l'avant-veille, m'avait comme frappée de stupeur : un bruit sourd, confus partait de ces masses colossales, et le mouvement continuel dont
elles étaient agitées ressemblait au tumulte des
vagues d'une mer en courroux. J'entendais toutes les conversations de la tour de Santo-Domingo ; chacun y faisait ses conjectures ; il s'y
élevait des discussions qui finissaient par devenir des disputes, tant l'irritation de tous,
causée par d'aussi longues souffrances, les rendait âpres, ergoteurs, insociables ; ensuite ils
étaient en proie aux plus cruelles inquiétudes ;
l'anxiété, redoublée par une longue attente,
devenait un supplice intolérable : on s'impatientait de ne rien voir, et l'ardeur d'un soleil brûlant exaspérait encore cette impatience. Les
moines, en dehors de la peine commune, cher-
chaient seuls à égayer la foule : l'un faisait une
niche à une jolie samba ; l'autre faisait tomber
un petit nègre au risque de le tuer ; toutes ces
gentillesses provoquaient les rires bruyants de
la populace, et venaient insulter aux angoisses
des êtres qui craignaient pour le sort d'un fils,
d'un amant ou d'un frère.

À neuf heures, le canon se fit entendre ; les

coups se répétèrent avec une effrayante rapidité. Le plus profond silence régna alors dans
toute cette foule; c'était le patient en présence
de l'échafaud. Au bout d'une demi-heure, nous
aperçûmes un nuage de fumée qui s'élevait derrière la *pacheta ;* le village de Cangallo se trouvant au pied de cette montagne, nous supposâ-
mes que le combat s'y livrait. Vers onze heures,
apparurent beaucoup de soldats sur la plate-
forme de la *pacheta ;* une demi-heure s'était à
peine écoulée, qu'ils avaient disparu derrière la
montagne, et nous ne vîmes plus que quelques
hommes épars, les uns à pied, les autres à cheval. A l'aide de l'excellente longue-vue du vieil
Hurtado, je distinguais parfaitement que plusieurs de ces malheureux étaient blessés : l'un
s'asseyait pour attacher son bras avec son mouchoir; un autre s'entortillait la tête; celui-là
était couché en travers sur son cheval; tous
descendaient le chemin étroit et difficile de la
montagne.

Enfin, à midi et demi, les Aréquipéniens ac-
quirent la conviction de leur désastre. Le spectacle d'une déroute, magnifique comme la tempête, effroyable comme elle, s'offrit à nos regards ! J'avais assisté aux journées de juillet 1830,

mais alors j'étais exaltée par l'héroïsme du peuple et ne songeais pas au danger; à Aréquipa, je ne vis que les malheurs dont la ville était menacée.

Les dragons de Carillo, bien montés, ayant le drapeau du Pérou au bout de leurs lances, parurent subitement au sommet de la *pacheta*; ils se précipitaient du haut de cette montagne au galop de leurs chevaux, dans le désordre le plus grand que la peur pût faire naître; après eux, venaient les *chacareros*, montés sur des mules, des ânes; puis les hommes d'infanterie, courant parmi les chevaux, les mules, et jetant leurs fusils, leur bagage, pour être plus agiles; enfin, l'artillerie sur le derrière pour protéger la retraite : le tout était suivi par les malheureuses ravanas, elles portaient sur leur dos un ou deux enfants, chassant devant elles des mules chargées, et les bœufs, et les moutons dont Nieto avait voulu faire accompagner l'armée.

A cette vue, la ville poussa un cri; cri horrible, cri de terreur, qui retentit encore dans mon ame! Au même instant, la foule disparut; les dômes ne présentèrent plus que leurs masses inertes; le silence régna partout, et le lugubre

tocsin de la cathédrale se fit seul entendre. Ici
je me trouve arrêtée, sentant combien les paroles sont impuissantes pour reproduire de pareilles scènes de désolation!!! Tout ce que l'affliction de mère et d'amante, de fille et de sœur
a de plus poignant, les femmes d'Aréquipa le
ressentirent. Dans le premier moment, elles
furent comme foudroyées par cette calamité;
accablées par la douleur, toutes tombèrent à
genoux, élevèrent leurs mains tremblantes,
leurs yeux baignés de larmes, et prièrent...

J'étais restée seule sur la maison, et sans rien
apercevoir, regardant toujours dans la direction
de la *pacheta,* qu'un nuage de poussière dérobait à ma vue, lorsque je me sentis tirée par
ma robe; je me retournai et vis ma samba qui
me montrait du doigt les cours de mon oncle
et du señor Hurtado, en me faisant signe de me
mettre à genoux. J'obéis à cette esclave et me
mis à genoux. Je vis, dans la cour de la maison,
ma tante Joaquina, les trois demoiselles Cuello,
qui avaient leur frère dans les dragons de Carillo, et sept ou huit autres femmes prosternées
en prières. La cour du vieil Hurtado m'offrit le
même spectacle. Je ne priai pas pour ceux que
la bataille avait affranchis des chagrins de la vie,

mais bien pour ce malheureux pays où il se
trouve autant de ces hommes cupides, d'une
atroce perversité, qui, sous des prétextes politiques, provoquent continuellement les dissen-
sions, afin d'avoir, dans la guerre civile, l'occasion de piller leurs concitoyens. Quand je sortis
de cette pieuse invocation, je portai mes regards
dans la direction de la *pacheta ;* le nuage de
poussière s'était dissipé ; le chemin du désert
avait repris sa tristesse accoutumée.

Vers une heure et demie, commencèrent à
arriver les blessés. Ah ! ce furent alors des scènes
déchirantes. Il se rassembla, à l'angle de notre
maison, plus de cent femmes ; elles attendaient
ces malheureux au passage, tourmentées par la
crainte de reconnaître parmi eux leur fils,
leur mari ou leur frère. La vue de chaque blessé
provoquait, chez ces femmes, un tel excès de
désespoir, que leurs gémissements, leurs atroces
angoisses me torturaient. Ce que je souffris, ce
jour-là, est effroyable !...

Nous étions tous inquiets sur Althaus, Emmanuel, Crevoisier, Cuello et autres ; nous ne
concevions pas pourquoi le général ne venait
pas occuper la ville pour la défendre, ainsi que
le plan en avait été arrêté, dans le cas où l'on

éprouverait un revers. Il y avait plus d'une
heure que la défaite avait eu lieu, l'on s'attendait, à chaque instant, à voir entrer l'ennemi.
Cuello arriva mourant; l'infortuné avait reçu
une balle dans le flanc; son sang coulait depuis trois heures; on le mena à l'hôpital, et
j'allai aider sa sœur à l'y installer le mieux
possible.

C'était pitié de voir la cour de cet hôpital ! pas
un des couvents d'Aréquipa ne comprend que
la religion prêchée par Jésus-Christ consiste
à servir son prochain; ce dévouement à la
souffrance, qu'une religion vraie seule inspire,
ne se montre nulle part; il n'existe pas une
sœur de charité pour soigner les malades : ce
sont de vieux Indiens qui en sont chargés;
ces hommes vendent leurs soins : on ne saurait espérer d'eux aucun zèle; ils font cela
comme toute autre chose, cherchant à alléger
la tâche, à échapper à la surveillance. Les blessés qu'on transportait à l'hôpital étaient posés à
terre, sans nul souci; ces malheureux, mourant
de soif, poussaient de faibles et lamentables cris.
L'armée n'avait pas de service de santé organisé,
et les médecins de la ville étaient devenus in-
suffisants pour ce surcroît de besogne. Un très

grand désordre régnait dans cet hospice : les
employés s'empressaient ; mais , peu habiles
dans leurs fonctions, plus ils voulaient se hâter
et moins ils faisaient ; ils manquaient des choses
les plus nécessaires, comme linge, charpie, etc.
Les souffrances de ces militaires blessés étaient
augmentées par l'appréhension de l'ennemi ; car
le vainqueur, dans ce pays, ne fait ordinairement
aucun quartier aux prisonniers et massacre
jusqu'aux blessés des hôpitaux. Nous parvînmes
à trouver un lit pour ce pauvre Cuello, dans
une petite pièce obscure, où il y avait déjà deux
autres malheureux, dont les cris étaient déchi-
rants. Je quittai cet antre de douleur, laissant
auprès du blessé sa sœur, dont il était tendrement aimé, et qui en eut le plus grand soin. Ma
force morale ne m'abandonna pas un seul instant dans cette terrible journée ; toutefois les
souffrances que je venais de voir bouleversèrent
tout mon être ; je ressentais les maux de ces in-
fortunés , déplorais mon insuffisance à les soulager, et maudissais l'atroce folie de la guerre.
Comme je rentrais chez mon oncle, j'aperçus
Emmanuel accourant à toute bride ; nous allâmes tous l'entourer , impatients d'avoir des
nouvelles ; Althaus ni aucun des autres officiers

n'étaient blessés, mais les deux partis avaient perdu beaucoup de monde; Emmanuel nous apprit que l'intention du général était d'abandonner la ville, à cause de l'impossibilité de la défendre contre l'ennemi; il était envoyé par Nieto pour enclouer les canons du pont et jeter le reste des munitions dans la rivière.

Il nous rapporta tout cela en cinq minutes, et me dit d'arranger vite les effets d'Althaus, afin qu'il trouvât tout prêt pour sa fuite. Je courus de suite chez Althaus; avec l'aide de son nègre, que je fus presque obligée de battre pour pouvoir m'en servir, je fis charger une mule d'un lit et d'une malle remplie d'effets. Ma samba, accompagnée d'un autre nègre de mon oncle Pio, conduisit en avant la mule et l'esclave rétif, afin d'éviter à Althaus l'embarras de la sortie de la ville. Ce premier soin rempli, je m'occupai à faire préparer du thé et des aliments, pensant bien que mon pauvre cousin devait éprouver l'impérieux besoin de prendre quelque nourriture. J'entendis un grand bruit de chevaux; je courus à la porte : c'était le général, suivi de tous ses officiers, traversant la ville au galop; l'armée venait ensuite; mon cousin entra. Je lui avais fait apprêter un cheval de re-

change; en le voyant, il sauta à bas du sien, vint
à moi, me prit la main, et me dit : — Merci,
bonne Flora, merci; a-t-on pris mes effets? —
La mule est déjà partie; mais il serait bon que
vos deux aides de camp allassent la joindre,
car le maudit nègre refuse de vous suivre. —
Avez-vous quelque chose à donner à boire à ces
messieurs ? ils tombent de fatigue. Je leur donnai du bon vin de Bordeaux, dont ils prirent
chacun deux bouteilles, et bourrai leurs poches
de sucre, de chocolat, de pain et de tout ce que
je trouvai dans la maison. On donna aussi du
vin à leurs chevaux; et, lorsque cavaliers et
montures furent un peu rafraîchis, ils partirent.

Althaus ne pouvait plus parler, tant sa voix
avait été forcée par le commandement; tout en
prenant son thé à la hâte, il me raconta, en
deux mots, que, cette fois, c'étaient les dragons
de Carillo qui avaient fait perdre la bataille; ils
s'étaient trompés dans leurs manœuvres et
avaient tiré sur l'artillerie de Morant, croyant
tirer sur l'ennemi. — Je vous le répète, Florita,
aussi longtemps que ces pékins-là se refuseront
à apprendre la tactique militaire, ils ne feront
que des brioches. Maintenant le général ne

veut pas défendre la ville. Je ne sais quelle peur
panique s'est emparée de lui ; il ne songe qu'à
fuir et n'a aucun plan d'arrêté. Arrivé à la maison de Menao, nous avons eu beaucoup de peine
à lui persuader qu'il fallait au moins donner le
temps à la troupe de se rallier; il est cause que
nous avons perdu un grand nombre de fuyards.
Lorsque nous avons été de retour aux *chiche-*
rias, nous avons fait des efforts inouis pour
rejoindre ces fuyards, mais sans succès ; ces
lâches coquins, aidés par les ravanas, se cachent, je crois, sous la terre comme les taupes.
Ce qui m'étonne, cousine, c'est la lenteur que les
ennemis mettent à arriver ; je n'y conçois rien...
Emmanuel entra dans la cour. — Je viens
vous chercher, dit-il à Althaus; tout le monde
part ; le moine a chargé le restant de la caisse
sur son cheval; le général est allé embrasser sa
femme, qui est accouchée cette nuit ; moi, je
viens de presser ma pauvre mère dans mes bras;
allons, cousin, on n'attend plus que vous, par-
tons. — Althaus me serra fortement contre sa
poitrine, et, en m'embrassant, me recommanda
sa femme et ses enfants. J'embrassai le cher
Emmanuel, et ils s'éloignèrent rapidement.

Quand je revins dans la rue de Santo-Domingo, elle était entièrement déserte ; je vis sur mon passage toutes les maisons soigneusement barricadées. La ville paraissait jouir d'un calme parfait ; mais le sang rougissait les pavés des rues ; et ces traces de meurtres, cette solitude disaient, d'une manière bien expressive, les calamités dont la cité venait d'être frappée et celles qu'elle redoutait.

Je contai, chez mon oncle, tout ce qu'Althaus et Emmanuel m'avaient appris. Toutes les personnes rassemblées dans la maison furent indignées contre le général ; mais aucune ne prit l'initiative d'une mesure quelconque.

A cinq heures, je montai encore sur le haut de la maison ; je ne vis qu'un immense nuage de poussière que laissaient après eux les dragons de Carillo, en fuyant à travers le désert. Ils se dirigeaient vers Islay, où ils savaient trouver deux navires pour se mettre hors d'atteinte des poursuites de San-Roman. Je restai longtemps assise à la même place que le matin. Comme cette ville avait changé d'aspect ! un silence de mort paraissait alors l'envelopper. Tous les habitants étaient en prières, comme résignés à se laisser *massacrer* sans opposer la moindre résistance.

Mon oncle me pria de descendre, afin d'aller dans l'église de Santo-Domingo, où toutes les personnes de sa maison se rendaient. Je songeais, pour la première fois, que je n'avais pas encore mangé de la journée; je bus une tasse de chocolat, pris mon manteau et me rendis à l'église.

A chaque moment, on demandait aux personnes en vigie sur les tours si elles voyaient quelque chose du côté de la *pacheta;* elles répondaient toujours : absolument rien. Enfin, à sept heures, se présentèrent, à la porte du couvent, trois Indiens; ils annoncèrent que les ennemis étaient aux *chicherias,* mais que San-Roman ne voulait pas entrer, à moins que les autorités de la ville n'allassent l'en prier. A cette nouvelle, il s'éleva une grande rumeur dans le couvent de Santo-Domingo. Le préfet et toutes les autorités de la ville s'étaient réfugiés dans ce monastère : ils prétendirent que c'était aux révérends pères à faire cette démarche toute pacifique. Les moines, qui ne brillent pas par le courage, se récrièrent fort contre cette proposition; il y eut une grande discussion. Ce fut, en quelque sorte, moi qui déterminai les moines à se charger de cette mission. Je savais qu'ils étaient enragés gamarristes Je parlai au prieur, à don José, le chapelain de ma tante ; bref, je fis si bien, qu'ils se décidèrent. Quatre ou cinq employés de la mairie se joignirent à eux ; ils partirent, et, une heure après, nous les vîmes revenir à la tête de deux régiments, l'un de cavalerie, l'autre d'infanterie : ainsi les gamarristes l'emportaient. Le samedi, 5 avril, à huit heures du soir, ils prirent possession de la ville d'Aréquipa.

Quand le prieur et les moines furent rentrés au couvent, ils nous rapportèrent tout ce qu'ils avaient appris. — Mes frères, dit le bon prieur, je vous avoue que je ne suis pas sans inquiétude ; vous savez que je comprends assez bien le *quichua ;* tout ce que j'ai entendu de la conversation de ces Indiens me prouve qu'ils ont de très mauvaises intentions. Ce qu'il y a de plus effrayant, c'est qu'ils sont sans chefs ; je ne puis me l'expliquer. Nous avons trouvé, à la maison de Menao, une soixantaine d'hommes à cheval ayant, à leur tête, un simple porte-drapeau, et environ cent cinquante hommes d'infanterie, commandés par deux sous-officiers. Nous les avons conduits à l'hôtel-de-ville, d'où un des employés les a envoyés aux casernes. Je les ai

entendus alors murmurer dans leur langue; plusieurs soldats disaient : « Mais on nous a promis
le pillage de la ville... » Mes frères, continua le
prieur, je vous répète que je suis très inquiet, et
je ne vous cacherai pas que votre présence ici re-
double mes inquiétudes. On sait bien que vous
avez apporté, dans nos couvents, ce que vous
avez de plus précieux; et, nécessairement, si ces
soldats pillent, ils viendront dans les églises. A
ces mots, tous les assistants jetèrent un cri d'effroi. Le père Diego Cabero, la tête forte de la
communauté, homme d'esprit et de talent, mais
d'un caractère âpre, hautain et, disait-on, fort
méchant, prit la parole pour adresser les plus
vifs reproches au pauvre prieur.

— Eh bien! père prieur, vous convenez donc
enfin que j'avais raison, quand je ne cessais
de vous répéter, depuis le commencement de
ces affaires, que votre trop grande bonté, votre
lâche faiblesse attireraient sur notre saint monastère des calamités dont vous seriez respon-
sable devant Dieu! Malgré mes représentations,
vous avez reçu ici les richesses de ce peuple,
et votre condescendance sera cause que nous
serons tous égorgés.

— Frère Diego, disait le bon prieur, il est

de notre devoir de prêter assistance aux habitants, de les secourir dans le besoin, et en con-
sentant à leur accorder refuge, à protéger leurs
biens, je n'ai fait que ce que la charité dans
ces terribles moments me commandait de faire.

— Prieur, la conservation du temple de
Dieu doit passer avant toute autre considération.
D'ailleurs, le spectacle qu'offrent les cloîtres, les
églises, est un véritable scandale ; des femmes y
couchent avec leurs maris, des enfants y font
des saletés ; jamais, dans aucun temps, dans aucune circonstance, je n'ai vu le peuple se rendre
coupable de pareils outrages envers notre sainte
religion.

— Frère Diego, ce scandale m'afflige, et, plus
que vous, j'en suis peiné ; mais, pour l'éviter,
il faudrait que notre couvent renonçât à offrir
à l'infortune l'asile du sanctuaire, qu'il perdît
le plus beau de ses priviléges, et, avec lui, toute
sa puissance.

— Père prieur, votre ignorance des affaires
politiques vous fait commettre de graves erreurs :
que venez-vous parler d'*asile?* Ne voyez-vous
donc pas, à la manière dont ce Nieto nous a
traités depuis trois mois, que notre autorité n'a
plus aucune puissance? Comment, cet impie

n'a-t-il pas eu l'impudence de nous chasser de notre couvent pour y caserner ses soldats [1] ? et vous l'avez souffert! ainsi que l'ont fait les prieurs des autres communautés. O mon Dieu! ton temple est souillé; tes prêtres sont chassés, humiliés, et pas un d'eux n'ose élever la voix pour la défense de ta cause!

Mon oncle et d'autres personnes prirent parti pour le prieur; quelques moines se rangèrent du côté de frère Diego ; bientôt la discussion se changea en dispute, on en vint à s'injurier dans les termes les plus outrageants. La foule était accourue autour d'eux ; cette dispute captivait l'attention de tous, la rumeur était générale. — Sainte Vierge! s'écriait celui-ci, en sommes-nous donc venus au temps de craindre d'être massacrés jusque dans les églises ? — Je te l'avais bien prédit, disait celui-ci à sa femme, que tu nous exposais davantage en nous menant dans cette église? Je me repens bien maintenant d'avoir quitté ma

---

[1] Nieto, manquant de place pour caserner ses troupes, prit les couvents d'hommes, et les moines furent obligés de déguerpir. Cette mesure fut moins vexatoire pour ces religieux qu'on pourrait peut-être se l'imaginer : les moines, à Aréquipa, demeurent presque tous dans leur famille; les pauvres seuls, parmi eux, habitent leurs cellules.

maison. — Mais, depuis quand pille-t-on dans les églises? et crois-tu... — Je crois tout possible !.. D'ailleurs le siècle des couvents est passé ; les soldats de San-Roman viendront piller ici, parce qu'ils savent qu'il y a de l'argent, et l'argent est le seul dieu qu'ils connaissent.

Tous étaient en proie aux plus cruelles inquiétudes ; il se formait des groupes nombreux dans lesquels s'agitaient d'interminables discussions. Les familles se divisaient : les uns voulaient retourner dans leurs maisons, pensant qu'ils y seraient plus en sûreté ; tandis que les autres persistaient à vouloir rester dans le couvent.

Je profitai de l'altercation entre le prieur et le père Diego, pour sortir de ce couvent où j'étais effrayée de me voir condamnée à passer la nuit. Il y avait là presque autant de puces qu'à Islay, et il était par trop dégoûtant de rester au milieu de personnes qui venaient vous parler avec leurs vases de nuit sous le bras[1]. Je m'adressai au moine Mariano, frère du père Cabero, et lui fis entendre qu'il serait plus convenable, après la dispute qui venait d'avoir lieu, que lui et son

---

[1] J'ai déjà dit que ces vases sont en argent.

frère se retirassent chez eux, et que, si leurs
sœurs voulaient consentir à les accompagner, je
leur demanderais asile. Ces deux moines, après
quelques hésitations, goûtèrent ma proposition et m'aidèrent à déterminer leurs sœurs. Je
sortis alors avec eux, afin de reconnaître la rue
et pour ouvrir la porte de leur maison qui est
située à côté de l'église; ne voyant personne dehors, le frère Diego alla chercher ses dames, et
aussitôt qu'elles furent entrées, on barricada
la porte. Nous nous réunîmes tous dans une
pièce au fond de la maison. A plusieurs reprises, des soldats vinrent frapper à la porte de
la rue avec la crosse de leur fusil; les pauvres
dames tremblaient de peur, et les deux moines
ne pouvaient parvenir à les rassurer.

Vers minuit, je me sentis un besoin de sommeil auquel j'eusse en vain tenté de résister; il
n'y avait point de lit, je me jetai sur une mauvaise paillasse et dormis profondément jusqu'au
lendemain à huit heures.

V.

UNE TENTATION.

Quand je me réveillai, je trouvai le monde qui m'entourait tout en émoi; des soldats, disait-on, avaient parcouru la ville pendant la nuit, volant ceux qu'ils rencontraient, et deux personnes avaient été tuées.

Nous étions au dimanche; à neuf heures, les dames Cabero ne voulant pas manquer la messe, nous y fûmes accompagnées des deux moines : quel spectacle dégoûtant présentait cette église ! Frère Diego avait raison ; ce pêle-mêle d'hommes, de femmes, d'enfants, de chiens même, cet encombrement de lits, de cuisines, de *pots de chambre*, ce nuage de fumée, tout cela était vraiment scandaleux ! On chantait la messe dans un coin, on mangeait et fumait dans un autre. J'allai voir mon oncle et ma tante qui étaient établis dans la cellule du prieur, avec sept ou huit autres personnes. Je ne pus jamais décider mon oncle à revenir chez lui ; il était toujours retenu par l'appréhension du pillage. Ne me sentant aucune crainte, je retournai seule à la maison et me mis à écrire les trois journées qui venaient de s'écouler. Le soir, mon oncle persista à rester au couvent ; je passai la nuit dans la maison sans personne autre que ma samba. Cette fille me disait : « Mademoiselle, ne craignez rien, si les soldats ou les *ravanas* viennent pour piller, je suis *Indienne* comme eux, leur langue est la mienne ; je leur dirai : Ma maîtresse n'est pas *Espagnole*, elle est Française, ne lui faites point de mal. Je suis bien sûre qu'alors ils ne vous en feraient pas ; car ils ne frappent que leurs ennemis. » Ainsi s'ex-

primait une esclave[1] de quinze ans ; mais, à
aucun âge, l'esclave n'a jamais aimé ses maîtres, quelque doux qu'ils fussent. Le second
jour, j'étais encore seule lorsque deux officiers
vinrent demander à parler au señor don Pio.
Je ne voulus pas leur avouer que mon oncle se
tenait caché. Je les fis entrer chez moi, en leur
disant que don Pio se trouvait absent, et leur
demandai ce qu'ils désiraient de lui.

— Mademoiselle, nous désirons que monsieur
votre oncle, comme un des notables du pays,
vienne parler au colonel Escudero, qui rem-
place dans le commandement San-Roman,
tué dans la bataille. Nous sommes les vainqueurs, et les Aréquipéniens mésusent de notre
modération en continuant à nous traiter en ennemis. Depuis notre entrée dans la ville, toutes
les maisons sont barricadées, nos troupes sont
sans pain, nos blessés sont laissés mourants sur
le champ de bataille, tandis que tous les habitants s'obstinent à rester dans les couvents,
comme si nous venions ici pour les massacrer :
vous êtes la première personne à laquelle nous
communiquons nos besoins ; mais vous sentez,

[1] Cette fille appartenait à ma tante.

mademoiselle, que cet état de choses ne saurait durer davantage.

Je causai longtemps avec ces messieurs, et les trouvai très convenables. Quand ils furent sortis, je courus à Santo-Domingo avertir mon oncle et les personnes qui s'y étaient réfugiées; aussitôt qu'on sut San-Roman mort et le colonel Escudero commandant à sa place, les esprits commencèrent à se tranquilliser : ce dernier était connu et très aimé à Aréquipa. Presque tout le monde sortit du couvent pour retourner chez soi, et mon oncle alla de suite voir Escude ro

Quand mon oncle revint, il me dit : — Nous sommes sauvés; moi, personnellement, je n'ai plus rien à craindre; Escudero me doit beaucoup et m'est tout dévoué. La mort de San-Roman laissant l'armée sans chef, croiriez-vous qu'il m'a proposé de me faire nommer?

— Accepteriez-vous?

— Oh! je m'en garderais bien. Dans de pareilles crises, il faut se tenir à l'écart; lorsque, plus tard, tout sera calmé, je verrai à me caser dans quelque poste de mon goût; je ne veux plus de commandement militaire; je suis trop vieux.

— Il me semble, mon oncle, que c'est justement dans les crises difficiles que les hommes comme vous devraient offrir le secours de leurs talents et de leur expérience.

— Florita, il est fort heureux, pour vous, que vous ne soyez pas un personnage politique, votre dévouement vous perdrait; loin d'aller offrir mes services à ces ignorants, je veux les laisser s'engouffrer dans les embarras et les difficultés; plus ils en auront, plus ils sentiront le besoin de m'avoir; je les verrai venir me prier, me supplier, et leur ferai mes conditions.

Je regardai mon oncle, et ne pus que dire : Pauvres Péruviens !

Dans cette circonstance, don Pio alla aussi offrir à Escudero *un prêt* de 2,000 piastres; il engagea les Goyenèche, Ugarte et autres à suivre son exemple. L'évêque offrit 4,000 piastres, son frère et sa sœur chacun 2,000; le reste donna en proportion.

Durant tous ces troubles, les étrangers et leurs propriétés furent respectés. A l'arrivée d'Escudero, M. Le Bris et deux chefs de maisons anglaises lui firent bien un léger prêt pour subvenir aux besoins de sa troupe, qui avait été trois jours sans recevoir de distribution de pain; mais ce prêt fut volontaire.

Le troisième jour, Escudero fit publier un *bando* qui prescrivait d'ouvrir les portes de toutes les maisons dans le délai de trois heures, et de les laisser ouvertes comme de coutume[1], avertissant que les portes laissées fermées seraient enfoncées par les soldats. Cette ordonnance força ceux qui étaient restés dans les couvents à rentrer chez eux. Pour achever de rassurer ces pauvres bourgeois, Escudero donna ordre à ses soldats de se promener dans la ville, avec sévère défense d'insulter personne.

Nous avions su par Althaus que, le dimanche 6 avril, Nieto et toute l'armée étaient arrivés à Islay; qu'ils avaient encloué les canons, brûlé les registres de la douane et forcé l'administrateur, don Basilio de la Fuente, à partir pour Lima; qu'eux-mêmes, après avoir ravagé le pays, s'étaient embarqués sur trois navires péruviens pour se rendre à Tacna.

Escudero était entré à Aréquipa le dimanche pendant la nuit, en sorte que personne ne savait au juste combien il pouvait avoir de soldats

---

[1] A Aréquipa, les portes des maisons sont, en temps ordinaire, toujours ouvertes.

avec lui. On avait d'abord annoncé la mort de San-Roman; quatre jours après, on répandit le bruit qu'il n'était que blessé; enfin, au bout de sept jours, il vint à Aréquipa et y entra aussi pendant la nuit.

Voici l'explication de cette affaire, ainsi qu'Escudero lui-même me l'a donnée.

San-Roman, après avoir trompé Nieto trois jours de suite, dans le seul but d'en obtenir des vivres pour sa troupe, se retira à Cangallo, ne présumant pas que Nieto l'y suivît; il voulait, avant de livrer bataille, consulter Gamarra et lui demander du renfort; à Cangallo, il rencontra Escudero avec quatre cents hommes que lui envoyait Gamarra. Les soldats de San-Roman étaient à fêter les nouveaux venus, lorsque, tout à coup, parut l'armée de Nieto, sur le haut de la *pacheta;* il y eut alors une grande confusion : San-Roman avait permis à ses soldats de se baigner; une partie d'entre eux étaient nus; quand ils virent les Aréquipéniens, ils se crurent perdus; sans Escudero, qui rétablit l'ordre, ils allaient tous prendre la fuite. Le combat s'engagea, ils se battirent avec courage; mais bientôt les munitions leur manquant, l'alarme se mit parmi eux. Lorsque San-Ro-

man vit ses soldats à la débandade, il crut la
bataille perdue, et pensa qu'il ne lui restait rien
de mieux à faire que de fuir aussi; accompagné
de quelques uns des siens, il s'éloigna de
toute la vitesse de son cheval. Ainsi chacun de
ces deux valeureux champions, épouvantés l'un
de l'autre, s'enfuyait de son côté; ils coururent
sans s'arrêter pendant un jour et une nuit, mettant entre eux un espace de *quatre-vingts lieues.*
La terreur de Nieto le fit aller jusqu'à Islay, à
quarante lieues au sud; celle de San-Roman
jusqu'à Vilque, à quarante-deux lieues au nord.
Un miracle rallia une partie des soldats de San-
Roman, et les fit revenir sur Aréquipa. Un des
officiers de cette armée, que Nieto avait retenu
prisonnier à l'hôtel-de-ville, vit de dessus la
maison la déroute des Aréquipéniens; il profita
de l'effroi du moment, monta sur le premier
cheval qu'il trouva dans la cour de l'hôtel-de-
ville, il connaissait très bien les localités, et prit
un chemin de traverse par lequel, dans une
heure, il arriva à Cangallo. Il cria aux fuyards de
s'arrêter; que Nieto, se tenant pour battu, avait
abandonné la ville, et fuyait vers le port. Escudero et quelques autres qu'il rencontra passèrent toute la nuit et une partie du lendemain à

réunir quelques soldats, ils parvinrent à rallier
à peu près le tiers de leur monde, et, sûrs de
n'éprouver aucune opposition, se portèrent sur
Aréquipa. Sans cet officier, les deux armées, qui
se croyaient vaincues, continuaient de fuir dans
des directions opposées, et la ville n'eût vu paraître ni défenseurs ni ennemis.

Lorsqu'Escudero me contait toutes ces circonstances, je songeais à Althaus, pour qui la
science militaire est l'arbitre suprême des succès
et des revers; et je regrettais de ne pouvoir lui
faire sentir, par cet exemple, combien l'homme
et la science sont vains.

On fut obligé de courir jusqu'à Vilque, pour
avertir San-Roman qu'il avait *gagné la bataille;*
il n'entra à Aréquipa que le septième jour; on
le disait blessé à la cuisse, afin de motiver ce
retard, mais il n'en était rien.

Mon oncle, qui a le talent d'être bien avec
tous les partis, était sinon dans la confiance des
gamarristes, du moins très lié avec eux. Nous
avions, chaque jour, de ces messieurs à dîner;
et, le matin, le soir, notre maison ne désemplissait pas. Je voyais avec surprise, en causant avec
les officiers de cette armée, combien ils étaient

supérieurs à ceux de Nieto. Messieurs Montoya, Torres, Quirroga, et surtout Escudero, sont des hommes fort distingués.

Escudero est un de ces Espagnols à l'esprit aventureux, qui ont quitté la belle Espagne pour aller tenter fortune au Nouveau-Monde; très savant, il est, selon l'occurrence, militaire, journaliste ou commerçant; se prête à toutes les exigences du moment avec une étonnante facilité, et excelle dans chaque genre sur lequel le porte sa prodigieuse activité, comme si ce genre était la spécialité de sa vie. Escudero a l'esprit vif, l'imagination inépuisable, le caractère gai, une éloquence persuasive; il écrit avec chaleur, et néanmoins il a su se faire aimer de tous les partis.

Cet homme extraordinaire était le secrétaire, l'ami, le conseiller de la señora Gamarra; depuis trois ans, il occupait, auprès de cette reine, une position d'intimité, objet de l'envie d'une foule de rivaux. Il s'était dévoué à sa cause, écrivait pour faire prévaloir ses plans et repousser les attaques continuelles dirigées contre elle; il combattait sous ses ordres, l'accompagnait dans ses courses aventureuses et ne recu-

lait jamais devant les entreprises audacieuses
conçues par le génie de cette femme à l'ambition
napoléonienne.

Dès la première visite, je fus liée avec le colonel Escudero; nos caractères sympathisaient;
il me manifesta beaucoup de confiance et me
mit au courant de tout ce qui s'était passé dans
le camp de Gamarra; je compris, par tout ce
qu'il me dit, que San-Roman n'avait pas fait
moins de bêtises que Nieto.

— Que ce pays est malheureux! me disait
Escudero; je ne sais, en vérité, qui pourra faire
sortir les Péruviens de la position déplorable
dans laquelle les hommes de sang et de rapine
les ont placés.

— Comment se fait-il, colonel, que, discer-
nant mieux que personne la cause des calamités
du pays, vous n'ayez pas cherché à y porter
remède?

— Eh! mademoiselle, c'est l'objet de toutes
mes méditations; mais je ne puis que présenter
les moyens de faire le bien, et n'ai pas l'autorité
nécessaire pour les mettre à exécution. La señora Gamarra, qui est une femme d'un grand
mérite, travaille avant tout à consolider le pouvoir dans ses mains; son ambition vient cons-

tamment traverser mes plans de bonheur public.; et, dévoué à son service, je me vois
contraint sans cesse d'agir en opposition avec
ma volonté.

— J'avais ouï dire que vous aviez beaucoup
d'ascendant sur cette dame.

— Plus qu'aucun autre, sans doute, mais
très peu en réalité. Quand, à force de peines et
de patience, je parviens à modifier ses idées,
c'est un succès dont je m'estime heureux. Cette
femme a une volonté de fer, que l'adversité même
ne saurait dompter. Toute résistance l'irrite, et
elle est toujours disposée à en triompher par la
force. Elle eût été une grande reine dans un
pays où ses volontés n'auraient rencontré aucun
obstacle; mais dans celui-ci où, pour régner, il
faut avoir de nombreux partisans, où, pour
conserver l'autorité, il ne faut en user que le
moins possible, la señora Pencha de Gamarra
ne convient pas aussi bien. On ne peut lui faire
comprendre que les moyens employés pour con-
quérir le pouvoir doivent être laissés de côté
lorsqu'on l'a obtenu, et qu'avec l'anarchie d'o-
pinions et l'égoïsme qui règnent parmi les Péruviens, après les spoliations dont ils ont été
victimes, il faut avoir pour objet spécial la pro-

tection des personnes, des propriétés, et se
concilier tous les partis en n'épousant aucun
d'eux d'une manière exclusive. Ah! mademoiselle Flora, je me repens amèrement de m'être
ainsi engouffré. Depuis trois ans que je sers
dona Pencha de ma plume et de mon sabre, je
n'ai encore pu réussir à lui faire adopter aucun
de mes plans. Cela me désespère; et, quoique
son caractère hautain et despote me rende malheureux, je le supporterais avec résignation si
je pouvais arriver à faire le bien. Cependant
cette femme a trop besoin de moi pour que je
puisse songer à la quitter; je dois travailler à
lui faire ressaisir une autorité non contestée; si
je puis y réussir, je jure bien que je jette là le
sabre et la plume pour la guitare, et en jouerai
pendant trois mois sans soucis d'aucune espèce.

En écoutant Escudero, il me parut évident
qu'il était las du joug que lui imposait sa toute-
puissante maîtresse, et qu'il ne cherchait qu'un
prétexte pour s'y soustraire. Il venait me voir
tous les jours; nous avions ensemble de longues
conversations. J'eus tout le temps d'approfondir
cet homme, et je reconnus qu'il était peut-être
le seul, au Pérou, qui fût capable de me seconder dans mes projets d'ambition. Je souffrais

des malheurs d'un pays que je m'étais habituée
à considérer comme le mien ; le désir de contribuer au bien avait constamment été la passion
de mon âme, et une carrière active, aventureuse
toujours dans mes goûts. Je crus voir que, si
j'inspirais de l'amour à Escudero, je prendrais
sur lui une grande influence. Je fus alors tour-
mentée de nouveau par l'agitation fébrile de
mon esprit; mes combats intérieurs se renouve-
lèrent; l'idée de m'associer avec cet homme
spirituel, audacieux et insouciant souriait à
mon imagination ; en courant avec lui les chances de la fortune, que m'importe, me disais-je,
de ne pas réussir, puisque je n'ai rien à perdre?
La voix du devoir eût peut-être été impuissante
pour me faire résister à cette tentation, la plus
forte que j'aie éprouvée de ma vie, si une autre
considération n'était venue à mon secours. Je
redoutai cette dépravation morale, que la jouissance du pouvoir fait généralement subir. Je
craignis de devenir dure, despote, criminelle
même à l'égal de ceux qui en étaient en possession. Je tremblai de participer à la puissance dans
un pays où vivait mon oncle...; mon oncle que
j'avais tendrement aimé et que j'aimais encore,
mais qui m'avait fait tant de mal!!!.. Je ne voulus

pas m'exposer à céder à un moment de ressentiment, et je puis dire ici, devant Dieu, que je
sacrifiai la position qu'il m'était facile de me
faire à la crainte de traiter mon oncle comme
un ennemi... Le sacrifice était d'autant plus
grand qu'Escudero me plaisait. Il était laid aux
yeux de bien du monde, mais pas aux miens.
Il pouvait avoir de trente à trente-trois ans,
était de moyenne taille, très maigre, avait la
peau basanée, les cheveux très noirs, les yeux
brillants, langoureux, et les dents comme des
perles. Son regard tendre, son sourire mélancolique donnaient à sa physionomie un caractère d'élévation, de poésie, qui m'entraînait.
Avec cet homme, il me semblait que rien ne
m'eût été impossible. J'ai l'intime conviction
que, devenue sa femme, j'aurais été fort heureuse. Dans les tourmentes s'élevant de notre
position politique, il m'eût chanté une romance
ou joué de la guitare avec autant de liberté d'esprit que lorsqu'il était étudiant à Salamanque.
Il me fallut encore, cette fois, toute ma force
morale pour ne pas succomber à la séduction de
cette perspective... J'eus *peur de moi*, et je ju-
geai prudent de me soustraire à ce nouveau
danger par la fuite. Je me résolus donc à partir
sur-le-champ pour Lima.

Personne ne comprit rien à un départ aussi précipité. En vain me représenta-t-on que la route d'Islay était infestée de déserteurs ne vivant que de pillage, en vain m'exagéra-t-on la peinture des périls que j'allais courir, je ne tins compte d'aucun de ces avertissements; nul danger, à mes yeux, n'égalait celui auquel j'étais exposée en restant à Aréquipa; pour y échapper, j'eusse traversé tous les déserts de la terre. J'alléguais, pour prétexte, qu'il fallait absolument que je partisse, si je voulais arriver en Europe avant la mauvaise saison; et, comme au fond, chez mon oncle, on était bien aise de me voir partir, on n'insista pas davantage.

Un Anglais de ma connaissance, M. Valentin Smith, se rendait à Lima; je lui demandai s'il voulait de moi pour compagne de voyage; il accepta mon offre; nous fîmes marché avec un capitaine italien, qui avait son bâtiment à Islay, et il fut arrêté que nous partirions le 25 avril.

Avant mon départ, j'eus à faire la corvée des visites. Selon l'étiquette, j'aurais dû, comme à mon arrivée, aller chez tout le monde; mais je me bornai aux principales familles avec lesquelles j'étais en bonnes relations, et j'envoyai des cartes aux autres.

Ces visites me mirent à même de juger de
l'étendue des maux que la guerre avait causés à
cette malheureuse cité. Dans chaque maison, je
vis des habits de deuil et couler des larmes.
Toutefois, j'estimai pires que les pertes occa-
sionnées par la mort la discorde et la haine que
les dissentions civiles avaient fait naître au sein
des familles. C'étaient des inimitiés profondes
entre parents, entre frères; la liberté ne figurait pour rien dans ces débats politiques : chacun s'était rangé dans le parti du chef duquel
il espérait davantage. Les épithètes de *gamar-
riste*, d'*orbégosite* distinguaient les deux camps
entre lesquels les familles se divisaient. La méfiance régnait partout, et l'on cherchait mutuellement à se nuire. Ces pauvres Aréquipéniens enviaient mon sort : — Ah! mademoiselle,
me disait-on dans chaque maison, que vous êtes
heureuse de quitter un pays où les frères s'entr'égorgent; où les exactions des amis nous
réduisent à la paille et compromettent notre vie,
en nous mettant dans l'impossibilité de satisfaire
aux exigences des ennemis!

Lorsque j'allai faire mes adieux à la famille
de l'évêque, j'eus un exemple frappant des malheurs auxquels sont exposés les insensés qui

placent leur bonheur en dehors d'eux-mêmes.
Les Goyenèche n'avaient jamais été heureux sur
des tas d'or, et la perte d'une partie de leurs
richesses bouleversait leurs facultés intellectuelles. Mademoiselle de Goyenèche, dona Marequita, avait été si vivement affectée par les
extorsions commises envers eux tous, par les
outrages, les diatribes dirigés contre l'évêque,
qu'elle aimait tendrement, que sa santé en avait
été profondément atteinte et sa raison aliénée.
Ses yeux étaient fixes, hagards ; ses gestes brusques ; les sons saccadés de sa voix ne s'accor-
daient pas avec le sens des paroles ; sa physionomie avait une expression étrange ; c'était une
glace fausse, réfléchissant à rebours les objets
extérieurs ; elle parlait avec une telle volubilité,
qu'à peine pouvait-on comprendre ce qu'elle
disait ; on aurait cru qu'elle rêvait. Je m'aperçus qu'elle méconnaissait les personnes à qui
elle parlait ; elle nommait mon oncle *dona Florita*, et moi *don Pio* ou *don Juan* ; son exaltation était effrayante. Je dis tout bas à mon
oncle : Cette pauvre fille est *folle*. — Il paraît
que oui ; on me l'avait dit, mais je m'étais refusé
à le croire. La folie de l'évêque avait un caractère différent de celle de sa sœur ; il paraissait

affecté par une autre impression ; il ne disait plus un mot, ne faisait pas un mouvement, tenait ses yeux continuellement fixés sur l'anneau qu'il avait au doigt ; et lui, ordinairement si gracieux, si prévenant, qui me recevait toujours avec les marques de l'amitié la plus affectueuse, ne bougea pas quand nous entrâmes dans son salon. Il n'eut même pas l'air de nous voir. Sa sœur s'approcha et lui dit : — C'est la señorita Florita qui désire vous faire ses adieux ; elle va revoir notre frère don Mariano, de Bordeaux : que voulez-vous qu'elle lui dise ? Il fit alors le mouvement d'un homme sortant d'un long sommeil, et dit bien bas, comme s'il eût eu peur d'être entendu : — Mon frère Mariano est heureux, on ne le tuera pas ; mais nous, on nous tuera, tuera, tuera !.. A ces mots, la folie de Marequita se produisit en discours incohérents ; elle parlait, gesticulait, menaçait ; cela faisait mal. Don Juan, ayant conservé sa raison, se trouvait la tête forte de la famille. — Voyez, nous dit-il en pleurant, à quel état ils ont réduit mon pauvre frère ; sa gaîté, son amabilité ont disparu ; il est comme pétrifié par la douleur. Hélas ! je crains bien qu'il ne devienne entièrement imbécille... Chaque jour, son état

empire ; les secousses dont il a été assailli ont
été trop fortes pour la douceur de son caractère.
Quant à ma sœur, je n'ose la regarder ; ses
yeux me font peur... Ma femme et moi, nous
faisons tout ce que nous pouvons pour l'empêcher de parler, mais cela est impossible ; elle
parle seule, même la nuit ; voyez-la actuellement,
elle continue de discourir sans s'apercevoir que
nous ne l'écoutons pas ; elle est fo...; il ne put
achever... En prononçant ces derniers mots, sa
voix s'éteignit dans les sanglots. C'était une
scène déchirante ! Mon oncle se leva et me dit,
en français : — Quelle leçon, Florita, pour ceux
dont les désirs aspirent à des biens dont le poids
excède leurs forces ! Cette famille est parvenue
à d'immenses richesses, aux titres, aux honneurs, aux dignités ; mais elle n'a pas compris
qu'il faut savoir perdre une partie de ses avantages pour conserver le reste ; le moral s'est
affaissé sous les faveurs de la fortune ; et, lorsque les revers sont survenus, ils n'ont pu en
soutenir l'assaut. L'un va mourir imbécille,
l'autre folle.

L'évêque ressemblait à un squelette, tant sa
figure était amaigrie, vieillie et cadavéreuse ;
tout couvert de soie et d'or, enfoncé dans un

grand fauteuil, donnant à peine signe d'existence, il semblait assister lui-même à ses pompes funèbres. J'étais touchée de ce spectacle,
quelque absurde que la réflexion me fît paraître
la douleur qui conduisait l'évêque au tombeau.
Quelle valeur attachait-il donc à l'or, me demandais-je, pour être aussi vivement affecté par
sa perte, puisqu'il en usait si peu pour lui-
même et n'en soulageait pas l'infortune? Mais
c'est en vain que je cherchais : l'avarice offre,
à mes yeux, un problème moral dont il m'a
toujours été impossible de trouver la solution.
Si ce prélat avait distribué ses richesses aux
pauvres, ses ennemis n'eussent jamais pu prévaloir contre lui; les vertus de l'apôtre l'auraient plus efficacement protégé que cet or qui
souillait son caractère; et ni le moine Baldivia,
ni Nieto, ni aucun autre n'eussent osé attenter
à son repos. Cette pauvre Marequita, chez laquelle l'amour de l'or s'était substitué à toute
autre affection, qui avait refusé avec dédain tous
les partis, parce qu'elle voulait, avant tout,
unir ensemble deux tas d'or d'égal poids, n'of-
fre-t-elle pas aussi un phénomène moral impossible à expliquer?

Je voulus aussi faire une visite à San-Roman;

je ne l'avais pas encore vu ; il n'était pas sorti, parce qu'il fallait faire croire au conte de sa cuisse cassée. Mon oncle, redoutant ma franchise, fit tout ce qu'il put pour m'empêcher de l'aller voir, et il ne voulut m'y accompagner que lorsqu'Escudero s'offrit d'être mon chevalier ; il prévint San-Roman de ma visite, et eut le soin de l'avertir de ne pas s'effaroucher de la liberté de mon langage.

En nous rendant à la maison de Gamio, où était logé San-Roman avec tout son état-major, mon oncle ne cessait de me répéter : — Florita, je vous en supplie, prenez bien garde à tout ce que vous direz au général, car...

— De quel général parlez-vous donc ?

— Eh bien ! de San-Roman.

— Est-il général, maintenant ! je n'avais pas appris sa nomination.

— Il n'était que colonel ; mais vous sentez qu'après cette victoire il va être nommé général, et la politesse exige...

— Ah ! ah ! mon oncle, je vous en supplie à mon tour, ne me faites pas rire, autrement je ne réponds pas de toutes les folies que je vais débiter à votre *général*, si habile à la course, qu'il devrait commander à une armée de lièvres.

En entrant chez Gamio, nous vîmes dans le grand salon un groupe d'officiers debout, qui gesticulaient et parlaient très haut; aussitôt qu'ils nous aperçurent, ils se retirèrent avec précipitation dans la pièce voisine. Je voulus les suivre, afin de surprendre le général vainqueur tout droit sur ses *deux jambes;* mais mon oncle devina mon intention maligne, et me retint en me disant : —Attendez qu'on nous annonce.

Deux ou trois de ces messieurs vinrent au devant de moi, et me dirent : — Señorita, le général est très flatté de votre visite; il va heureusement un peu mieux; vous allez le trouver étendu sur un canapé. J'entrai dans la chambre à coucher de madame Gamio; San-Roman s'excusa de ne pouvoir se *lever* pour me recevoir. Il n'était pas couché, mais seulement assis, la jambe allongée sur un tabouret. Ce San-Roman, si redouté des Aréquipéniens, n'avait rien dans sa personne de très redoutable : il avait environ trente ans; sa physionomie était ouverte, gaie; mais ses cheveux, sa barbe et la couleur de sa peau dénotaient qu'il avait du sang indien dans les veines, ce qui le rendait très laid aux yeux des Péruviens de race espagnole.

Notre conversation fut assez originale, bouf-
fonne et sérieuse tout à la fois. Il causait bien ;
mais il avait un défaut terrible pour la réserve
que m'avait recommandée mon oncle, c'était de
rire aux éclats à propos de la moindre chose.
Cette extrême hilarité contrastait avec le sérieux
des personnes dont il était entouré ; elle me mit
à l'aise, et je ris aussi passablement.

— Est-il bien vrai, mademoiselle, me dit-il
avec un mouvement d'orgueil très prononcé,
que les Aréquipéniens ont eu peur de moi ?

— C'est à un tel point, colonel, que j'étais
venue à vous donner le surnom de *Croquemitaine*.

— Et quel sens attachez-vous à ce nom ?

— C'est celui que les bonnes emploient en
France pour intimider les petits enfants. — Si tu
n'es pas sage, si tu ne fais pas ce qu'on te dit,
leur disent-elles, j'appelle *Croquemitaine*, qui
viendra te manger. Et l'enfant effrayé obéit à
l'instant.

— Ah ! ah ! la comparaison est charmante !
Nieto est la bonne, les Aréquipéniens sont les
petits enfants, et moi je suis l'homme qui les
mange.

— Vous allez donc les manger, ces pauvres
Aréquipéniens?

— Dieu m'en garde! je viens, au contraire,
rétablir la tranquillité, encourager le travail et
le commerce pour qu'ils aient de quoi manger.

— C'est un noble but, colonel; je serais curieuse de connaître le système que vous avez
l'intention de suivre pour l'atteindre.

— Notre système, mademoiselle, est celui de
la señora Gamarra : nous fermerons nos ports à
cette foule de bâtiments étrangers qui viennent
à l'envi infester notre pays de toutes sortes de
marchandises qu'ils vendent à de si bas prix, que
la dernière des négresses peut se pavaner, parée
avec leurs étoffes. Vous sentez que l'industrie ne
saurait naître au Pérou avec une telle concurrence, et tant que ses habitants pourront se
procurer de l'étranger, à vil prix, les objets de
leur consommation, ils ne s'attacheront pas à
les fabriquer eux-mêmes.

— Colonel, les industriels ne se forment pas
comme les soldats, et les manufactures ne s'é-
tablissent pas non plus, comme les armées, par
la force.

— La réalisation de ce système n'est pas aussi difficile que vous semblez le croire : notre pays peut fournir toutes les matières premières, du lin, du coton, de la soie, de la laine d'une finesse incomparable, de l'or, de l'argent, du fer, du plomb, etc.; quant aux machines, nous les ferons venir d'Angleterre, et nous appellerons des ouvriers de toutes les parties du monde.

— Mauvais système, colonel! croyez-moi, ce n'est pas en vous isolant que vous ferez naître l'amour du travail et exciterez l'émulation.

— Et moi, mademoiselle, je crois que la *nécessité* est le seul aiguillon qui forcera ce peuple à travailler; observez aussi que notre pays est dans une position bien plus avantageuse qu'aucun de ceux de l'Europe; car il n'a ni armée gigantesque, ni flotte à entretenir, ni une dette énorme à supporter; il se trouve donc dans des circonstances favorables au développement de l'industrie; et lorsque la tranquillité sera rétablie, que nous aurons interdit la consommation des marchandises étrangères, nul obstacle ne s'opposera à la prospérité des manufactures que nous établirons.

— Mais vous ne songez pas que, pour longtemps encore, la main-d'œuvre sera plus chère ici qu'elle ne l'est en Europe; vous n'avez qu'une faible population, et vous l'occuperiez à fabriquer des étoffes, des montres, des meubles, etc.? Que deviendront alors la culture des terres, déjà si peu avancée, et l'exploitation des mines, que vous avez été contraints d'abandonner, faute de bras?

— Tant que nous serons sans manufactures, les étrangers continueront à nous emporter notre or et notre argent.

— Mais, colonel, l'or et l'argent sont les productions du pays, et, plus que toute autre, elles perdraient de leur valeur, si vous ne pouviez les échanger contre les productions du dehors. Je vous le répète, l'époque d'établir des manufactures n'est pas encore arrivée pour vous : avant d'y songer, il faut d'abord faire naître dans la population le goût du luxe et des conforts de la vie, lui créer des besoins, afin de la porter au travail; et ce n'est que par la libre importation des marchandises étrangères que vous y parviendrez. Tant que l'Indien ira pieds nus, se contentera d'une peau de mouton pour tout vêtement, d'un peu de maïs et de quelques bananes pour sa nourriture, il ne travaillera point.

— C'est très bien, mademoiselle, je vois que vous défendez avez zèle les intérêts de votre pays.

— Oh! je ne crois pas oublier dans cette circonstance que je suis de famille péruvienne. Je désire ardemment voir prospérer cette nation. Instruisez le peuple, établissez des communications faciles, laissez le commerce sans entraves, et vous verrez alors la prospérité publique marcher à pas de géant. Vos frères de l'Amérique du nord n'ont étonné le monde par la rapidité de leurs progrès qu'en usant des moyens bien simples que je vous propose.

Notre conversation fut longue : ma gaîté et ma gravité charmèrent tellement le vainqueur, que, lorsque je me levai pour me retirer, oubliant sa *cuisse cassée*, il se leva en même temps pour me reconduire. J'eus la malice de lui laisser faire quelques pas, malgré les figures alarmées des officiers présents, et lui dis ensuite : — *Général*, je ne veux pas que vous alliez plus loin : vous êtes malade, votre blessure est très dangereuse ; restez bien enveloppé dans votre manteau, ne parlez pas économie politique, fumez de bons cigares, et avec du temps, en suivant ce régime, j'espère que vous vous remettrez. San-Roman me remercia de l'intérêt sincère que je prenais à lui, et se mit à boiter en retournant à son canapé.

Le soir, Escudero vint me voir : en l'apercevant, je me mis à rire de si bon cœur, que lui-même ne put s'empêcher de rire avec moi. Nous nous étions compris.

— Chère Florita, c'est ainsi qu'est le monde, une comédie perpétuelle dont nous sommes tous acteurs et spectateurs tour à tour; peut-être qu'à Tacna, en ce moment, le général Nieto a le bras en écharpe. Eh! mon Dieu! ces petites supercheries sont très innocentes.

— Oui, sans doute, colonel; mais convenez que, lorsqu'on a fait annoncer publiquement avoir la cuisse cassée, on devrait se le rappeler et ne pas se lever tout droit sur ses deux jambes, pour aller reconduire les demoiselles.

— Et c'est vous, avec vos yeux de gazelle, dont vous connaissez si bien le pouvoir, c'est vous qui venez faire un reproche à ce pauvre San-Roman d'avoir oublié, en votre présence,

que sa cuisse devait vous paraître cassée. Ah !
mademoiselle Flora, ce n'est pas généreux.

— Colonel, il ne s'agit pas ici de générosité :
la position de San-Roman a dû me paraître
risible ; et vous-même, à l'instant, venez d'en
rire.

— Ah ! moi, c'est différent ; je suis comme
le cher Althaus, je ris de tout ; ensuite je n'ai
pas fait la conquête du vainqueur comme la
belle Florita.

— Vraiment ? Ah ! cela me raccommode avec
lui ; je ne croyais pas l'avoir laissé très satisfait
de moi après les grosses franchises que je lui ai
dites au sujet de son absurde politique...

— Vous lui avez plu tellement, qu'il m'a dit :
« Si j'étais libre, je demanderais cette demoiselle
en mariage. Je ne conçois pas comment, vous
autres garçons, vous la laissez partir. »

— Ah ! mais il paraît qu'il ne doute de rien,
M. *Croquemitaine*.

— Avant d'avoir *gagné la bataille*, il n'aurait peut-être pas osé parler ainsi ; mais actuellement, vous devez sentir, aimable Florita,
que, pour le vainqueur de Cangallo, rien n'est
impossible......

— Escudero, les hommes de ce pays sont

réellement curieux à examiner; lorsqu'en Europe je voudrai les peindre par leurs actions, on ne me croira pas.

— Écrivez toujours votre voyage, et si les Français ne vous croient pas, les Péruviens profiteront peut-être des vérités que vous aurez le courage de leur dire.

Escudero jugeait comme Althaus les hommes avec lesquels il était forcé de vivre; mais, plus doux de manières et de caractère que mon cousin, il s'amusait, en homme de bonne compagnie, des ridicules qu'il voyait : il avait, pour les Péruviens, cette indulgence outrageante qu'on accorde à ceux auxquels on dédaigne de faire une remontrance.

Avant de quitter Aréquipa, je voulus aussi aller faire mes adieux à ma cousine la *monja* de Santa-Rosa.

Ce fut seule que j'allai faire cette visite. Le courage, la persévérance qu'a manifestés la jeune religieuse sont admirés de tout le monde; mais elle vit dans l'isolement, et, quoiqu'elle soit alliée aux familles les plus riches et les plus influentes du pays, personne *n'ose la voir*, tant les préjugés de la superstition ont conservé de puissance sur ce peuple ignorant et crédule.

Je me rendis, le soir, à la maison qu'habitait Dominga ; je la trouvai occupée à apprendre le français. On fait un crime à Dominga du goût qu'elle affiche pour la toilette et le luxe, comme si, après s'être enfuie du cloitre, elle dût en continuer les absurdes austérités dans le monde. Sa mère, la señora Gutierriez, la repoussa avec dureté ; son frère et une de ses tantes, très riches l'un et l'autre, sont les deux seules personnes de sa famille qui prirent parti pour elle.

Ils lui meublèrent une maison, lui donnèrent des esclaves, et de l'argent pour vivre et s'acheter un trousseau. L'amour du luxe et de la toilette est un sentiment naturel ; il peut être imprudent chez ceux qui n'ont pas les moyens de s'y livrer, mais ne saurait raisonnablement encourir le blâme public. Je conçois que ces jouissances puissent paraître puériles aux personnes préoccupées par de hautes et graves pensées ; mais, quoique très simple dans mes goûts, je ne puis trouver en moi un motif qui rende excusables les reproches haineux dont la *monja* était l'objet à cet égard ; il me paraissait tout naturel que la pauvre recluse se dédommageât de ses onze années de captivité, des tourments et des privations de toute espèce qu'elle avait eus à souffrir à Santa-Rosa.

Dominga, ce soir-là, était ravissante ; elle avait une jolie robe en gros de Naples écossais rose et noir, un joli petit tablier en dentelle noire, des mitaines de tulle noir, qui laissaient voir à moitié ses bras ronds et potelés, ses mains aux doigts allongés ; ses épaules étaient nues, et un collier de perles ornait son cou ; ses cheveux, d'un noir d'ébène, brillant comme la plus belle soie, tombaient sur son sein en plusieurs nattes artistement tressées avec des rubans de satin rose ; sa belle physionomie avait une teinte de mélancolie et de souffrance, qui répandait sur toute sa personne un charme indéfinissable.

Quand j'entrai, elle accourut à moi et me dit avec un accent qui me pénétra de tristesse : — Est-il bien vrai, chère Florita, que vous retournez en France ? — Oui, cousine, je pars et viens vous faire mes adieux. — Ah ! Florita, que vous êtes heureuse et combien j'envie votre sort !.. — Chère Dominga, vous êtes donc bien malheureuse ici ?.. — Plus que vous ne pouvez l'imaginer..., beaucoup plus que je ne l'ai jamais été à Santa-Rosa...

En achevant ces mots, elle tordit ses mains avec désespoir, et ses grands yeux à l'expression sombre s'élevèrent vers le ciel comme pour reprocher à Dieu la cruelle destinée qu'il lui avait faite...

— Comment, Dominga, vous *libre*, vous si belle, si gracieusement parée, vous êtes plus malheureuse que lorsque vous étiez prisonnière dans ce lugubre monastère, ensevelie dans votre voile de religieuse? J'avoue que je ne vous comprends pas.

La jeune fille pencha sa tête altière en arrière, et, me regardant avec un sourire sardonique, me dit : — Moi, *libre*...; et dans quel pays avez-vous vu qu'une faible créature, sur laquelle pèse tout le poids d'un atroce préjugé, fût libre? Ici, Florita, dans ce salon, vêtue de cette jolie robe de soie rose, Dominga est toujours la *monja* de Santa-Rosa !... A force de courage et de constance, je suis parvenue à échapper de mon *tombeau* ; mais le voile de laine que j'avais épousé est toujours là sur ma tête, il me sépare à jamais du monde; vainement ai-je fui le cloître, les cris du peuple m'y repoussent....

Dominga se leva comme pour respirer ; il

sembla, au mouvement qu'elle fit, que son voile l'étouffait encore... Je restai anéantie... Voilà dans tout son beau, pensais-je, la civilisation qu'apporte le culte de Rome : ainsi que la religion de Brama, ce culte qui invoque audacieusement le nom du Christ a ses *Parias*, et les créatures que Dieu a comblées de ses dons sont aussi lapidées par ces farouches sectaires. Je considérai, avec douleur, ma pauvre cousine, qui se promenait de long en large dans la chambre ; elle paraissait être dans un état violent d'agitation... Comme sa démarche était noble ! comme sa taille était svelte et souple ! comme sa jambe était fine et son joli petit pied coquet ! Tant de charmes, tant d'éléments de bonheur étaient perdus..., perdus parce que le fanatisme étouffait dans ses serres cette gracieuse créature.

— Chère Dominga, lui dis-je, venez me dire adieu ; je vois que ma présence ici est une cause de trouble pour vous ; je ne suis certes pas venue vous voir dans cette intention ; je vous aime par sympathie : mon malheur surpasse encore le vôtre......

— Oh ! impossible, s'écria-t-elle d'une voix vibrante, en venant se jeter dans mes bras ; oh !

non, c'est impossible..., car le mien excède les forces humaines !

Elle me tenait étroitement embrassée, et je sentais son cœur battre comme s'il allait se rompre : cependant elle ne pleurait pas.

Il se fit un très long silence : nous sentions, l'une et l'autre, que nous étions dans une de ces situations où il suffit d'une seule parole pour soulever une foule de pensées pénibles. A la fin, Dominga se détacha de mes bras avec un mouvement brusque et me dit, d'un son de voix terrible : — Plus malheureuse que moi !... Ah ! Florita, vous blasphémez ! Vous, malheureuse, quand vous êtes accueillie partout et libre de partir et d'aller où bon vous semble ! vous, malheureuse, quand vous pouvez aimer l'homme qui vous plaît et l'épouser !... Non, non, Florita, moi seule ai le droit de me plaindre ! Si l'on m'aperçoit dans les rues, on me montre au doigt, et les malédictions m'accompagnent !... Si je vais pour participer à la joie commune d'une réunion, on me repousse en me disant : « Ce n'est pas ici que doit se trouver *une épouse du Seigneur ;* rentrez dans votre cloître, retournez à Santa-Rosa... » Lorsque je me présente

pour demander un passeport, on me répond :
« *Vous êtes monja...*, *épouse de Dieu!* vous devez demeurer à Santa-Rosa... » Si je veux épouser l'homme que j'aime, on me dit : « *Vous êtes
monja, épouse de Dieu!* vous devez vivre à
Santa-Rosa. » Oh! damnation! damnation! je
serai donc toujours *monja!...* — Et moi, ré-
pétai-je tout bas, toujours *mariée!...*

L'expression que Dominga mit à prononcer
ces mots me fit frissonner d'épouvante; son désespoir était poussé jusqu'à la rage; la malheureuse tomba épuisée sur le sopha; je ne cherchai
pas à lui donner des consolations : il n'en existe
pas pour de pareilles douleurs... Je caressai ses
cheveux; j'en coupai une mèche que je garde
précieusement. Infortunée Dominga! combien
je compatissais à sa peine!

Vers dix heures, on frappa à la porte : c'était
le jeune médecin qui l'avait aidée à se procurer
un cadavre de femme. Elle lui tendit la main
et lui dit d'une voix émue : — Florita s'en
va... et moi...

— Et vous aussi, interrompit le jeune
homme; vous partirez bientôt! Encore un peu
de patience, et vous ne tarderez pas à voir ma

belle Espagne et ma bonne mère, qui vous aimera comme sa fille.

A ces mots, la pauvre Dominga soupira comme une personne qui renaît à l'espérance; le sourire reparut sur ses lèvres, et, avec un accent d'amour et de doute, elle dit : — Que Dieu vous entende! Alfonso; mais, hélas! je crains de ne pouvoir jamais jouir d'un tel bonheur!

Cette dernière scène m'initia aux chagrins de ma cousine, et me fit comprendre combien elle devait souffrir...

Le moment de mon départ approchait; chez mon oncle, on portait une figure attristée; mais j'avais lu au fond de leurs pensées, et leurs regrets me faisaient l'effet des pleurs d'un héritier. Quelques égards qu'on me montrât, ma manière d'être dans la maison attestait, aux yeux du monde, la conduite de ma famille envers moi. Ma mise, d'une simplicité extrême, annonçait suffisamment que cette riche famille ne suppléait en rien, par ses cadeaux, à mon manque de fortune; et l'on voyait, dans la maison de don Pio, la fille unique de Mariano traitée comme une étrangère. Cependant j'étais calme, résignée; ni mes paroles ni mes traits ne manifestaient du mécontentement; depuis la scène que j'avais eue avec mon oncle, je ne m'étais pas permis la plus légère allusion au sort qu'on m'avait fait. Mais cette dignité de maintien les mettait aussi mal à l'aise avec eux-mêmes qu'avec les autres. Ma présence était, pour eux tous, un reproche perpétuel; et mon oncle, qui m'aimait réellement, en éprouvait des remords.

Je voulus avoir une conversation avec ma tante, au sujet de ses enfants. Je la suppliai de me confier son fils et sa seconde fille Penchita, pour les faire élever en France d'une manière convenable à leur fortune et à leur rang dans la société. J'appelai particulièrement son attention sur Penchita, sur ce petit ange de beauté et d'esprit, qui deviendrait un être extraordinaire si ses grandes dispositions étaient habilement développées. Ma tante, frappée des raisons que je lui alléguais, me dit qu'elle consentirait au départ de son fils, mais que rien au monde ne pourrait la décider à laisser aller Penchita en France. — Envoyer ma fille dans une pension de Paris pour qu'elle y soit instruite dans la philosophie, l'hérésie et l'athéisme! Oh! jamais de mon consentement elle ne mettra les pieds dans un pays où notre sainte religion est tournée en ridicule ; où Voltaire, Rousseau sont considérés comme des dieux et leurs œuvres dans les mains de tout le monde. Vainement fis-je observer à Joaquina que, dans les pensions de France, les enfants sont élevés dans la croyance religieuse que les parents veulent leur donner. Ma tante s'indignait qu'à cet égard on pût choisir ; et la conversation de trois heures que j'eus avec elle, sur ce chapitre, me la montra une fanatique telle que le catholicisme de Rome en compte peu aujourd'hui. Joaquina me demandait un jour si, en France, les Juifs et les protestants entraient dans les églises. — Nul n'a le droit de les en empêcher, lui répondis-je. — Ah ! quelle horreur ! quel sacrilége ! — D'ailleurs, comment voudriez-vous que cela ne fût pas ? les bedeaux des églises pourraient-ils discerner sur la figure la religion de l'individu ? — C'est assez, Florita, ne me parlez plus de ce pays d'impiété.

Refusée par ma tante, je m'adressai à mon oncle ; celui-ci n'était pas accessible aux mêmes craintes ; le risque que pourraient courir, en France, les idées superstitieuses de ses enfants n'entra pour rien dans les considérations dont il motiva son refus.

—Florita, je me garderai bien d'envoyer mes enfants en Europe ; j'ai trop d'exemples sous les yeux des mauvais résultats de l'éducation qu'ils y reçoivent, des habitudes qu'ils y contractent ; ils reviennent dans leur pays, après six ou huit ans d'absence, avec des goûts de luxe, de dépense, et ne sachant plus parler leur langue ; mais, en revanche, ils parlent le français, langue tout à fait inutile ici, dansent le galop, diable de danse pour laquelle il faut un espace immense, tandis qu'au Pérou on danse le *mouchoir* dans quatre pieds carrés, et montent à cheval à l'anglaise, mode qui n'est bonne, dans nos chemins, qu'à se faire casser le cou ; enfin, en sus de ces belles connaissances, les petits prodiges jouent du violon, de la flûte ou du cor ; convenez-en, Florita, voilà une éducation qui fait des hommes bien utiles à la république !

—Certes, mon oncle, il faudrait laisser votre fils au Pérou si, en Europe, il devait recevoir une pareille éducation ; mais croyez-vous qu'il ne soit pas possible de lui en faire donner une meilleure ?

— Ah ! je suis loin de le penser ; cependant,

depuis 1815, plus de vingt jeunes gens ont été
envoyés en Europe, et sont revenus tels que je
viens de vous les dépeindre.

— Mon oncle, ils ont reçu l'éducation que la
sottise de leurs parents avait voulu leur faire
donner. Connaissez-vous les lettres que l'affection paternelle inspire à ces pères éclairés, lorsqu'ils adressent leurs enfants à leurs correspondants? J'ai vu quelques unes de ces lettres dans
les mains des négociants de Bordeaux; toutes
tracent le programme des études du *cher fils*,
programme à peu près toujours le même : on
veut que le jeune homme sache le français,
monte à cheval, danse à la mode de Paris, joue
du violon, etc.; mais, dans aucune de ces lettres, je n'ai vu recommander de lui faire apprendre les mathématiques, le dessin, enfin
les connaissances requises pour entrer dans une
des écoles savantes des ponts et chaussées, des
mines ou polytechnique, de le faire instruire en
architecture, ou de l'envoyer apprendre l'agri-
culture dans les fermes modèles; il n'était pas
question non plus de faire fréquenter les écoles
de droit ou de médecine à aucun d'eux. Que les
parents ne s'en prennent donc qu'à eux-mêmes
si leurs enfants ont reçu en Europe une éduca-

tion futile, qui ne les rend propres à aucun des
emplois de la société. Ils les avaient destinés,
sans doute, à manger de l'argent et non à en
gagner. Convenez, mon oncle, que l'accusation
portée contre l'éducation européenne est de la
dernière injustice. Althaus, Escudero, Bolivar
et vous-même, mon oncle, avez tous été élevés
en Europe; il me semble que vous quatre faites
assez d'honneur à l'éducation qu'on y reçoit,
pour qu'aucun de vous ne se range au nombre
de ses détracteurs.

— Althaus, Escudero avaient leurs parents
auprès d'eux pour diriger leur éducation, Bolivar a eu pour guide et ami Rodriguez, homme
d'un grand mérite, et moi j'ai eu votre père,
mon cher Mariano, dont les soins, la sollicitude
ne me perdaient jamais de vue, et qui me traitait en tout comme son fils. Votre père, élevé au
collége de la Flèche, se trouvant bien de l'éducation qu'il y avait reçue, vint me chercher :
je n'avais alors que sept ans, et me mis dans le
même collége. A l'âge de dix-huit ans, il m'en
retira pour me faire entrer comme sous-officier
dans le superbe régiment des gardes-wallonnes.
Mon service me laissait beaucoup de temps et
mon frère me le faisait employer à l'étude : il

récompensait mon assiduité en me donnant des
maîtres soit de musique, soit de danse; il
considérait ces talents comme propres seulement
à se faire bien venir des dames. Pendant mes
congés, il m'envoyait voyager en Angleterre,
en Allemagne, afin de m'instruire dans les
mœurs, la politique, l'industrie et l'organisation militaire de ces pays. Il voulait que je prisse
des notes sur tout ce que je voyais, et j'étais
obligé de lui donner une relation de mes voyages, rédigée avec autant de soins et d'exactitude
que si elle eût été destinée à l'impression. Ce
travail m'était souvent pénible, j'aurais préféré
m'amuser; mais j'aimais mon frère avec cette
déférence qu'un fils a pour son père. La grande
différence d'âge qui existait entre nous, son caractère sérieux, sévère, m'inspiraient un respect parfois mêlé de crainte. Je conçois, Florita, que, lorsqu'un jeune homme a un tel frère
pour mentor, il fasse de rapides progrès; mais
l'envoyer *consigné* à un négociant qui le place
dans un collége comme il met un ballot dans
son magasin, porte en compte aux parents quinze
ou vingt pour cent pour sa commission, et ne
s'en inquiète plus; je vous le répète, c'est un
mode détestable, et c'est cependant le seul que

nous ayons. Or, je trouve inutile de faire beaucoup de dépenses dont le résultat serait peut-
être de rendre Florentino pire qu'il n'est.

Mes instances ne purent rien obtenir de mon
oncle; il m'objecta l'âge de Florentino et son caractère gâté par sa mère, qui le rendraient in-
docile à mes conseils et à la direction que je voudrais lui donner. Je repoussai ses objections en
lui faisant observer que l'amour-propre de son
fils et le sentiment de son infériorité le porte-
raient à faire des efforts pour se mettre au niveau des camarades dont il serait entouré.
Battu sur tous les points, mon oncle allégua la
dépense que lui occasionnerait le séjour de Florentino en France; je me mis à sourire à cette
dernière objection. — Je ne parle pas, ajouta-
t-il, des frais d'une éducation dont il ne pro-
fiterait pas, mais des dépenses dans lesquelles
son âge ne tarderait pas à l'entraîner. — Certes, don Pio est assez riche pour courir le risque de payer quelques folies de jeunesse; mais
le pauvre homme était en peine pour cacher
le véritable motif qui le faisait persister dans
son refus. Mon oncle a toujours régné chez lui
en maître absolu; ses connaissances, en toutes
choses, lui donnent une telle supériorité, que

ses conseils peuvent se passer de l'autorité du
chef de famille pour être suivis : il préférerait
mourir que de voir décliner cette influence
dominatrice. Il ne se croit pas vieux ; ses facultés intellectuelles sont entières , et il semble ne
vouloir pas envisager la caducité comme devant
l'atteindre; son fils est spirituel, mais ignorant
et rempli de défauts produits par l'absence de
toute éducation. Don Pio désire que son fils
ait toujours besoin de lui; qu'à la déférence qu'on
doit à un père, il joigne celle dont l'exemple
lui est donné par toutes les personnes qui l'entourent. Dans ce but, mon oncle ne veut pas
que cet enfant acquière de nouvelles idées et
développe son intelligence ; il craindrait que
l'éducation européenne n'eût pour résultat
d'inspirer à Florentino de la confiance en lui-
même ; qu'il ne vînt à dédaigner les conseils
et opinions de son père. Mon oncle , ayant
d'immenses richesses, de grandes propriétés
à laisser à ses enfants , s'imagine que c'est une
compensation suffisante pour le défaut d'instruction ; il croit pouvoir, sans compromettre
leur existence future, satisfaire cet amour de
domination qu'il porte jusque dans son intérieur; mais les biens de la fortune sont si in-

constants, si peu de personnes les conservent,
que de s'y fier pour l'avenir est la plus insigne
aberration de l'esprit humain. Le précepte que
la sagesse crie aux hommes, depuis plus de
deux mille ans, de ne compter que sur eux-
mêmes, de considérer les richesses comme
accidentelles et les talents comme les seules
réalités de ce monde, reçoit journellement sa
démonstration dans un pays que tourmente la
discorde, où les individus, soupçonnés d'être
riches sont sans cesse exposés aux spoliations.
Et moi aussi j'étais née pour avoir une part
égale à celle de don Pio, dans l'immense fortune laissée par ma grand'mère : mon père le
croyait : sa fille, disait-il, aurait un jour
40,000 francs de rente ; néanmoins je travaille pour vivre et élever mes enfants. Il n'a
pas dépendu de moi d'épargner à ceux de
mon oncle les rudes épreuves par lesquelles
j'ai dû passer, si la fortune de leur père, comme
celle du mien, venait à tromper leur espoir ;
j'aurais désiré qu'ils apprissent des talents, qui
pussent, dans la prospérité, les soustraire aux
écarts des passions, les rendre utiles à leurs
semblables, et, dans le besoin, subvenir à leur

existence ; mais Dieu n'a pas permis que mon oncle en eût la volonté.

La veille de mon départ, don Pio me renouvela la promesse qu'il m'avait faite devant toute la famille, de m'assurer, aussitôt que la tranquillité serait rétablie, la pension de 2,500 francs qu'il me faisait, et me remit une lettre pour M. Bertera, auquel il donnait l'ordre de me la payer exactement et d'avance.

VI.

MON DÉPART D'ARÉQUIPA.

Le vendredi 25 avril, M. Smith vint
me prendre à sept heures du matin; j'étais
prête à monter à cheval, et mes traits n'annonçaient aucune agitation. J'éprouvais cependant
une vive émotion en abandonnant ces lieux :
je quittais la maison où était né mon père; j'a-
vais cru y trouver un abri, et, pendant les sept

mois que je venais de l'habiter, je n'y avais
rencontré que la demeure de l'étranger; je
fuyais cette maison où j'avais été soufferte, mais
non adoptée; je fuyais les tortures morales que
j'y éprouvais, les suggestions que m'y inspirait
le désespoir; je fuyais pour aller où?.... Je
l'ignorais. — Je n'avais pas de plan, et, lasse
de déceptions, je ne formais plus de projets;
repoussée partout, sans famille, sans fortune
ou profession, ou même un nom à moi, j'allais
au hasard, comme un ballon dans l'espace qui
va tomber où le vent le pousse. Je dis adieu
à ces murs, en invoquant à mon aide l'ombre
de mon père; j'embrassai ma tante et la plaignis dans mon cœur de sa dureté envers
moi; j'embrassai ses enfants et les plaignis
aussi; car ils auront à leur tour des jours
d'affliction. Je dis adieu aux nombreux serviteurs réunis dans la cour, je montai à cheval
et quittai à jamais cet asile temporaire, pour
m'en remettre à la grâce de Dieu. Mon oncle,
mon cousin Florentino, ainsi que plusieurs
amis, vinrent m'accompagner.

Nous marchions en silence; les personnes
dont j'étais entourée admiraient mon grand
courage et s'en effrayaient. MM. Le Bris,

Viollier étaient tristes, et mon oncle paraissait l'être aussi ; quant à moi, une voix secrète me rassurait ; je sentais, comme par instinct, que Dieu ne m'avait pas abandonnée.

A Tiavalla, nous nous arrêtâmes ; mes regards se tournèrent vers Aréquipa et sa charmante vallée ; puis sur mon oncle.... Assaillie à la fois par mille souvenirs, j'éprouvai un si cruel déchirement, que mes larmes me suffoquèrent. Tous ces messieurs se taisaient et semblaient deviner ce qui se passait dans mon ame. M. Le Bris me dit : — Chère demoiselle, il est encore temps, si vous voulez retourner à Aréquipa, vos amis vous aideront à y mener une vie, sinon brillante, au moins calme et aisée. Je lui serrai la main et donnai au même moment le signal du départ. Au lieu où nous nous trouvions, le chemin devenant étroit, je passai la première et traversai ainsi le village. Quand nous fûmes en rase campagne, je m'arrêtai pour attendre mon oncle ; mais je ne le vis plus..... M. Le Bris me dit que, pour m'épargner l'émotion d'un dernier adieu, il avait profité du coude formé par la route, pour retourner à Aréquipa sans être aperçu de moi. — C'était fini..., je ne devais plus voir mon oncle.... Je ne saurais exprimer combien cette pensée me fut pénible! Cet oncle qui m'avait fait tant de mal, dont la conduite dure, ingrate me forçait à errer sur la terre, comme l'oiseau dans les forêts, sans avoir guère plus que lui d'existence assurée; cet oncle, qui n'avait eu pour moi aucune justice, dont l'avarice l'emportait en son cœur sur l'affection et la pitié, eh bien! je l'aimais; je l'aimais *malgré ma volonté*, tant les premières impressions de l'enfance sont durables et puissantes! J'éprouvai une si vive douleur, que j'hésitai un moment si je ne retournerais pas à Aréquipa, uniquement pour revoir mon oncle, le conjurer de m'aimer, d'oublier qu'il me retenait mon bien, si réel était le besoin que je sentais de son affection. Ah! qui peut expliquer les bizarreries du cœur humain? Nous aimons, nous haïssons, ainsi que Dieu le veut, sans pouvoir, le plus souvent, en assigner le motif. Ah! malheureuse organisation sociale! Si je n'avais pas été obligée de disputer avec mon oncle pour mon héritage, nous nous serions sincèrement aimés. Son caractère d'homme politique ne m'inspirait aucune sympathie; mais tout le reste me plaisait en lui. Je n'ai jamais rencontré un homme dont la conversation fût plus instructive, les manières plus aimables, les saillies plus gaies.

A Congata, nous trouvâmes un bon déjeûner tout prêt, que nous devions à la galanterie du très attentionné M. Smith. Je revis mon petit Mariano, grandi, embelli; il voulait absolument venir avec moi en France. Ce cher enfant était admirable d'expression, quand il me disait : « *Mi Floritay* [1], dites à ces étrangers qu'ils nous laissent seuls; ils me gênent et j'ai besoin de vous parler. » Nous restâmes chez M. Najarra jusqu'à ce que la chaleur fût un peu tombée ; vers midi , le vent de mer commença à souffler , et nous nous mîmes en route.

En me séparant de mes deux meilleurs amis, MM. Le Bris et Viollier, j'éprouvai de douloureux regrets. Pendant sept mois, ils m'avaient donné toutes sortes de marques d'intérêt , et je ressentais pour eux la plus sincère amitié.

M. Smith avait pour domestique un Chilien très intelligent, et mon oncle m'avait donné un homme de confiance pour m'accompagner et me servir jusqu'à mon embarquement. De plus, je

[1] La diphthongue *ay*, mise à la fin des noms, leur donne une douceur caressante. On ne l'emploie que pour parler aux personnes qu'on aime tendrement.

tenais , de la gracieuse galanterie du colonel
Escudero, une garde de sûreté. Le lieutenant
Monsilla, avec deux lanciers, était chargé par
lui de ma défense.

Ce voyage fut beaucoup moins pénible que
le premier; je m'étais munie de choses nécessaires pour me garantir, autant que possible,
du soleil, du vent, du froid, de la soif, en un
mot de toutes les souffrances du désert. J'avais
deux bonnes mules, afin de pouvoir changer
de monture; ensuite M. Smith eut l'extrême
politesse de mettre son second cheval à ma disposition. Ma tante Joaquina m'avait prêté deux
selles, une anglaise pour le cheval, et une autre
mieux appropriée aux mules ; enfin les soins
dont m'environnait M. Smith me faisaient trouver en lui un second don Balthazar, qui, ayant
dix ans d'expérience de ces sortes de voyage,
ne le cédait en rien au premier.

Lorsque nous parvînmes au sommet de la première montagne, nous fîmes halte. Je mis pied à
terre et allai m'asseoir au même endroit où, sept
mois auparavant, j'avais été déposée mourante.
Je restai là assez longtemps en admiration de
la délicieuse vallée d'Aréquipa ; je lui faisais
mes derniers adieux. Je considérai la forme

bizarre sous laquelle apparaissait la ville, et mes pensées se succédant, je songeais que, libre et maîtresse de pouvoir m'associer avec un homme de mon choix, j'eusse pu y jouir d'une vie aussi heureuse que dans la plupart des pays de l'Europe. Ces réflexions m'attristaient, j'en étais émue. — Mademoiselle, me dit M. Smith, qui courait le monde depuis l'âge de seize ans, et ne concevait pas comment on pouvait tenir à aucun pays, ne regrettez pas Aréquipa : c'est une jolie ville sans doute; mais celle où je vous mène est un véritable *paradis*. Ce volcan est superbe, et j'en voudrais voir un semblable à Dublin; ces Cordillières sont magnifiques : cependant convenez qu'à ce voisinage doit être attribué le vent froid et volcanisé, qui rendrait atrabilaire le caractère le plus gai, le plus doux de toute l'Angleterre. Ha! vive Lima! Quand on ne peut pas être membre du parlement, avec 10,000 livres sterling de rente, il faut venir vivre à Lima. C'est ainsi que la gaîté naturelle et pleine d'esprit de M. Smith faisait prendre un autre cours à mes pensées.

En allant d'Aréquipa à Islay, on a le soleil par derrière et le vent en face; conséquemment on souffre beaucoup moins de la chaleur qu'en

se rendant d'Islay à Aréquipa. Je fis la route
très bien et sans grande fatigue; ensuite, ma
santé s'étant améliorée , je me trouvai plus
forte pour les supporter que lors de mon premier voyage. A minuit, nous arrivâmes au
tambo. Je me jetai tout habillée sur mon lit ,
pendant qu'on préparait le souper. M. Smith
possédait un talent miraculeux pour se tirer
lestement des embarras du voyage; il s'occupait
de tout : de la cuisine, des muletiers, des bêtes,
et cela avec une prestesse, un tact admirables.
Cet Anglais était un jeune fashionable de trente
ans, portant dans tout ce qu'il faisait la même
élégance de manières; et, jusque dans le désert,
on reconnaissait le dandy de salon. Nous dûmes
à ses soins de faire un très bon souper, après
lequel nous restâmes à causer ; car pas un de nous
ne put dormir. A trois heures du matin, nous
nous remîmes en route. Le froid était si âpre,
que je me couvris de trois ponchos. Quand
l'aurore parut, je me sentis accablée par un
sommeil que ma volonté ne pouvait vaincre, et
priai M. Smith de me laisser dormir seulement
une demi-heure : je me jetai à terre, et, sans
donner le temps au domestique d'étendre un
tapis , m'endormis si profondément, qu'on

n'osa pas me déranger pour me mettre mieux.
On me laissa dormir une heure : je me trouvai
très bien après ce sommeil ; nous étions alors en
rase pampa, et je montai sur le cheval, afin de
traverser cette immensité, toujours au grand
galop.

M. Smith doutait fort que je pusse le suivre ;
pour m'encourager, il ne cessait de me défier,
j'acceptais le défi, et mis à honneur d'être toujours en avant de lui, de quinze ou vingt pas.
Par cette manière de me stimuler, il obtint le
résultat qu'il en attendait : je devins de suite excellente cavalière. Je fis si bien galoper mon
cheval, tout en le ménageant, que l'officier
Monsilla ne put me suivre, et moins encore les
deux lanciers. Enfin M. Smith lui-même fut
obligé de me demander grâce pour sa belle jument chilienne, qu'il craignait de trop fatiguer.

A midi, nous arrivâmes à Guerrera, et y fîmes
une halte ; nous prîmes un repas sous le frais
ombrage des arbres ; ensuite nous arrangeâmes
des lits par terre et dormîmes jusqu'à cinq
heures. Nous montâmes à pas lents la montagne et parvînmes à Islay à sept heures. Grande
fut la surprise de don Justo quand il me vit.
Cet homme, qui est d'une bonté et d'une hospi-

talité extrêmes envers tous les étrangers, fut pour moi plein d'attentions. Islay avait bien changé d'aspect depuis mon dernier séjour. Je ne fus, cette fois, invité à aucun bal. Nieto et ses valeureux soldats, pendant les vingt-quatre heures qu'ils y étaient restés, avaient tout ravagé : outre les réquisitions de vivres, des extorsions de toute nature avaient été commises par eux pour arracher de l'argent aux malheureux habitants. Cette bourgade était dans la désolation. Le bon Justo ne cessait de me répéter :

— Ah ! mademoiselle, si je n'étais pas aussi vieux, je partirais avec vous : les guerres continuelles qui déchirent ce pays l'ont rendu inhabitable : j'ai déjà perdu deux de mes fils, je m'attends à apprendre la mort du troisième, qui est dans l'armée de Gamarra.

Je restai trois jours à Islay, à attendre le départ de notre bâtiment, et je les aurais passés d'une manière assez triste, sans la société de M. Smith et des officiers d'une frégate anglaise mouillée dans la baie, dont il m'avait fait faire la connaissance. Je n'ai jamais rencontré, je me plais à le dire, d'officiers aussi distingués par leurs manières, leur esprit, que ceux de la frégate *the Challenger*; tous parlaient français, et avaient séjourné à Paris plusieurs années. Ces messieurs, toujours en habit de ville, étaient remarquables par leur mise d'une propreté exquise et d'une élégante simplicité. Le commandant était uu homme superbe, d'une beauté idéale. Il n'avait que trente-deux ans; néanmoins une profonde mélancolie pesait sur lui : ses actions, ses paroles avaient une teinte de tristesse qui faisait mal. J'en demandai la cause à un de ses officiers, qui me dit : — Ah! oui, mademoiselle, sa tristesse est bien grande; mais le chagrin qui la produit est aussi le plus douloureux de ce monde. Depuis sept ans il est marié avec la plus belle femme d'Angleterre; il l'aime éperdument, en est également aimé, et toutefois il doit vivre séparé d'elle.

— Qui donc lui impose cette séparation ?

— Son état de marin. Comme il est un des plus jeunes capitaines de frégate, il est constamment envoyé dans des stations éloignées, de trois ou quatre ans de durée. Il y a trois ans que nous sommes dans ces parages, et nous ne serons en Angleterre que dans quinze mois. Jugez de la peine cruelle qu'une aussi longue absence doit lui faire éprouver !...

— Dites leur faire éprouver!... Il n'a donc aucune fortune, puisqu'il reste dans une carrière
où il se torture lui-même et celle qu'il aime?

— Pas de fortune! il a en propre 5,000 livres
sterling de rente, et sa femme, la plus riche héritière de l'Angleterre, lui a apporté 200,000 livres sterling; elle est fille unique, et en aura
encore deux fois autant à la mort de son père.

Je restai étonnée.

— Alors, monsieur, expliquez-moi donc
quelle est la puissance qui oblige votre commandant à se tenir éloigné de sa femme pendant
quatre ans, à mourir de consomption à bord de
sa frégate, et à condamner une aussi belle personne à la douleur et aux larmes?

— Il faut qu'il arrive à une haute position : notre commandant n'a obtenu du père
cette riche héritière qu'à la condition de poursuivre sa profession jusqu'à ce qu'il fût fait
amiral; le jeune homme et la jeune fille y ont
consenti : tous les deux ont promis, et pour
accomplir cette promesse il doit parcourir
les mers au moins dix ans encore; car c'est
à l'ancienneté que, chez nous, se font les pro-
motions.

— Ainsi, monsieur le commandant se croit

obligé à vivre encore pendant dix ans séparé de sa femme.

— Oui, il le doit pour remplir sa promesse; mais, ce temps écoulé, il sera amiral, arrivera à la Chambre des lords, au ministère peut-être; enfin sera un des premiers de l'État. Il me semble, mademoiselle, que, pour parvenir à une aussi belle position, on peut bien souffrir durant quelques années.

Ah! pensai-je, les hommes, pour ces maudits hochets de grandeur, foulent aux pieds ce qu'il y a de plus sacré! Dieu lui-même s'est complu à doter ces deux êtres : beauté, esprit, richesse, tout leur a été donné, et l'amour qu'ils ont l'un pour l'autre devait leur assurer un bonheur aussi grand que notre nature est capable d'en jouir. Le bonheur aspire à se communiquer; autour de lui, tout se ressent de sa douce influence; et, heureux, ces deux êtres auraient pu faire du bien à leurs semblables; mais voilà que l'orgueil d'un vieillard imbécille détruit cet avenir de félicité terrestre; il veut que vingt années de la plus belle période de l'existence soient retranchées de la vie de ses enfants; que ces vingt années soient consacrées à la tristesse, à la douleur, aux tourments de toute nature que fait naître la séparation. Quand ils seront réunis, la femme aura perdu sa beauté, l'homme ses illusions; son cœur sera sans amour, son esprit sans fraîcheur, car vingt années d'ennuis, de craintes, de jalousies défleurent les plus belles ames; mais il sera amiral! pair du royaume! ministre! etc. Absurde vanité!...

Je ne saurais dire combien l'histoire du commandant de la *Challenger* me fit faire d'amères réflexions..... Je rencontrais partout la peine morale : partout je la voyais résulter de préjugés impies qui mettent l'homme en lutte avec la Providence, et je m'indignais de la lenteur des progrès de la raison humaine. Je demandai à ce beau commandant s'il avait des enfants. « Oui, me répondit-il, une fille aussi belle que sa mère et un fils qu'on dit me ressembler beaucoup : je ne l'ai pas encore vu; il aura quatre ans quand je le verrai, si Dieu permet que je le voie... » Et le malheureux étouffa un soupir. Il était sensible encore, parce qu'il était jeune; mais, à cinquante ans, il sera probablement devenu aussi dur que son beau-père, et exigera peut-être de son fils et de sa fille des sacrifices aussi cruels que ceux qu'on lui a imposés. Ainsi se transmettent les préjugés qui dépra-

vent notre nature; et cette transmission n'est
interrompue que lorsqu'il se présente de ces
êtres que Dieu a doués d'une volonté ferme,
d'un courage énergique, qui subissent le mar-
tyre plutôt que le joug.

Le 30 avril, à onze heures du matin, nous
sortîmes de la baie d'Islay; et le 1er mai, à deux
heures de l'après-midi, nous mouillâmes dans
la rade de Callao. Ce port ne me parut pas avoir
autant d'activité que celui de Valparaiso. Les
derniers évènements politiques avaient eu sur
les affaires commerciales une funeste influence; elles allaient très mal, et il y avait
moins de navires que de coutume.

De la mer, on aperçoit Lima, située sur une
colline, au milieu des Andes gigantesques. L'é-
tendue de cette ville, les nombreux clochers qui
la surmontent lui donnent un aspect grandiose
et féerique.

Nous restâmes au Callao jusqu'à quatre heures, pour attendre le départ de la voiture de
Lima. J'eus tout le temps d'examiner ce bourg.
Ainsi que Valparaiso et Islay, le Callao, depuis
environ dix ans, progresse tellement, qu'après
une absence de deux ou trois ans, les capitaines
le reconnaissent à peine. Les plus belles mai-

sons appartiennent aux négociants anglais et du
nord Amérique; ils ont là des entrepôts considérables ; l'activité de leur commerce établit un
mouvement perpétuel entre le port et la ville,
qui en est à deux lieues. M. Smith m'avait
conduite chez ses correspondants Je retrouvai
dans cette maison anglaise ce luxe de *comforts*
particuliers aux Anglais. Le service se faisait par
des domestiques de cette nation ; ainsi que leurs
maîtres, ils étaient vêtus comme ils l'eussent
été en Angleterre. La maison avait une galerie,
ainsi qu'en ont toutes les maisons de Lima. Ces
galeries sont très commodes dans les pays
chauds : à l'abri du soleil, on y va respirer
l'air, en se promenant autour de l'habitation.
De jolis stores anglais embellissaient celle où
j'étais ; j'y restai quelque temps et pus voir
tout à mon aise, la longue et large rue qui
forme tout le bourg du Callao. C'était un dimanche. Les marins, dans leurs habits de fête,
se promenaient dans la rue. Je voyais des
groupes d'Anglais, d'Américains, de Français,
de Hollandais, d'Allemands ; en somme, un
mélange de presque toutes les nations, et des
mots de toutes consonnances arrivaient à mes
oreilles. En entendant causer ces marins, je

compris le charme que leur vie aventureuse devait avoir pour eux, et l'enthousiasme qu'elle inspirait au *vrai matelot Leborgne*. Quand j'étais fatiguée du spectacle de la rue, je jetais un coup d'œil dans le grand salon, dont les fenêtres bordaient la galerie ; cinq ou six Anglais, aux belles figures calmes et froides, parfaitement bien mis, s'y étaient réunis ; ils buvaient du grog et fumaient d'excellents cigares de la Havane, en se balançant mollement dans des hamacs de Guayquil suspendus au plafond.

Enfin, quatre heures arrivèrent ; nous montâmes dans la voiture. Le conducteur était Français, et toutes les personnes que je trouvai là parlaient français ou anglais. J'y rencontrai deux Allemands, grands amis d'Althaus, et fus de suite en pays de connaissance.

Depuis mon départ de Bordeaux, c'était la première fois que j'allais en voiture ; j'en éprouvai un plaisir qui me rendit tout heureuse pendant deux heures que dura le trajet ; je me croyais revenue en pleine civilisation.

La route, en sortant du Callao, est mauvaise ; mais, après avoir fait une lieue, elle devient passablement bonne, très large, unie, et donne

peu de poussière. A une demi-lieue du Callao,
sur la rive droite de la route, gisent des ruines
très étendues de constructions indiennes. La
ville dont elles retracent l'existence avait cessé
d'être, lorsque les Espagnols conquirent le pays.
On pourrait apprendre probablement, par les
traditions des Indiens, ce que fut cette ville et la
cause de sa destruction ; mais, jusqu'ici, l'histoire de ce peuple n'a pas inspiré assez d'intérêt
à ses maîtres pour qu'ils se livrassent à ces recherches. Un peu plus loin, à gauche, est le
village de Bella-Vista (Belle-Vue), où se trouve
un hospice destiné aux marins. A moitié route,
notre conducteur s'arrêta devant un cabaret
tenu par un Français ; après l'avoir dépassé, la
ville se découvrit à nos regards dans toute sa
magnificence ; les campagnes environnantes,
vertes, de mille nuances, offraient la richesse
d'une vigoureuse végétation. Partout, de grands
orangers, des touffes de bananiers, des palmiers élevés, une foule d'autres arbres propres à ces climats étalent aux yeux leur feuil-
lage varié ; et le voyageur, en extase, voit les
rêves de son imagination surpassés par la réalité.

A une demi-lieue avant d'entrer dans la

ville, la route, bordée de grands arbres, forme
une avenue dont l'effet est vraiment majestueux.
Sur les bas-côtés, se promenaient un assez bon
nombre de piétons; plusieurs jeunes gens à
cheval passèrent aussi auprès de notre voiture.
Cette avenue est, me dit-on, une des promenades des Liméniens; parmi les promeneuses,
il y en avait beaucoup en *saya;* ce costume
me parut si bizarre, qu'il captiva toute mon
attention. La ville est fermée, et, au bout de
l'avenue, nous arrivâmes à une des portes. Ses
deux pilastres sont en briques; le frontispice,
qui portait les armoiries d'Espagne, avait été
mutilé. Des commis visitèrent la voiture, comme
cela se pratique aux barrières de Paris. Nous
traversâmes une grande partie de la ville; les
rues me parurent spacieuses et les maisons entièrement différentes de celles d'Aréquipa.
Lima, si grandiose, vue de loin, quand on y
pénètre, ne tient plus ses promesses, ne répond
pas à l'image qu'on s'en était faite. Les façades
des maisons sont mesquines, leurs croisées sans
vitres; les barreaux de fer dont elles sont gril-
lées rappellent des idées de méfiance, de contrainte, en même temps qu'on est attristé par
le peu de mouvement qu'offrent presque toutes

les rues. La voiture s'arrêta devant une maison d'assez belle apparence; j'en vis venir, du fond, une grande et grosse dame, que je reconnus de suite d'après le portrait que m'en avaient fait ces messieurs du *Mexicain*, pour être madame Denuelle. Cette dame vint elle-même ouvrir la portière, me présenta la main pour descendre, et me dit, avec l'expression la plus affable : « Mademoiselle Tristan, nous vous attendions ici depuis longtemps avec impatience. D'après tout ce que MM. Chabrié et David nous ont dit de vous, nous serions bien heureux de vous posséder parmi nous. »

VII.

UN HOTEL FRANÇAIS A LIMA.

Madame Denuelle me conduisit dans un salon meublé à la française : il y avait à peine cinq minutes que j'étais assise, lorsque je vis entrer douze ou quinze Français, tous fort empressés de me voir. Je fus sensible à ces marques d'intérêt, causai quelques instants avec chacun d'eux, et les remerciai de mon mieux

de leur accueil affectueux; ensuite, madame Denuelle me mena dans le petit appartement
qu'elle me destinait : il se composait d'un salon
et d'une chambre à coucher.

J'étais partie d'Aréquipa, chargée de lettres
pour une foule de personnes de Lima; M. Smith,
toujours d'une complaisance inépuisable à mon
égard, m'ayant offert, avant de quitter notre
navire, de faire remettre ces lettres, je les lui
avais données, en sorte qu'une heure après mon
arrivée, les personnes auxquelles elles étaient
adressées affluèrent chez moi pour avoir des
nouvelles politiques. Leur empressement était
tel, que vingt questions m'étaient faites à la
fois. L'un s'enquérait de son père, l'autre de
son frère. Don Basilio de la Fuente, que je retrouvai logé chez madame Denuelle, voulait
savoir ce qu'étaient devenus sa femme et ses onze
enfants; celle-ci pleurait son frère qui avait été
tué; celle-là s'inquiétait pour sa sœur, femme
du général Nieto, restée, comme prisonnière, à
Santa-Rosa; et tous appréhendaient, non sans
fondement, que madame Gamarra ne revînt à
Lima, où elle avait tant de vengeances à
exercer.

Le caractère des Liméniens me parut, dans

cette première rencontre, encore plus fanfaron
et peureux que celui des Aréquipéniens. Vers
onze heures du soir, madame Denuelle fit sentir à tous ces visiteurs que je devais avoir besoin de repos; ils se retirèrent à mon grand
contentement : je n'y tenais plus, j'en avais la
tête cassée. M. Smith me dit qu'ayant remis
lui-même à ma tante, la belle Manuela de Tristan, femme de mon oncle don Domingo, alors
gouverneur d'Ayacucho, la lettre qui lui était
adressée, elle l'avait prié d'aller la prendre,
parce qu'elle voulait venir me voir le soir
même. Elle vint donc aussitôt que je fus libre
des autres visites : je trouvais cette attention
très délicate de sa part.

D'après tout ce que j'avais entendu dire
de la beauté extraordinaire de ma tante de
Lima, je m'attendais naturellement à voir une
femme superbe; néanmoins la réalité surpassa
à mes yeux tout ce que j'avais imaginé. Oh! ce
n'était pas là une créature humaine; c'était
une déesse de l'Olympe, une houri du paradis de Mahomet, descendue sur la terre!
A la vue de cette divine créature, je fus saisie
d'un saint respect : je n'osais la toucher; elle
avait pris ma main qu'elle tenait dans les sien-

nes, pendant qu'elle me disait les choses les
plus affectueuses, prononcées avec une noblesse,
une grace, une facilité qui achevaient de me
fasciner. Je sens mon insuffisance pour peindre
une telle beauté. Raphaël n'a jamais conçu
pour ses vierges un front où il y eût autant de
noblesse et de candeur, un nez aussi parfait,
une bouche plus suave et plus fraîche; mais
surtout un ovale, un cou, un sein plus admi-
rablement beaux. Sa peau est blanche, fine,
veloutée comme celle de la pêche; ses cheveux
brun clair, fins et brillants, comme la soie,
tombaient en longs flocons de boucles ondoyantes
sur ses épaules arrondies. Elle est un peu trop
grasse, peut-être; néanmoins sa taille élancée
ne perd rien de son élégance. Tout en elle
est plein de fierté et de dignité; elle a le port
d'une reine. Sa toilette s'harmonisait avec la
fraîcheur de sa belle personne.

Sa robe en mousseline blanche, parsemée de
petits boutons de rose brodés en couleur, était
très décolletée, à manches courtes, et la taille
très longue formait pointe sur le devant. Cette
façon lui était très avantageuse, en laissant voir
ce qu'elle avait de plus beau, le cou, les épaules, la poitrine et les bras. De longues boucles

pendaient à ses oreilles; un collier de perles ornait son cou de cygne, et des bracelets de diverses espèces faisaient ressortir la blancheur de ses bras. Un grand manteau en velours, couleur bleu-de-ciel foncé, doublé de satin blanc, drapait ce beau corps, et un voile de blonde noire, jeté négligemment sur sa tête, la dérobait aux regards curieux des passants. Elle avait cessé de parler que, la regardant toujours, je l'écoutais encore, et ne répondis, à toutes ses offres de service, qu'en m'écriant : — Mon Dieu, ma tante, que vous êtes belle!... Ho! qui pourra m'expliquer le magique empire de la beauté? de cet ascendant irrésistible, qui harmonise tout, sans avoir lui-même d'apparence qu'on puisse définir? de cette émanation divine qui donne la vie aux formes, aux couleurs, vibre dans les sons, s'exhale en parfums? puissance magnétique, répandue, selon les fins de la Providence, sur tous les êtres de la création; hiérarchie partant de Dieu, descendant à l'atome qu'aucun œil ne peut apercevoir? Cette cause occulte, qui détermine nos choix, nos prédilections, qui nous fascine, la beauté sous quelque forme qu'elle se montre, aérienne, visible, ou palpable, pénètre tout mon être de sa douce influence : les parfums des fleurs, les chants des oiseaux me la font ressentir : je l'éprouve à la vue du géant de la forêt, dont la cime s'élance au séjour des orages; de la grace sauvage de l'animal indompté; à l'apparition d'un homme tel que le commandant de la *Challenger*, d'une femme telle que ma tante Manuela : et en présence de la beauté, de ce sourire des dieux, palpitante d'admiration, de plaisir, mon ame s'élève vers le ciel.

Ma belle tante insista beaucoup pour que j'allasse demeurer chez elle; je la remerciai, m'excusant sur la gêne que je pourrais lui occasionner; comme il était très tard, nous remîmes la décision au lendemain. Après son départ, madame Denuelle resta à causer avec moi, en sorte qu'il était plus d'une heure quand je me trouvai seule.

Je ne suis jamais arrivée dans un pays, que je n'avais pas encore vu, sans en ressentir une agitation plus ou moins vive; mon attention, presqu'à mon insu, se porte sur tout ce qui m'entoure, et mon ame, avide de connaître, de comparer, à tout s'intéresse. La succession de personnes et de choses qui étaient passées devant moi depuis mon débarquement au Callao

m'avait agitée à un tel point, que, malgré
ma lassitude., il me fut impossible de dormir;
ma pensée me tenait éveillée et ne cessait de
reproduire les impressions que je venais d'é-
prouver. Je m'assoupis aux approches du jour,
en rêvant aux beaux orangers, aux jolies Liméniennes en *saya* et à l'apparition de ma
tante.

Dès les huit heures du matin, madame Denuelle entra chez moi, et, mettant bientôt la
conversation sur ma tante, elle me dit, avec
un air embarrassé, que, par intérêt pour moi,
elle croyait devoir m'instruire de plusieurs particularités sur la señora Manuela de Tristan.
Elle m'apprit que, depuis longues années, Manuela était liée avec un Américain du nord,
qu'elle aimait beaucoup et dont elle était excessivement jalouse. Madame Denuelle me parla
de manière à me laisser pénétrer le fond de sa
pensée; elle redoutait de me voir accepter l'hospitalité qui m'était offerte, non pas tant à cause
de la dépense que je pourrais faire chez elle que
par l'extrême envie de me posséder pendant
mon séjour à Lima. Si d'avance je n'eusse été
décidée à refuser les offres de ma tante, ce que
je venais d'apprendre eût suffi pour m'empêcher

de les agréer. J'étais arrivée à connaître assez
du cœur humain pour comprendre que je ne
devais pas aller loger chez une femme, si j'en-
courais le risque de devenir l'objet de ses jaloux
soupçons, et si je tenais à ne pas provoquer sa
haine, ce que, certes, je voulais éviter. En quittant la maison de mon oncle Pio, je m'étais bien
promis de n'accepter l'hospitalité d'aucun parent. J'en parlai un jour à Carmen, qui me dit :
« Vous ferez bien, Florita, il vaut mieux manger du pain chez soi que du gâteau chez des
parents. » Je rassurai donc madame Denuelle,
fis mon prix avec elle, à raison de deux piastres par jour, et, quand ma tante revint à onze
heures, pour m'emmener, disait-elle, je lui fis
sentir que nous nous gênerions mutuellement;
en conséquence, il fut convenu qu'on me lais-
serait à l'hôtel. Je crus voir que ma discrétion
faisait grand plaisir.

Cependant ma position pécuniaire aurait dû
m'inspirer de l'inquiétude, j'étais partie d'Aréquipa avec quelques centaines de francs : mon
oncle m'avait bien remis une lettre de crédit
de 400 piastres, mais uniquement destinée à
payer mon passage; il avait stipulé que je
n'en pourrais toucher le montant qu'au mo-

ment du départ, il me faisait ainsi assez clairement entendre qu'il ne me donnait cet argent
que sous la condition de sortir du pays. Il n'y
avait pas de navires en partance, et je savais,
par M. Smith, qu'il n'y en aurait pas avant deux
mois. Un séjour de cette durée à l'hôtel était une
dépense de 120 piastres, et, de plus, je me voyais
obligée de faire quelques petits frais de toilette ; je
reconnus donc qu'il me fallait au moins 200 piastres pour faire face à tous ces besoins. Je puis
dire avoir éprouvé tous les malheurs, hormis
un seul, celui d'avoir des *dettes ;* la crainte
d'en faire a toujours dominé ma conduite ;
comptant soigneusement avec moi-même, avant
de dépenser, je n'ai jamais dû un sou à personne. Quand je fis ce calcul de 200 piastres, et n'en trouvai que 20 dans ma bourse,
je fus, je l'avoue, très effrayée. Ma garde-
robe était, je l'ai déjà dit, plus que mesquine ;
je me mis toutefois à l'examiner, et, la plume
à la main, j'évaluai pièce à pièce ce que je
pourrais tirer de tous ces chiffons, si je faisais une vente au moment de mon départ ;
je vis que le produit en irait grandement à
200 piastres. Lorsque j'acquis cette certitude,
ho ! je fus heureuse, mais bien heureuse !

II.   21

J'avais renoncé, en quittant Escudero, à tous
mes grands projets d'ambition, et je ne voulais
plus entendre parler de politique; je redevins
jeune, gaie, et, pour la première fois de ma
vie, d'une insouciance complète. Je n'ai jamais
joui d'une meilleure santé; j'engraissais à vue
d'œil; mon teint était clair et reposé; je mangeais avec appétit, dormais parfaitement; en
un mot, je puis dire que ces deux mois furent
la seule époque de mon existence où je n'ai pas
souffert.

Le lendemain de mon arrivée, il me survint
quelques désagréments avec le consul de France,
M. Barrère, voici l'affaire : lors de mon départ d'Aréquipa, les Français résidants dans
cette ville, profitant de l'occasion, adressèrent
une demande collective à M. Barrère, afin qu'il
investît M. Le Bris de pouvoirs spéciaux, pour
que celui-ci pût protéger leurs intérêts grave-
ment compromis par les derniers événements
politiques. M. Morinière était venu me prier,
au nom des pétitionnaires, d'exposer de vive
voix au consul les motifs puissants qui les
avaient portés à lui adresser cette demande; et,
de son côté, M. Le Bris m'avait chargée de lui
expliquer ce qu'il désirait dans cette conjoncture.

Je comprenais très bien la position de tous, et leur avais promis de m'acquitter, auprès du consul, de ma double mission. Dès le matin, je lui envoyai la lettre de mes compatriotes, et lui écrivis deux mots pour l'informer que j'étais chargée de lui faire connaître verbalement la position cruelle dans laquelle se trouvaient les Français d'Aréquipa : j'ajoutai que l'affaire d'Aréquipa était pressée, et que, retenue chez moi pour cause d'indisposition, s'il voulait m'honorer de sa visite, il me mettrait à même de lui exposer immédiatement ce qu'il lui importait de savoir. Ce sont les mots textuels de ma lettre. On aura peut-être peine à croire que M. Barrère la trouva *offensante pour sa dignité consulaire ;* c'est cependant ce qui arriva. Il demanda qui j'étais et où j'avais été élevée, pour *ignorer les convenances au point de penser que c'était à lui, consul, d'aller me faire une visite.* Deux ou trois personnes de mes amis vinrent me dire qu'il n'était bruit que de la lettre *hautaine* que j'avais écrite au consul, lequel en était très scandalisé. Mon étonnement fut extrême. Je lus à tout le monde le brouillon de ma lettre, qu'heureusement j'avais gardé ; et personne ne comprit

plus rien à la grande colère de M. Barrère.
J'expliquai le motif de mon empressement
à communiquer au consul ce dont j'étais
chargée, et chacun approuva la démarche
toute simple que j'avais faite. Il faut croire
qu'on lui fit sentir combien sa conduite était
inconvenante, particulièrement envers une
femme ; car, le lendemain au soir, il m'envoya
son neveu pour s'excuser auprès de moi de ne
pas être venu me voir, sa santé ne le lui ayant
pas permis ; le neveu se présenta comme le secrétaire de son oncle, et me demanda, en cette
qualité, de lui communiquer ce que j'avais à
dire au consul ; mais ce jeune homme me parut
si peu capable de comprendre la moindre chose,
que je ne me souciai d'entrer avec lui dans
aucun détail, et le congédiai, en lui disant
que j'écrirais à M. le consul ce que j'eusse
préféré lui dire de vive voix.

Voilà les hommes chargés, à l'étranger, de
veiller aux intérêts français. M. Barrère, vieillard goutteux, capricieux et irritable à l'excès,
n'est nullement au niveau de l'importance des
fonctions qui lui sont confiées ; le zèle, la surveillance, l'activité qu'elles exigent sont au dessus de ses forces ; et il n'a aucune des connais-

sances spéciales nécessaires pour en remplir les
devoirs. Non seulement c'était une bêtise
absurde à M. Barrère de s'offenser de la lettre
dans laquelle je lui demandais de me venir
voir, ayant des communications à lui faire de
la part du commerce français d'Aréquipa, mais
encore, dans ces circonstances, ses fonctions de
consul lui imposaient l'obligation de venir prendre des informations auprès de moi, aussitôt
qu'il m'a su arrivée. Il y avait un mois qu'on
était à Lima sans nouvelles d'Aréquipa, le consul de France ne devait-il pas se montrer em-
pressé de savoir si, par les résultats de la bataille de Cangallo, les intérêts et la sûreté de
ses compatriotes n'avaient pas été compromis?
Les renseignements qu'il avait reçus par la correspondance que lui avait apportée notre bâtiment ne pouvaient le dispenser de recueillir
des informations verbales; toutes les lettres
étaient ouvertes à Islay, et personne ne se ha-
sardait à écrire l'exacte vérité. Le consul d'Angleterre comprenait autrement ses devoirs; il
ne crut pas compromettre sa *dignité* en allant
jusqu'au *Callao*, pour s'informer, auprès de
M. Smith, des évènements d'Aréquipa. Il n'est
pas une nation dont les intérêts commerciaux

soient plus mal défendus, par ses agents, que
ne le sont les intérêts du commerce français par les consuls que nomme le ministère des affaires étrangères. C'est un fait dont
on peut acquérir la certitude sans sortir de
France, dans les villes manufacturières et les
divers ports de mer du royaume, à Marseille,
Lyon, Bordeaux, Rouen, le Havre. Avant
M. Barrère, le consul français, au Pérou, était
M. Chaumet-Desfossés, homme extrêmement
instruit, écrivain spirituel, charmant en société; en outre, gastronome distingué, qui soignait, avec la plus grande attention, les détails
culinaires, et donnait un superbe dîner le jour
de la fête du roi; néanmoins, avec tous ces talents, M. Chaumet-Desfossés était l'homme le
moins propre aux fonctions consulaires. Je ne
pense pas qu'il se fût offensé de ma lettre;
mais, si l'on en doit croire la voix générale,
pendant les six ans qu'il fut consul, le savant
ne s'occupa que de recherches scientifiques;
le pays n'offrant pas, à cet égard, un champ
très vaste, il se mit à apprendre le chinois et
l'arabe. M. Chaumet-Desfossés était entièrement étranger aux intérêts commerciaux de
son pays et à la conduite des affaires commer-

ciales. M. Chabrié et les autres capitaines de navire étaient indignés de la manière dont il s'acquittait de ses fonctions. Quand ils allaient chez lui pour les formalités relatives, soit à l'arrivée, soit à l'expédition de leurs navires, le consul ouvrait le petit guichet qu'il avait fait faire à sa porte. — Que voulez-vous? disait-il. — Monsieur, c'est relativement au manifeste de ma cargaison que j'aurais besoin de vous parler. — Je n'ai pas le temps, répondait le consul, en fermant le guichet. — Mais, monsieur, nous n'attendons que votre signature pour lever l'ancre. — Repassez, je n'ai pas le temps, répondait-il du dedans sans rouvrir son guichet. Au Chili, celui qui précéda M. de Verninac fut tué en duel par un capitaine de navire, qui en avait été insulté ; le capitaine pressait l'expédition de son navire, auquel les retards apportés par le consul occasionnaient un dommage considérable. Le consul, mal mené par le capitaine, crut aussi sa dignité compromise; le duel s'ensuivit.

Lorsque le gouvernement français acquiesça à l'indépendance des États de l'Amérique espagnole, on fit grand bruit, dans les journaux de Paris, des consuls que le ministère y envoya;

ils allaient, par des traités, ouvrir de nouveaux
débouchés à nos productions; mais la première
condition pour bien remplir une mission, c'est
de connaître les intérêts dont le soin nous est
commis. Il eût été facile à ces consuls de profiter de la haine de l'Amérique du sud contre les
anciennes métropoles espagnoles et portugaises
pour faire admettre les vins de France sous des
droits moindres que ceux imposés aux vins de
la Péninsule; ils eussent pu prévoir les relations qui ne devaient pas tarder à s'établir entre
la Chine et les côtes ouest de l'Amérique, et
obtenir que nous fussions, pour nos soieries,
mieux traités que les Chinois, dont actuellement les soieries importées par navires du nord
Amérique et d'Europe[1] ruinent les nôtres, par
le bas prix auquel on les vend. Les agents français couvrirent leur ignorance des intérêts ma-
tériels de leur pays, en stipulant que les marchandises françaises seraient traitées comme

---

[1] Par le traité de commerce que le gouvernement vient de
conclure avec Santa-Crux, les droits sur les vins de France ont
été considérablement diminués, et nos soieries ne paieront plus,
à leur entrée au Pérou et dans la Bolivia, que la moitié des droits
imposés sur les soieries de Chine. Ce traité, qui n'a été fait qu'a-
près que ma narration a été écrite, est contresigné par mon oncle,
don Pio de Tristan, devenu ministre.

celles des nations les plus favorisées, et crurent avoir fait des chefs-d'œuvre. En effet, la
production a lieu en France à meilleur marché que chez aucune autre nation, et nos marchandises n'ont besoin de rencontrer des avantages nulle part! Laissez donc vos grandes villes
manufacturières et maritimes désigner leurs
agents à l'extérieur : elles n'enverraient pas
vraisemblablement des savants, des archéo-
logues, des hommes titrés; mais les gens dont
elles feraient choix entendraient un peu mieux
leurs intérêts que les apprentis diplomates sortis du ministère des affaires étrangères.

Je n'eus pas, pendant mon séjour à Lima, à
disputer pour mon héritage : j'en avais été dé-
pouillée; c'était à n'y plus revenir. Je n'assistai
pas à de grands bouleversements semblables à
ceux dont j'avais été témoin à Aréquipa. Je ne
fus donc pas agitée par de violentes émotions,
et mes observations se portèrent uniquement
sur les localités et les personnes qu'elles offraient
à mes regards. Je commencerai par faire connaître à mon lecteur madame Denuelle et sa
maison; il parcourra ensuite la ville avec moi,
puis je l'entretiendrai des femmes, des Français
résidants, etc.

Madame Denuelle habite Lima depuis 1826 ;
elle y a établi un hôtel garni qui est le plus
beau et le mieux tenu de tous ceux que renferme
la ville. Elle y avait annexé, depuis deux ans ,
un magasin dans lequel elle vendait toutes espèces de marchandises ; car, ainsi que j'ai déjà
eu l'occasion de le remarquer, le commerce,
dans ce pays , n'est pas encore classé et subdi-
visé en spécialités , et tout le monde s'en mêle.
De plus, c'est elle qui a fait rouler les premières
voitures entre Lima et le Callao, pour le trans-
port des voyageurs ; cette entreprise lui appartient. Dans le fond de la maison est la salle à
manger ; la table est de quarante couverts. A
côté se trouve un très beau salon , auquel est
attenante une salle de billard : ces deux pièces
prennent jour sur un petit jardin. L'ameublement de toutes ces salles est aussi riche que
commode ; on y rencontre l'élégance française
et le confort anglais. Le service de la table est
très beau ; on y est avec le même luxe qu'à
Londres , à *Brunet hôtel.* Les appartements
qu'elle loue aux étrangers sont aussi très bien
tenus ; bons lits , beau linge, rien ne manque ;
les domestiques sont Français ou Anglais , en
sorte que tout se fait avec beaucoup de vi-

vacité et de propreté. Voilà ce qui concerne la maison. Quant à l'hôtesse, oh! c'est là le résumé d'une longue histoire! de quarante années de la vie d'une femme agitée par des fortunes diverses, pendant lesquelles elle a eu l'occasion de tout connaître, de tout épuiser!

«Madame Denuelle, tenant aujourd'hui un hôtel garni à Lima, n'est autre que la belle, la magnifique, la séduisante mademoiselle Aubé, qui débuta à l'Opéra, dans le rôle de la Vestale. Sa voix, fraîche, sonore, étendue, obtint, dans ce rôle, le succès le plus brillant; ce furent des piétinements convulsifs, des applaudissements étourdissants à la première, seconde et troisième apparition de mademoiselle Aubé. Trois fois couronnée aux acclamations de l'enthousiasme public, la débutante, parvenue au faîte des grandeurs théâtrales, contracte un engagement de 15,000 fr. par an avec le directeur. Dans l'ivresse de sa joie, elle convie toutes ses connaissances à un banquet splendide. Ah! ce fut là un jour de gloire et de bonheur! que d'adorateurs n'eut-elle pas? Le monde entier était à ses pieds; le son de sa voix vibrait dans tous les cœurs; et l'on s'attendait

que, dans tous les rôles, mademoiselle Aubé serait aussi sublime, exciterait les mêmes trans-
ports, ferait éprouver de semblables ravisse-
ments que dans la Vestale. Que d'envies un succès
aussi éclatant n'avait-il pas soulevées! que d'em-
bûches préparées à la nouvelle reine! Son nom
est sur l'affiche; la foule afflue au théâtre.
Mademoiselle Aubé jouait dans un nouveau
rôle; elle paraît.... Mais quelle soudaine méta-
morphose s'est opérée dans le public; elle n'est
accueillie que par les applaudissements de quelques uns; dès la première scène, sa voix, son
maintien, son jeu soulèvent des murmures; elle
chante son grand air, et la foule reste muette;
pas un battement de mains ne vient l'encourager; elle entend même des observations mal-
veillantes. La malheureuse rentre dans la coulisse, la tête en feu, les artères gonflées, comme
prêtes à se rompre. Sa bouche est sèche; elle
boit pour l'humecter, repasse son rôle qu'elle
craint ne pas savoir assez; le public l'attend;
il faut reparaître en scène : dans cette soirée,
tout lui est fatal; son costume ne lui sied pas;
il la fait paraître plus grande et plus maigre
qu'elle ne l'est; toutes les lorgnettes sont bra-
quées sur elle; ceux-mêmes qui, trois fois, l'a-

vaient trouvée si belle s'écrient : Elle est laide !
L'actrice n'entend pas ces mots ; mais le rapport magnétique qui existe entre l'acteur et le
public lui fait comprendre qu'on les a dits ; elle
reste atterrée ; les larmes la suffoquent ; un
tremblement agite ses membres ; elle voit tout
le péril de sa position, et sa terreur en redou-
ble ; cependant il faut chanter... Prenant de la
force dans son désespoir, elle chante ; mais sa
voix tremble et rend des sons faux. Aussitôt
un *houra* s'élève de toutes parts, et des sifflets
achèvent de bouleverser la malheureuse artiste ;
elle sent une sueur froide sur tout son corps,
n'entend plus l'orchestre ; ses regards épouvantés s'arrêtent sur ces milliers de têtes, dont
les rires la bafouent, dont les paroles l'outra-
gent ; elle reste immobile, désirant que le plancher manque sous ses pieds, afin d'être en-
gloutie et à jamais délivrée de ces rires d'enfer,
de ces cris de démon. Le brouhaha va en aug-
mentant ; l'infortunée n'entend plus rien ; un
nuage se place devant ses yeux, lui cache les
lumières ; son sang se refoule vers le cœur ; ses
jambes se dérobent sous elle ; faisant un dernier
effort, elle s'élance dans la coulisse et y tombe
comme morte. Madame Denuelle m'a raconté

plusieurs fois sa mésaventure ; l'impression en avait été si cruelle, le souvenir s'en était gravé si profondément dans sa mémoire, qu'assaillie, au cap Horn, par une violente tempête, lorsque tous à bord, en proie au désespoir, voyaient la mort dans chaque vague, elle dit au capitaine : « Oh ! ce n'est pas d'aujourd'hui que je connais la tempête; vous êtes là comme j'étais sur mes planches... »

Cet événement tua l'avenir de madame Denuelle ; il lui fut impossible de reparaître à l'Opéra ; et, après avoir été engagée au premier théâtre lyrique du monde, son amour-propre d'artiste la porta à refuser tous les engagements qui lui furent proposés pour les théâtres de Lyon, Bordeaux, Marseille ; elle préféra s'expatrier. Elle fut longtemps à la cour de Louis Bonaparte, en Hollande, et en Westphalie, avec Jérôme. A la chute de l'empereur, elle se trouva sans emploi, joua sur les théâtres de Dublin et de Londres. Depuis 1815 jusqu'en 1825, sa vie ne présenta plus qu'un tissu d'évènements, dont plusieurs lui furent funestes... Elle perdit entièrement sa voix et devint trop grosse pour pouvoir paraître sur le théâtre. Sur ces entrefaites, elle s'était mariée avec M. Denuelle, homme doux, poli et très bien élevé. Après avoir essayé de tout pour faire fortune, sans réussir à rien, elle se décida à aller au Pérou, espérant que là le sort lui serait moins défavorable. Elle y arriva avec très peu d'argent ; et, ainsi que madame Aubrit de Valparaiso, ce fut encore à Chabrié qu'elle dut de pouvoir s'établir : son hôtel avait prospéré au delà de ses espérances ; lorsque je la connus, elle cherchait à le vendre, désirant revenir en Europe, où elle pourrait vivre à l'aise, avec environ 10,000 livres de rente qu'elle a réalisées. Avec un autre caractère, elle pourrait être très heureuse à Lima. Il n'en est pas ainsi.

Madame Denuelle est douée d'un esprit vif, intelligent ; son cœur, médiocrement sensible, ne s'émeut que dans les grandes occasions. Son éducation, entièrement voltairienne, les rebuffades qu'elle a eues à souffrir dans sa profession, et les trente années de déceptions, de malheurs qu'elle a subies, n'ont pas peu contribué à l'endurcir. Elle n'a jamais eu d'enfants, en sorte qu'aucun sentiment tendre, aucune douce émotion n'est venue jeter quelques fleurs dans cette vie aride, toute d'égoïsme et d'insouciance. Madame Denuelle est généralement détestée à Lima ; ses

sarcasmes ont froissé tout le monde ; pas une
personne qui n'ait été atteinte : toutes ont été
ridiculisées par ses plaisanteries.

Cette femme a réellement un talent très remarquable pour *faire la charge* des ridicules, des manies, de la démarche même des
individus. Elle se contourne le nez, les yeux,
boite, louche, bégaie, prend les tics, tout cela
avec tant de vérité et de comique, que c'est
à pouffer de rire. Comme on doit bien le présumer, l'exercice d'un semblable talent lui a
fait d'implacables ennemis. Beaucoup de personnes font un long détour, afin d'éviter de
passer devant la boutique de madame Denuelle,
tant on redoute d'être pris par elle pour le sujet
d'une de ses caricatures. Elle raconte avec autant de gaîté que d'esprit ; et sa conversation,
extrêmement variée, est des plus amusantes.
On l'accuse d'être despote dans sa maison, de
traiter très mal son mari, d'être âpre, vilaine
même avec ses locataires. Ces reproches sont
fondés ; toutefois, pour être juste, il ne faudrait
pas taire ses bonnes qualités, et on ne lui en
accorde aucune ; elle en a, cependant. L'ordre,
l'économie avec lesquels elle dirige sa maison ;
sa vie sédentaire, laborieuse, sont des traits qui

ne devraient pas être omis pour que le portrait
fût ressemblant; qualités d'autant plus remarquables qu'elles se rencontrent chez une femme
dont la vie a été aussi dissipée. Mais les hommes
ne tiennent compte aux autres que des qualités
dont ils profitent.

Madame Denuelle avait alors cinquante-six
ans; elle ne paraissait pas en avoir plus de
quarante. J'ai toujours pensé qu'elle se faisait
plus vieille par coquetterie. C'est une femme
de cinq pieds trois pouces, grosse en proportion, d'une belle carnation, ayant les cheveux
très noirs, toutes ses dents, l'œil vif, hardi et
méchant, les lèvres minces, le nez retroussé et
la physionomie dure, d'une expression sardonique et arrogante. Elle est toujours mise simplement et avec une extrême propreté.

Madame Denuelle me prit en grande amitié.
Comme je la connaissais d'après ce que m'en
avaient dit MM. Chabrié, David et Briet, et pour
en avoir entendu parler à d'autres, je me posai
vis à vis d'elle, de manière à lui faire sentir que
j'attendais d'elle plus d'égards que d'intimité.
Tous mes chers compatriotes et même des Liméniens venaient me prévenir très officieuse-

ment de me tenir sur mes gardes, si je ne voulais que madame Denuelle me menât à son gré; mon sourire à ces propos manifestait assez que je n'avais pas peur de cette influence. J'en obtins effectivement moi-même une telle sur notre hôtesse, qu'elle n'osa jamais me faire une question, malgré son extrême curiosité. Jamais elle ne m'a appelée autrement que *mademoiselle Tristan*, lorsque plusieurs des messieurs de son hôtel et son mari même m'appelaient souvent *mademoiselle Flora*; elle me raconta toute sa vie, toutes ses douleurs, et je suis peut-être la seule personne au monde à laquelle elle a eu le courage d'avouer qu'elle n'avait jamais été heureuse. Quoiqu'elle soit, ainsi qu'on le dit, d'une grande sécheresse de cœur, je me plais à attester ici que je connais deux ou trois traits de sa vie d'un sublime dévouement, et qui prouvent que son ame n'a pas toujours été inaccessible aux sentiments généreux.

Les Français sont beaucoup plus nombreux à Lima qu'à Aréquipa. La plupart s'occupent de commerce; ils y ont quatre fortes maisons et une vingtaine d'autres en seconde ligne; de plus, il existe un mouvement continuel de ca-

pitaines, de subrécargues et de passagers français allant et venant.

Je le dis à regret : il y a encore moins d'accord à Lima, entre nos compatriotes, qu'à
Aréquipa ; tous se détestent, se calomnient
et se nuisent autant qu'ils le peuvent. En
tête des maisons françaises, je citerai celles
de MM. Gautreau, de Nantes ; Dalidou, Mar-
tenet, Larichardière, de Bordeaux ; Baroillet,
de Bayonne, etc., etc. Il y a une foule d'autres
Français, commerçants, artistes, maîtres de
toute espéce, artisans, etc. Il y a également
beaucoup de Françaises marchandes de modes,
couturières, maîtresses de pension, sages-
femmes ; tout ce monde cherche à faire fortune, et y réussit plus ou moins bien.

En huit jours, madame Denuelle me mit au
courant de tout ce qui se faisait dans la ville.
Elle me fit connaître, par ses récits, la majeure
partie des personnes, aussi bien que si je les
eusse étudiées pendant dix ans. Jamais je n'ai
mené une vie plus variée, plus amusante, mais
dont, toutefois, je n'aurais pas aimé la continuité : à peine si j'avais un moment pour écrire
mon journal ; aussitôt que j'étais seule, madame

Denuelle montait à ma chambre, et sa conversation intarissable était aussi instructive que
divertissante.

Je déjeûnais et dînais avec les pensionnaires ;
la maison réunissait une très bonne société : des
officiers des marines anglaise, américaine ou
française, des négociants et des gens du pays.
Pendant tout le temps que durait le repas, je
m'amusais beaucoup : comme j'ai l'ouïe très
fine, la malicieuse madame Denuelle, à côté de
laquelle j'étais placée, me disait à voix basse
les choses les plus drôles, les plus risibles sur
toutes les personnes présentes, et cela, tout en
faisant, avec grace, les honneurs de sa table,
sans que sa figure trahît en rien les paroles
qu'elle me soufflait. Après le dîner, elle me racontait des histoires ou copiait les individus,
et réussissait toujours à me faire rire jusqu'aux
larmes. Ce qui m'avait gagné ses bonnes grâces,
c'est que je savais l'écouter ; je n'y avais pas
grand mérite, puisque je me plaisais à l'entendre ; mais quel trésor pour une actrice, après
dix années d'exil, de rencontrer une personne
que son jeu amuse, que ses récits intéressent.
Cependant j'avais peu de temps à donner à

mademoiselle Aubé. Le matin, je parcourais la ville; j'allais souvent dîner dans des maisons où j'étais invitée; et les visites, les promenades, le spectacle, les réunions, les causeries intimes avec mes nouveaux amis prenaient toutes mes soirées.

VIII.

LIMA ET SES MŒURS.

Ma tante Manuela me fut d'un grand secours ; elle me fit connaître la ville et la haute
société ; elle me témoignait beaucoup d'amitié ;
ce n'était pas ce sentiment que font naître des
rapports sympathiques ; je ne pense pas qu'il
en existât entre nous. Toute belle qu'elle est,
ses yeux n'expriment pas la franchise et ne

regardent jamais en face. Elle me recherchait par cet intérêt que devait naturellement inspirer une parente étrangère, née à trois mille lieues, dont on ignorait l'existence, et qui surgit tout à coup. Je trouvais en elle des ressources immenses pour m'instruire dans tout ce que je désirais savoir. Le caractère de son esprit ressemble à celui de madame Denuelle; elle possède une grande intelligence, et le sarcasme est toujours sur ses lèvres. Ce fut elle, en grande partie, qui me servit de cicerone; sa beauté, le nom de mon oncle et mon titre d'étrangère nous faisaient ouvrir toutes les portes avec empressement. Je passais des journées entières avec elle; j'étais toujours charmée de son esprit, mais peinée de l'insensibilité de son cœur. Lima est encore une ville toute sensuelle; les mœurs en ont été formées sous l'influence d'autres institutions : l'esprit et la beauté s'y disputent l'empire : c'est comme à Paris sous la régence ou Louis XV. Les sentiments généreux, les vertus privées ne sauraient naître lorsqu'ils ne mènent à rien; et l'instruction primaire n'est pas assez répandue pour que les hautes classes aient beaucoup à redouter de la liberté de la presse.

Je vis, chez ma tante, la réunion des hommes
la plus distinguée du pays; le président Orbegoso,
le général anglais Miller, le colonel français Soigne, tous les deux au service de la république,
Salaberry, la Fuente, etc., etc. Je n'y rencontrai
que deux femmes; les autres délaissaient ma
tante, en alléguant l'extrême légèreté de sa conduite; ces vertueuses dames dissimulaient adroitement, sous ce prétexte, l'aversion qu'elles
éprouvaient à s'offrir en parallèle avec une
beauté telle que Manuela, auprès de laquelle
toutes cessaient d'être belles. Les soirées, chez
ma tante, se passaient d'une manière très agréable. Dieu s'est plu à la combler de ses dons;
sa voix, ravissante de suavité, de mélodie, développe les sons avec une méthode admirable.
Un Italien, qui résida à Lima pendant quatre
ans, émerveillé de ce divin instrument, s'était
dévoué avec enthousiasme à le cultiver, et bientôt Manuela avait dépassé son maître. Elle nous
chantait, en italien, les plus beaux passages des
opéras de Rossini; et, quand elle était fatiguée,
on parlait politique. Ma tante, comme toutes
les femmes de Lima, s'occupe beaucoup de politique; et, dans sa société, je fus à même de

me faire une opinion sur l'esprit, le mérite des hommes qui se trouvaient à la tête du gouvernement. Orbegoso et les officiers dont il était entouré me parurent d'une nullité complète. Je revis là aussi le fameux prêtre Luna Pizarro ; il est, selon moi, au dessous de sa réputation, et loin d'avoir autant de capacité que Baldivia. Ce vieillard est, par sa virulence, le Marat du Pérou ; du reste, je n'ai rencontré en lui aucune portée de vues ; il nous montrait la passion du démolisseur, mais non les plans de l'architecte. L'ambition privée est le mobile de tous ces personnages ; le but du vieux prêtre était de remplacer l'évêque d'Aréquipa ; il s'était fait factieux pour l'atteindre ; il aurait été plat courtisan si c'eût été un moyen de réussir ; malheureusement, le peuple est trop abruti pour qu'il sorte de son sein de véritables tribuns, et pour juger les hommes qui conduisent ses affaires.

Lima, qui, actuellement, contient près de quatre-vingt mille habitants, fut bâtie par Pizarro en 1535 : je ne sais d'où lui vient son nom. Cette ville renferme de très beaux monuments, une grande quantité d'églises, de couvents d'hommes et de femmes. Les maisons sont bâties d'une manière régulière, les rues bien alignées, longues et larges; l'eau court en deux filets dans presque toutes, un de chaque côté; quelques unes seulement n'ont qu'un ruisseau dans le milieu; les maisons sont construites en briques, en terre et en bois; peintes en diverses couleurs claires, en bleu, gris, rose, jaune, etc., elles n'ont qu'un étage et leurs toits sont plats; les murs dépassant le plafond, elles font l'effet de maisons inachevées. Quelques uns de ces toits servent de terrasses sur lesquelles on met des pots de fleurs; mais il en est peu qui aient assez de solidité pour cet usage. Il ne pleut jamais; si accidentellement cela arrivait, au bout de quatre heures de pluie, les maisons ne seraient plus que des tas de boue. Leur intérieur est assez bien distribué; le salon, la salle à manger forment la première cour; dans le fond, se trouvent la cuisine et le logement des esclaves, qui entourent une seconde cour; les chambres à coucher sont au dessus du rez-de-chaussée, toutes meublées avec un grand luxe, selon le rang et la fortune de ceux qui les habitent.

La cathédrale est magnifique, la boiserie du chœur d'un travail exquis; les balustrades qui entourent le grand hôtel sont en argent, et cet

autel est lui-même extrêmement riche ; les petites chapelles latérales sont charmantes ; chaque chanoine a la sienne. Cette église est bâtie
en pierre, et si solidement, qu'elle a résisté aux
plus forts tremblements de terre sans être en
rien endommagée. Les deux tours, la façade,
le perron sont admirables et d'un grandiose
rare dans notre vieille Europe, et auquel on ne
s'attendrait pas dans une ville du Nouveau-
Monde. La cathédrale occupe tout le côté Est
de la grande place ; en face est l'hôtel-de-ville.
Cette place est le Palais-Royal de Lima ; sur
deux de ses côtés règnent des galeries à arceaux,
le long desquelles se trouvent les plus belles
boutiques en tous genres ; et au centre est une
superbe fontaine. A toute heure du jour, elle
offre un grand mouvement ; le matin, ce sont
les porteurs d'eau, les militaires, les processions, etc. Le soir, beaucoup de monde se pro-
mène sur cette place ; on y rencontre des mar-
chands ambulants vendant des glaces, des fruits,
des gâteaux, et des baladins y divertissent le
public par leurs jeux et leurs danses.

Parmi les couvents d'hommes, le plus remarquable est celui de Saint-François. Son
église est la plus riche, la plus coquette, la plus

bizarre de toutes celles que j'ai vues. Lorsque les femmes désirent visiter les couvents de moines ou de nonnes, elles emploient un singulier moyen : elles se disent *enceintes;* les bons pères, professant un saint respect pour les envies des femmes grosses, leur ouvrent alors toutes les portes. Quand nous fûmes à Saint-François, les moines nous plaisantèrent de la manière la plus indécente. Nous montions aux tours ; et, comme je grimpais avec beaucoup de vivacité, le prieur, me voyant mince et agile, me demanda *si moi aussi j'étais enceinte.* Étourdie par cette question inattendue, je restai tout interdite ; mon embarras provoqua alors, de la part de ces moines, des rires, des propos si inconvenants, que Manuela, qui n'est pas timide, ne savait plus quelle contenance tenir. Je sortis de ce couvent toute scandalisée; lorsque je m'en plaignis, on me répondit : Oh ! c'est leur habitude ; ces moines sont très gais ; ils passent pour être les plus aimables de tous. Et c'est encore à de pareils hommes que ce peuple accorde sa confiance ! Mais, à Lima, ce qui n'est pas corrompu sort de l'usage.

J'allai aussi visiter un couvent de femmes, celui de l'Incarnation : on ne sent rien de religieux dans l'intérieur de ce monastère; la régle conventuelle ne se montre nulle part. C'est une maison où tout se passe comme dans une autre : il y a vingt-neuf religieuses; chacune d'elles a son logement, dans lequel elle fait sa cuisine, travaille, élève des enfants, parle, chante, en un mot, agit comme bon lui semble. Nous en vîmes même qui n'avaient pas le costume de leur ordre. Elles prennent des pensionnaires qui vont et viennent; et la porte du couvent est continuellement ouverte. C'est un genre de vie dont on ne comprend plus le but; on serait même tenté de croire que ces femmes se sont réfugiées dans cette enceinte pour être plus indépendantes qu'elles ne l'eussent été dans le monde. J'y trouvai une Française jeune et jolie femme, de vingt-six ans, avec sa petite fille de cinq ans; elle vivait là, par raison d'économie, pendant que son mari voyageait pour son commerce au centre Amérique. Je ne vis pas la supérieure qu'on nous dit être malade; ces religieuses, d'une espèce nouvelle, me parurent passablement commères; leur couvent était sale, mal tenu, différent en toutes choses de Santa-Rosa et Santa-Cathalina : n'y trouvant rien qui méritât mon attention, je montai sur

la tour pour voir la ville à vol d'oiseau. Cette
superbe cité, lorsque l'œil plane sur elle, a
l'aspect le plus misérable; ses maisons, non
couvertes, font l'effet de ruines, et la terre
grise dont elles sont construites a une teinte
si sale, si triste, qu'on les prendrait pour les
huttes d'une peuplade sauvage; tandis que les
monastères, les nombreuses et gigantesques
églises, construits en belle pierre, d'une élévation hardie, d'une solidité qui semble défier
le temps, contrastent d'une manière choquante
avec cette multitude de masures. On sent ins-
tinctivement que le même défaut d'harmonie
doit exister dans l'organisation de ce peuple,
et que l'époque arrivera où les maisons des
citoyens seront plus belles et les édifices religieux moins somptueux. Mon horizon était des
plus variés; la campagne qui entoure la ville
est très pittoresque. Dans le lointain, appa-
raissent le Callao avec ses deux châteaux-forts
et l'île Saint-Laurent; les Andes couvertes de
neiges et l'océan Pacifique encadrent le tableau.
Quel panorama grandiose! Mon attente fut tellement déçue dans ma visite à ce couvent, que
je ne fus pas tentée d'en voir d'autres. J'y étais
allée dans l'espoir d'éprouver ces émotions

religieuses que font naître l'abnégation et le
dévouement inspirés par une foi quelconque :
je n'y avais rencontré qu'un exemple de plus
du déclin de cette foi et de la décrépitude des
réunions conventuelles.

Le bel établissement de la Monnaie m'a paru
bien administré. Depuis quelques années, il
a reçu de notables améliorations ; on a fait venir
de Londres d'immenses laminoirs, lesquels sont
mus, ainsi que le balancier, par une chûte
d'eau. Leurs monnaies ne sont pas cependant
aussi bien, sous le rapport de l'art, que celles
d'Europe, parce qu'ils manquent de bons gra-
veurs. Dans l'année 1833, on y frappa, en argent, pour 3,000,000 de piastres, et, en monnaies d'or, pour 1,000,000 de piastres environ.

J'éprouvai, en entrant dans les prisons de
la sainte inquisition, une terreur involontaire.
Cet édifice a été construit avec soin, comme tout
ce que faisait le clergé espagnol, à une époque
où, étant tout dans l'État, l'argent ne manquait
pas à sa magnificence. Il y a vingt-quatre
cachots, chacun d'environ dix pieds carrés.
Ils sont éclairés par une petite croisée qui donne
de l'air, mais peu de jour. On voit de plus des

souterrains et des oubliettes qui étaient destinés
aux punitions sévères et aux malheureux dont
on voulait secrètement se défaire. La salle des
sentences est belle de cette expression qui convenait à sa terrible destination ; elle est extrêmement élevée ; deux petites fenêtres garnies de
barreaux de fer n'y laissent pénétrer qu'un jour
pâle et humide ; le grand inquisiteur siégeait
sur un trône, et les juges dans des niches semblables à celles dans lesquelles on place des
statues. Les murs sont revêtus, à une très
grande hauteur, d'une boiserie dont la sculp-
ture est admirable. L'aspect de cette salle est
tellement lugubre, on y est si loin des habita-
tions des hommes, les moines qui formaient ce
redoutable tribunal avaient tant d'insensibilité
dans la pose, qu'il était impossible que l'infortuné amené devant eux ne fût pas, en entrant, saisi d'effroi. Depuis l'indépendance du
Pérou, la sainte inquisition a été supprimée;
l'on a établi, dans l'édifice qui lui était consacré, un cabinet d'histoire naturelle et un
musée. La collection qu'on y a réunie se compose de quatre momies des Incas, dont les
formes n'ont éprouvé aucune altération, quoique préparées avec moins de soin que celles

d'Égypte; de quelques oiseaux empaillés; de
coquillages et d'échantillons de minéraux ; le
tout en petite quantité. Ce que je trouvai de
plus curieux, c'est un grand assortiment d'anciens vases à l'usage des Incas. Ce peuple donnait aux vases dont il se servait des formes
aussi grotesques que variées, et dessinait dessus des figures emblématiques. Il n'y a dans ce
musée, en fait de tableaux, que trois ou quatre
misérables *croûtes*, qui ne sont même pas tendues sur châssis. Il ne s'y trouve pas une seule
statue. M. Rivero, homme instruit, qui a séjourné en France, est le fondateur de ce musée.
Il fait tout ce qu'il peut afin de l'enrichir;
mais il n'est secondé par personne, la république n'accorde aucun fonds pour cet objet, et
ses efforts restent sans succès. Le goût pour les
beaux-arts ne se produit que dans l'âge avancé
des nations; c'est lorsqu'elles sont lasses des
guerres, des commotions politiques, blasées
sur tout, qu'elles s'y attachent, et animent ainsi
leur existence désenchantée; ces brillantes fleurs
de l'imagination ne parent ni le berceau de la
liberté, ni les débats qu'elle enfante.

Pendant mon séjour à Lima, j'allai plusieurs
fois assister aux débats du congrès. La salle est

très jolie, quoique trop petite pour sa nouvelle
destination; elle est de forme oblongue et servait autrefois à des réunions académiques et
aux discours d'apparat, prononcés par de
hauts fonctionnaires. Depuis dix ans, on ne
cesse de proposer des projets pour en construire
une autre; mais les fonds de la république s'absorbent au ministère de la guerre, et pas une
piastre n'est employée aux travaux utiles. Les
sénateurs, c'est le titre qu'ils prennent, sont
assis sur quatre rangs, qui forment un fer-
à-cheval; le président est à l'angle. Dans le
milieu, sont deux grandes tables autour
desquelles se placent des secrétaires. Les sénateurs n'ont pas de costume; chacun d'eux,
militaire, prêtre ou bourgeois, se rend à la
séance dans l'habit de sa profession. Au dessus de l'assemblée, règnent deux rangées de
loges, formant autant de galeries destinées aux
fonctionnaires, aux agents étrangers et au public. Le fond, est disposé en amphithéâtre
et uniquement réservé aux dames. Chaque fois
que je suis allée à la séance, j'y ai vu un grand
nombre de dames; toutes étaient *en saya*, li-
saient un journal, ou causaient entre elles sur la
politique. Les membres de l'assemblée parlent

habituellement de leur place : cependant il y a
une tribune ; mais ce n'est que très rarement
que je l'ai vue occupée. Cette assemblée est
beaucoup plus grave que ne le sont les nôtres.
Quand un orateur parle, personne ne l'inter-
rompt ; on l'écoute avec un religieux silence :
pas une de ses paroles ne se perd, toutes sont
entendues. Cette langue espagnole est si belle,
si majestueuse, ses désinences sont si pleines,
si variées, et en même temps les peuples qui
la parlent ont, en général, tant d'imagination,
que tous les orateurs que j'entendais me paraissaient être très éloquents. La dignité de leur
maintien, leur voix sonore, leurs paroles
bien accentuées, leurs gestes imposants, tout
en eux concourt à charmer l'auditoire. Les
prêtres, particulièrement, se distinguent parmi
les autres orateurs. L'étranger qui jugerait
cette nation sur les discours de ses représentants
trouverait plus de mécompte encore, dans l'o-
pinion qu'il en aurait conçue, que s'il eût jugé
d'un livre sur l'annonce de l'éditeur. Il n'est
personne qui ne se rappelle cette belle insurrection napolitaine, les éloquents discours des
orateurs de son assemblée, leurs serments de
mourir pour la patrie, et tout ce que cela devint

à l'approche de l'armée autrichienne du feld-maréchal Frimond. Hé bien! les sénateurs péruviens ne le cèdent en rien à ceux que Naples offrit en spectacle au monde, en 1822; présomptueux, hardis en paroles, débitant avec assurance des discours pompeux, dans lesquels respirent le dévouement, l'amour de la patrie, tandis que chacun d'eux ne songe qu'à ses intérêts privés et nullement à cette patrie, que, du reste, la plupart de ces fanfarons seraient incapables de servir. Ce n'est, dans cette assemblée, que permanentes conspirations pour s'approprier les ressources de l'État; ce but se cache au fond de toutes les pensées : la vertu colore les discours, mais l'égoïsme le plus vil se montre dans les actes. En écoutant ces beaux phraseurs, je pensais au journal du moine Baldivia, aux harangues de Nieto, aux circulaires du préfet, aux discours du chef des Immortels; je comparais, dans mes souvenirs, la conduite de tous ces meneurs d'Aréquipa à leurs paroles; et je vis de quelle manière il fallait interpréter les discours des orateurs du congrès, et juger du courage, du désintéressement, du patriotisme dont ils faisaient l'étalage.

Le palais du président est très vaste, mais

aussi mal bâti que mal placé. La distribution intérieure en est fort incommode ; la salle de réception, longue et étroite, ressemble à une galerie : le tout est très mesquinement meublé. Je songeais, en y entrant, à Bolivar et à ce que ma mère m'en avait raconté : lui qui aimait tant le luxe, le faste, l'air, comment avait-il pu se résoudre à habiter ce palais qui ne valait pas l'antichambre de l'hôtel qu'il occupait à Paris? mais à Lima, il commandait, il était le premier, tandis qu'à Paris il n'était rien ; et l'amour de la domination fait passer par dessus bien d'autres inconvénients. Pendant que j'étais à Lima, il n'y eut chez le président ni bals, ni grandes réceptions; j'en fus contrariée; j'aurais été très curieuse de voir une de leurs réunions d'apparat.

L'hôtel-de-ville est très grand, mais ne contient rien de remarquable. La bibliothèque m'offrit plus d'intérêt; elle est placée dans un beau local; les salles en sont vastes et bien entretenues ; les livres sont disposés sur des rayons avec beaucoup d'ordre : il y a des tables recouvertes de tapis verts, entourées de chaises; là se trouvent tous les journaux du pays. La majeure partie des livres tels que Voltaire, Rousseau, la plupart de nos classiques, toutes les histoires de la révolution, les œuvres de madame Stael, des voyages, des mémoires, madame Rolland, etc., etc., formant une masse de douze mille volumes, sont en français. J'éprouvais beaucoup de satisfaction à retrouver nos bons auteurs dans cette bibliothèque. Malheureusement, le goût de la lecture est encore trop peu répandu pour que beaucoup de personnes en profitent. J'y vis aussi Walter Scott, lord Byron, Cooper traduits en français, et quantité d'autres traductions. On y voit encore quelques ouvrages en anglais et en allemand; de plus, tout ce que l'Espagne a produit de meilleur s'y trouve; en définitive, cette bibliothèque est très belle, relativement à un pays si peu avancé.

Lima a une salle de spectacle fort jolie, quoique petite; elle est décorée avec goût et très bien illuminée; les femmes et leurs toilettes y paraissent ravissantes. Il n'y avait alors qu'une mauvaise troupe espagnole, qui jouait des pièces de Lopez et des vaudevilles français défigurés par la traduction. J'y vis le *Mariage de raison*, *la jeune Fille à marier*, *le Baron de Felsheim*, etc., etc.; cette troupe était tellement misérable, qu'elle manquait même de costumes. Il y avait eu, pendant trois ou quatre ans, une très bonne troupe d'Italiens qui représentait avec succès et bien, au dire de madame Denuelle, les meilleurs opéras. La prima dona devint enceinte et ne voulut plus rester; son départ désespéra son amant qui la suivit, et ses camarades furent obligés d'aller chercher fortune ailleurs. On ne joue que deux fois par semaine, les dimanches et jeudis; chaque fois que j'y suis allée, j'ai vu peu de monde. Dans les entr'actes, tous les spectateurs fument, même les femmes. Cette salle serait beaucoup trop exiguë si la population avait autant de passion pour les représentations dramatiques que pour les combats de taureaux.

L'arène construite pour ce genre de spectacle démontre, par ses gigantesques dimensions, le goût dominant de ce peuple. J'hésitais longtemps à me rendre aux sollicitations des dames de ma connaissance, qui m'offraient leurs loges, tant j'éprouvais de peine à surmonter ma répugnance pour ces sortes de boucheries; cependant, voulant étudier les mœurs du pays, je ne pouvais me borner aux observations de salon; je devais voir ce peuple partout où ses penchants l'entraînent. Je me rendis donc, un dimanche, au combat de taureaux, en com-

pagnie de ma tante, d'une autre dame et de
M. Smith. Je trouvai là une population immense, cinq ou six mille personnes, peut-être
plus, toutes très bien parées, selon leur condition, et joyeuses du plaisir qu'elles attendaient.
Autour d'une vaste arène sont placées, en amphithéâtre, vingt rangées de banquettes; au
dessus règne la galerie; elle est divisée en loges
occupées par l'aristocratie liménienne. La vue de
la douleur me fait tant de mal, que je ressens une
peine réelle à rendre compte du spectacle dégoûtant de barbarie dont je fus témoin. Il m'est
impossible de maîtriser les émotions que j'é-
prouve à ces scènes d'horreur, et le pinceau
pour les peindre échappe de mes mains.

Dans l'arène, il y a quatre ou cinq hommes
à cheval, tenant en main un petit drapeau rouge
et une lance courte à lame acérée et tranchante.
Au milieu de cette arène, il y a une rotonde
formée de pieux assez rapprochés pour que les
taureaux ne puissent pas passer la tête dans les
interstices. Trois ou quatre hommes à pied se
tiennent dans cette rotonde; ils en sortent lorsqu'ils vont ouvrir la porte par laquelle l'animal
entre dans l'arène et pour l'y asticoter. Ils lui
jettent alors des fusées sur le dos, dans les

oreilles, l'excitent enfin par tous les tourments
imaginables; et, aussitôt qu'ils craignent d'être
éventrés, rentrent vite dans leur rotonde. Je
ne crois pas qu'il soit donné à personne de se
défendre d'une forte émotion de terreur à la
vue du taureau entrant d'un bond dans l'arène,
et s'élançant furieux sur les chevaux; l'animal,
le poil hérissé, la queue battant ses flancs, les
narines ouvertes, pousse par instants des beu-
glements de rage; sa fureur convulsive est
effrayante; il fait mille bonds et poursuit les
chevaux et les hommes, qui lui échappent avec
agilité.

Je conçois l'attrait puissant que ces spectacles peuvent avoir en Andalousie : là, de
superbes taureaux, dont la fureur n'a pas besoin d'être excitée; des coursiers pleins de feu
et de vigueur dans le combat; et ces toreros
andalous, habillés comme des pages, étince-
lants de paillettes d'or, de diamants, dont l'agilité, la grace, la bravoure tiennent de la féerie,
se jouant de la fureur du terrible animal,
qu'ils terrassent d'un coup, donnent à ces sanglantes représentations tant de grandiose, le
danger est si réel et le courage si héroïque,
que je conçois, dis-je, l'enthousiasme, l'enivre-

ment des spectateurs : mais, à Lima, rien ne
vient poétiser ces scènes de boucheries. Dans ce
pays au climat mou et énervant, les chevaux et
les taureaux sont sans vigueur, les hommes sans
bravoure. Dix minutes après que le taureau est
lâché, il se fatigue; et, pour prévenir l'ennui
des spectateurs, les hommes qui sont dans la
rotonde, armés d'une faucille emmanchée à
une perche, lui coupent les jarrets de derrière;
le pauvre animal ne peut plus aller que
sur les deux pieds de devant, et c'est pitié de le
voir se traîner ainsi; dans cet état, les braves toreros liméniens lui jettent des fusées,
l'accablent de coups de lance, en un mot le
tuent sur placé, comme pourraient le faire de
maladroits et barbares garçons-bouchers. Le
malheureux taureau se débat, pousse des gémissements sourds; de grosses larmes coulent
de ses yeux; enfin sa tête tombe dans la mare
de sang noir qui l'entoure. Alors on sonne des
fanfares, tandis qu'on place l'animal mort sur
un chariot que quatre chevaux entraînent ensuite au grand galop. Pendant ce temps, le
peuple bat des mains, trépigne, crie; c'est une
joie, une exaltation qui semblent égarer toutes
les têtes; huit hommes armés viennent de tuer un

taureau, quel beau sujet d'enthousiasme! J'étais
révoltée de ce spectacle ; et, aussitôt après que
le premier taureau eut été tué, je voulais m'en
aller ; mais ces dames me dirent : « Il faut attendre : le beau jeu est toujours pour la fin ; les
derniers taureaux qui sortent sont les plus méchants ; peut-être tueront-ils des chevaux,
blesseront-ils des hommes. » Et ces dames ap-
puyèrent sur le mot *homme* comme pour me
dire : « Alors ce serait plein d'intérêt...» Nous
fûmes *très favorisées* : le troisième taureau
éventra un cheval et faillit tuer le tauréador qui
le montait ; les coupeurs de jarrets, dans leur
effroi, lui abattirent les quatre jambes, et l'a-
nimal, haletant de fureur, tomba baigné dans
son sang ; le cheval, de son côté, avait les
boyaux hors du ventre ; à cette vue, je sortis
précipitamment, sentant que j'allais me trouver
mal. M. Smith était pâle et ne put que me dire :
« Ce spectacle est inhumain et dégoûtant. »

Appuyée sur son bras, je marchai quelque
temps sur la promenade qui borde la rivière ;
l'air pur me ranima ; mais le lieu d'où je sortais m'attristait encore : cet attrait qu'offre à
tout un peuple le spectacle de la douleur me
paraissait l'indice du dernier degré de corrup-

tion. J'étais préoccupée de ces réflexions, lorsque nous vîmes venir la calèche de ma belle
tante; elle me cria, du plus loin qu'elle put se
faire entendre : « Eh bien! sensible Florita,
pourquoi vous sauvez-vous ainsi au plus beau
moment! Oh! si vous aviez vu le dernier! quel
magnifique animal! il était réellement effrayant!
Il y a eu un enthousiasme dans la salle, oh!
c'était ravissant!»Misérable peuple! pensais-je,
es-tu donc sans pitié pour trouver des délices
dans de pareilles scènes!

Le Rimac ressemble beaucoup à la rivière
d'Aréquipa; il court de même sur un lit de
pierres et entre des rochers. Le pont est assez
beau, et c'est là que se portent les badauds pour
voir passer les femmes qui vont se promener au
Paseo del agua. Avant de poursuivre, je vais
faire connaître le costume spécial aux femmes
de Lima, le parti qu'elles en tirent, et l'influence qu'il a sur leurs mœurs, habitudes et
caractère.

Il n'est point de lieu sur la terre où les femmes soient plus *libres*, exercent plus d'empire
qu'à Lima. Elles règnent là sans partage; c'est
d'elles, en tout, que part l'impulsion. Il
semble que les Liméniennes absorbent, à elles

seules, la faible portion d'énergie que cette
température chaude et enivrante laisse à ces
heureux habitants. A Lima, les femmes sont
généralement plus grandes, plus fortement
organisées que les hommes. A onze ou douze
ans, elles sont tout à fait formées; presque
toutes se marient vers cet âge et sont très fé-
condes; ayant communément de six à sept enfants. Elles ont de belles grossesses, accouchent
facilement et sont promptement rétablies. Presque toutes nourrissent leurs enfants, mais toujours avec l'aide d'une nourrice, qui supplée à
la mère, et allaite comme elle l'enfant : c'est
un usage qui leur vient d'Espagne où, dans
les familles aisées, les enfants ont toujours deux
nourrices. Les Liméniennes ne sont pas belles
généralement; mais leurs physionomies gracieuses entraînent avec un irrésistible ascendant. Il n'y a point d'homme auquel la vue
d'une Liménienne ne fasse battre le cœur de
plaisir. Elles n'ont point la peau basanée, comme
on le croit en Europe; la plupart sont, au contraire, très blanches; les autres, selon leurs
diverses origines, sont brunes, mais d'une peau
unie et veloutée, d'une teinte chaude et pleine
de vie. Les Liméniennes ont toutes de belles

couleurs, les lèvres d'un rouge vif, de beaux cheveux noirs bouclés naturellement, des yeux noirs, d'une forme admirable, d'un brillant et d'une expression indéfinissables d'esprit, de fierté et de langueur; c'est dans cette expression qu'est tout le charme de leur personne; elles parlent avec beaucoup de facilité, et leurs gestes ne sont pas moins expressifs que les paroles qu'ils accompagnent. Leur costume est *unique*.

Lima est la seule ville du monde où il ait jamais paru. Vainement a-t-on cherché, jusque dans les chroniques les plus anciennes, d'où il pouvait tirer son origine, on n'a pu encore le découvrir; il ne ressemble en rien aux divers costumes espagnols; et, ce qu'il y a de bien certain, c'est qu'on ne l'a pas apporté d'Espagne. Il a été trouvé sur les lieux, lors de la découverte du Pérou, quoiqu'il soit en même temps notoire qu'il n'a jamais existé dans aucune autre ville d'Amérique. Ce costume, appelé *saya*, se compose d'une jupe et d'une espèce de sac qui enveloppe les épaules, les bras et la tête, et qu'on nomme *manto*. J'entends nos élégantes Parisiennes se récrier sur la simplicité de ce costume; elles sont loin de se douter du parti

qu'en tire la coquetterie. Cette jupe, qui se fait
en différentes étoffes, selon la hiérarchie des
rangs et la diversité des fortunes, est d'un travail tellement extraordinaire, qu'elle a droit à
figurer dans les collections comme objet de curiosité. Ce n'est qu'à Lima qu'on peut faire con-
fectionner ce genre de costume ; et les Liméniennes prétendent qu'il faut être *né à Lima*
pour pouvoir être ouvrier en *saya ;* qu'un Chilien, un Aréquipénien, un Cuzquénien, ne pourraient jamais parvenir *à plisser la saya ;* cette
assertion, dont je ne me suis pas inquiétée de vé-
rifier l'exactitude, prouve combien ce costume
est en dehors de tous les costumes connus. Je
vais donc tâcher, par quelques détails, d'en
donner une idée.

Pour faire une saya ordinaire, il faut de
douze à quatorze aunes de satin [1] ; elle est
doublée en florence ou en petite étoffe de
coton très légère ; l'ouvrier, en échange de vos
quatorze aunes de satin, vous rapporte une petite jupe qui a trois quarts de haut, et qui,
prenant la taille à deux doigts au dessus des

[1] Ce satin est importé d'Europe ; ce vêtement se faisait, avant
la découverte du Pérou, avec une étoffe de laine fabriquée dans
le pays. On ne se sert plus de cette étoffe que pour les femmes
pauvres.

hanches, descend jusqu'aux chevilles des pieds ;
elle est tellement collante que, dans le bas, elle
a tout juste la largeur nécessaire pour qu'on
puisse mettre un pied devant l'autre, et marcher à très petits pas. On se trouve ainsi serrée
dans cette jupe comme dans une gaîne. Elle
est plissée entièrement de haut en bas, à très
petits plis, et avec une telle régularité, qu'il
serait impossible de découvrir les coutures.
Ces plis sont si solidement faits, ils donnent
à ce sac une telle élasticité, que j'ai vu des
sayas qui duraient depuis quinze ans, et qui
conservaient encore assez d'élasticité pour des-
siner toutes les formes et se prêter à tous les
mouvements.

Le *manto* est aussi artistement plissé, mais
fait en étoffe très légère, il ne saurait durer
autant que la jupe, ni le plissage résister aux
mouvements continuels de celle qui le porte
et à l'humidité de son haleine. Les femmes
de la bonne société portent leur *saya* en satin
noir; les élégantes en ont aussi en couleurs
de fantaisie, telles que violet, marron, vert,
gros bleu, rayées, mais jamais en couleurs
claires, par la raison que les *filles publiques* les
ont adoptées de préférence. Le *manto* est toujours noir, enveloppant le buste en entier ; il ne

laisse apercevoir qu'un œil. Les Liméniennes
portent toujours un petit corsage dont on ne
voit que les manches; ces manches, courtes ou
longues, sont en riches étoffes : en velours, en
satin de couleur ou en tulle; mais la plupart
des femmes vont bras nus en toutes saisons. La
chaussure des Liméniennes est d'une élégance
attrayante : elles ont de jolis souliers en satin de
toutes couleurs, ornés de broderies; s'ils sont
unis, les couleurs des rubans contrastent avec
celles des souliers. Elles portent des bas de soie
à jour en diverses couleurs, dont les coins sont
brodés avec la plus grande richesse. Partout, les
femmes espagnoles se font remarquer par la riche élégance de leur chaussure; mais il y a tant
de coquetterie dans celle des Liméniennes,
qu'elles semblent exceller dans cette partie de
leur ajustement. Les femmes de Lima portent
leurs cheveux séparés de chaque côté de la
tête; ils tombent en deux tresses parfaitement
faites et terminées par un gros nœud en rubans. Cette mode, cependant, n'est pas exclusive : il y a des femmes qui portent leurs
cheveux bouclés à la *Ninon*, descendant en
longs flocons de boucles sur leur sein, que, selon
l'usage du pays, elles laissent presque toujours

nu. Depuis quelques années, la mode de porter de grands châles de crêpe de Chine, richement brodés en couleurs, s'est introduite. L'adoption de ce châle a rendu leur costume plus décent en voilant, dans son ampleur, le nu et les formes un peu trop fortement dessinées. Une des recherches de leur luxe est encore d'avoir un très beau mouchoir de batiste brodé garni de dentelle. Oh! qu'elles ont de grace, qu'elles sont enivrantes ces belles Liméniennes avec leur *saya* d'un beau noir brillant au soleil, et dessinant des formes vraies chez les unes, fausses chez beaucoup d'autres, mais qui imitent si bien la nature, qu'il est impossible, en les voyant, d'avoir l'idée d'une supercherie!... Qu'ils sont gracieux leurs mouvements d'épaules, lorsqu'elles attirent le *manto* pour se cacher entièrement la figure, que par instants elles laissent voir à la dérobée! Comme leur taille est fine et souple, et comme le balancement de leur démarche est onduleux! Que leurs petits pieds sont jolis, et quel dommage qu'ils soient un peu trop gros!

Une Liménienne en *saya*, ou vêtue d'une jolie robe venant de Paris, ce n'est plus la même femme; on cherche vainement, sous le

costume parisien, la femme séduisante qu'on
a rencontrée le matin dans l'église de Sainte-
Marie. Aussi, à Lima, tous les étrangers vont-
ils à l'église, non pour entendre chanter aux
moines l'office divin, mais pour admirer, sous
leur costume national, ces femmes d'une nature à part. Tout en elles est, en effet, plein de
séduction : leurs poses sont aussi ravissantes
que leur démarche; et, lorsqu'elles sont à genoux, elles penchent la tête avec malice, laissent voir leurs jolis bras couverts de bracelets,
leurs petites mains, dont les doigts, resplendis-
sant de bagues, courent sur un gros rosaire
avec une agilité voluptueuse, tandis que leurs
regards furtifs portent l'ivresse jusqu'à l'extase.

Un grand nombre d'étrangers m'ont raconté
l'effet magique qu'avait produit, sur l'imagination de plusieurs d'entre eux, la vue de ces
femmes ; une ambition aventureuse leur avait
fait affronter mille périls dans la ferme persuasion que la fortune les attendait sur ces loin-
tains rivages. Les Liméniennes leur en paraissaient être les *prêtresses*, ou plutôt, réali-
sant le paradis de Mahomet, ils croyaient que,
pour les dédommager des pénibles souffrances
d'une longue traversée et récompenser leur

courage, Dieu les avait fait aborder dans un pays enchanté. Ces écarts d'imagination ne paraissent pas invraisemblables, quand on est témoin des folies, des extravagances que ces belles Liméniennes font faire aux étrangers. On dirait que le vertige s'est emparé de leurs sens. Le désir ardent de connaître leurs traits, qu'elles cachent avec soin, les fait suivre avec une avide curiosité; mais il faut avoir une grande habitude des *sayas* pour suivre une Liménienne sous ce costume, qui leur donne à toutes une grande ressemblance; il faut un travail d'attention bien soutenu pour ne point perdre de vue, dans la foule, celle dont le regard vous a charmé : agile, elle s'y glisse, et bientôt, dans sa course sinueuse, comme le serpent à travers le gazon, se dérobe à votre poursuite. Oh! je défie la plus belle Anglaise, avec sa chevelure blonde, ses yeux où le ciel se réfléchit, sa peau de lis et de rose, de lutter contre une jolie Liménienne en *saya !* Je défie également la plus séduisante Française, avec sa jolie petite bouche entr'ouverte, ses yeux spirituels, sa taille élégante, ses manières enjouées et tout le raffinement de sa coquetterie, je la défie de lutter contre une jolie Li-

ménienne en *saya!* L'Espagnole elle-même, avec
son port noble, sa belle physionomie, pleine
de fierté et d'amour, ne paraîtrait que froide
et hautaine à côté d'une jolie Liménienne *en*
saya! Ho! sans nulle crainte d'être démentie,
je puis affirmer que les Liméniennes sous ce
costume seraient proclamées les reines de la
terre, s'il suffisait de la beauté des formes, du
charme magnétique du regard, pour assurer
l'empire que la femme est appelée à exercer;
mais, si la beauté impressionne les sens, ce
sont les inspirations de l'ame, la force morale,
les talents de l'esprit qui prolongent la durée
de son règne. Dieu a doué la femme d'un cœur
plus aimant, plus dévoué que celui de l'homme;
et si, comme il n'y a aucun doute, c'est par
l'amour et le dévouement que nous honorons
le Créateur, la femme a sur l'homme une supériorité incontestable; mais il faut qu'elle
cultive son intelligence et surtout se rende maîtresse d'elle-même pour conserver cette supériorité. Ce n'est qu'à ces conditions qu'elle ob-
tiendra toute l'influence que Dieu a donné aux
qualités de son cœur d'exercer; mais lorsqu'elle
méconnaît sa mission, lorsqu'au lieu d'être le

guide, le génie inspirateur de l'homme, de per-
fectionner son moral, elle ne cherche qu'à le
séduire, qu'à régner sur ses sens, son empire
s'évanouit avec les désirs qu'elle a fait naître.
Ainsi, lorsque ces Liméniennes enchanteresses,
qui n'ont jamais donné aucun objet élevé à l'activité de leur vie, viennent, après avoir électrisé
l'imagination des jeunes étrangers, à se montrer
telles qu'elles sont, le cœur blasé, l'esprit sans
culture, l'ame sans noblesse, qu'elles paraissent n'aimer que l'argent...., elles détruisent
à l'instant le brillant prestige de fascination que
leurs charmes avaient produit.

Cependant les femmes de Lima gouvernent
les hommes, parce qu'elles leur sont bien supérieures en intelligence et en force morale.
La phase de civilisation dans laquelle se trouve
ce peuple est encore bien éloignée de celle où
nous sommes arrivés en Europe. Il n'existe
au Pérou aucune institution pour l'éducation
de l'un ou de l'autre sexe; l'intelligence ne
s'y développe que par ses forces natives : ainsi
la prééminence des femmes de Lima sur l'autre
sexe, quelque inférieures, sous le rapport moral, que soient ces femmes aux Européennes,

doit être attribuée à la supériorité d'intelligence
que Dieu leur a départie.

On doit cependant faire remarquer combien
le costume des Liméniennes est favorable et
seconde leur intelligence pour leur faire acquérir la grande liberté et l'influence dominatrice dont elles jouissent. Si jamais elles aban-
donnaient ce costume sans prendre des mœurs
nouvelles, si elles ne remplaçaient pas les
moyens de séduction que leur fournit ce déguisement, par l'acquisition des talents, des
vertus qui ont le bonheur, le perfectionnement
des autres pour objets, vertus dont jusqu'alors
elles n'auraient pu sentir le besoin, on peut
prédire sans hésiter qu'elles perdraient immédiatement tout leur empire, qu'elles tomberaient
même très bas et seraient aussi malheureuses
que créatures humaines peuvent l'être; elles
ne pourraient plus se livrer à cet activité
incessante que leur incognito favorise, et seraient
en proie à l'ennui, sans nul moyen de suppléer
au manque d'estime qu'on professe généralement pour les êtres qui ne sont accessibles
qu'aux jouissances des sens. En preuve de ce
que j'avance, je vais tracer une légère esquisse
des usages de la société de Lima, et l'on ju-

gera, d'après cet exposé, de la justesse de l'observation.

La *saya*, ainsi que je l'ai dit, est le costume national ; toutes les femmes le portent à quelque rang qu'elles appartiennent ; il est respecté et fait partie des mœurs du pays, comme, en Orient, le voile de la musulmane. Depuis le commencement jusqu'à la fin de l'année, les Liméniennes sortent ainsi déguisées, et quiconque oserait enlever à une femme en *saya* le *manto* qui lui cache entièrement le visage, à l'exception d'un œil, serait poursuivi par l'indignation publique et sévèrement puni. Il est établi que toute femme *peut sortir seule;* la plupart se font suivre par une négresse, mais ce n'est pas d'obligation. Ce costume change tellement la personne et jusqu'à la voix dont les inflexions sont altérées (la bouche étant couverte), qu'à moins que cette personne n'ait quelque chose de remarquable, comme une taille très élevée ou très petite, qu'elle ne soit boiteuse ou bossue, il est impossible de la reconnaître. Je crois qu'il faut peu d'efforts d'imagination pour comprendre toutés les conséquences résultant d'un état de déguisement continuel, que le temps et les usages ont consacré, et que les lois sanctionnent ou du moins tolèrent. Une Liménienne déjeûne le matin, avec son mari, en petit peignoir à la française, ses cheveux retroussés absolument comme nos dames de Paris; a-t-elle envie de sortir, elle passe *sa saya* sans corset (la ceinture de dessous serrant la taille suffisamment), laisse tomber ses cheveux, *se tape*[1], c'est à dire se cache la figure avec le *manto*, et sort pour aller où elle veut..; elle rencontre son mari dans la rue, qui ne la reconnaît pas[2], l'agace de l'œil, lui fait des mines, le provoque de propos, entre en grande conversation, se fait offrir des glaces, des fruits, des gâteaux, lui donne un rendez-vous, le quitte et entame aussitôt un autre entretien avec un officier qui passe; elle peut pousser aussi loin qu'elle le désire cette nouvelle aventure, sans jamais quitter son *manto*; elle va voir ses amies, fait un tour de promenade et rentre dans sa maison pour dîner. Son mari ne s'enquiert pas où elle est allée, car il sait parfaitement que, si elle a intérêt à lui

[1] *Tapada* veut dire se cacher la figure avec le *manto*.
[2] Plusieurs maris m'ont assuré ne point reconnaître leurs femmes lorsqu'ils les rencontraient.

cacher la vérité, elle mentira, et, comme il
n'a aucun moyen de l'en empêcher, il prend
le parti le plus sage, celui de ne point s'en
inquiéter. Ainsi ces dames vont seules au spectacle, aux courses de taureaux, aux assem-
blées publiques, aux bals, aux promenades,
aux églises, en visites, et sont bien vues partout.
Si elles rencontrent quelques personnes avec
lesquelles elles désirent causer, elles leur parlent, les quittent et restent libres et indépendantes, au milieu de la foule, bien plus que
ne le sont les hommes, le visage découvert. Ce
costume a l'immense avantage d'être à la fois
économique, très propre, commode, tout de
suite prêt, sans jamais nécessiter le moindre
soin.

Il est de plus un usage dont je ne dois pas
omettre de parler : lorsque les Liméniennes
veulent rendre leur déguisement encore plus
impénétrable, elles mettent une vieille *saya*
toute déplissée, déchirée, tombant en lambeaux,
un vieux *manto* et un vieux corsage ; seulement
les femmes qui désirent se faire reconnaître
pour être de la bonne société se chaussent parfaitement bien et prennent un de leurs plus
beaux mouchoirs de poche : ce déguisement,

qui est *reçu*, se nomme *disfrazar*. Une *disfrazarda* est considérée comme fort respectable;
aussi ne lui adresse-t-on jamais la parole : on
ne l'approche que très timidement; il serait
inconvenant et même *déloyal* de la suivre. On
suppose, avec raison, que, puisqu'elle s'est *dé-
guisée*, c'est parce qu'elle a *des motifs impor-
tants* pour le faire, et que, par conséquent, on
ne doit pas s'arroger le droit d'examiner ses
démarches.

D'après ce que je viens d'écrire sur le costume et les usages des Liméniennes, on con-
cevra facilement qu'elles doivent avoir un tout
autre ordre d'idées que celui des Européennes,
qui, dès leur enfance, sont esclaves des lois,
des mœurs, des coutumes, des préjugés, des
modes, de tout enfin; tandis que, sous la *saya*,
la Liménienne est *libre*, jouit de son indépendance et se repose avec confiance sur cette force
véritable que tout être sent en lui, lorsqu'il
peut agir selon les besoins de son organisation.
La femme de Lima, dans toutes les positions
de la vie, est toujours *elle*; jamais elle ne subit aucune contrainte : jeune fille, elle échappe
à la domination de ses parents par la liberté
que lui donne son costume; quand elle se ma-

rie, elle ne prend pas le nom de son mari, elle garde le sien, et toujours reste maîtresse chez elle; lorsque le ménage l'ennuie par trop, elle met sa *saya* et sort comme les hommes le font en prenant leur chapeau; agissant en tout avec la même indépendance d'action. Dans les relations intimes qu'elles peuvent avoir, soit légères, soit sérieuses, les Liméniennes gardent toujours de la dignité, quoique leur conduite, à cet égard, soit, certes, bien différente de la nôtre. Ainsi que toutes les femmes, elles mesurent la force de l'amour qu'elles inspirent à l'étendue des sacrifices qu'on leur fait; mais comme, depuis sa découverte, leur pays n'a attiré les Européens à une aussi grande distance de chez eux que par l'or qu'il recèle, que *l'or seul*, à l'exclusion des talents ou de la vertu, y a toujours été l'objet unique de la considération et le mobile de toutes les actions, que seul il a mené à tout, les talents et la vertu à rien, les Liméniennes, conséquentes, dans leur façon d'agir, à l'ordre d'idées qui découle de cet état de choses, ne voient de preuves d'amour que dans les masses d'or qui leur sont offertes : c'est à la valeur de l'offrande qu'elles jugent de la sincérité de l'amant; et leur vanité est plus ou moins satisfaite, selon les sommes plus ou moins grandes, ou le prix des objets qu'elles en ont reçus. Lorsqu'on veut donner une idée du violent amour que monsieur tel avait pour madame telle, on n'use jamais que de cette phraséologie : « Il lui donnait de l'or à plein sac; il lui achetait à prix énorme tout ce qu'il trouvait de plus précieux; il s'est ruiné entièrement pour elle... » C'est comme si nous disions : « Il s'est *tué pour elle!*» Aussi la femme riche prend-elle toujours l'argent de son amant, quitte *à le donner à ses négresses* si elle ne peut le dépenser; c'est pour elle *une preuve d'amour*, la *seule* qui puisse la *convaincre qu'elle est aimée.* La vanité des voyageurs leur a fait déguiser la vérité, et, lorsqu'ils nous ont parlé des femmes de Lima et des bonnes fortunes qu'ils ont eues avec elles, ils ne se sont pas vantés qu'elles leur avaient coûté leur petit trésor, et jusqu'au souvenir donné par une tendre amie à l'heure du départ. Ces mœurs sont bien étranges, mais elles sont vraies. J'ai vu plusieurs dames de la bonne société porter des bagues, des chaînes et des montres d'hommes....

Les dames de Lima s'occupent peu du ménage; mais, comme elles sont très actives, le peu de temps qu'elles y consacrent suffit pour le tenir en ordre. Elles ont un penchant décidé pour la politique et l'intrigue; ce sont elles qui s'occupent de placer leurs maris, leurs fils et tous les hommes qui les intéressent : pour parvenir à leur but, il n'y a pas d'obstacles ou de dégoûts qu'elles ne sachent surmonter. Les hommes ne se mêlent pas de ces sortes d'affaires, et ils font bien; ils ne s'en tireraient pas avec la même habileté. Elles aiment beaucoup le plaisir, les fêtes, recherchent les réunions, y jouent gros jeu, fument le cigare et montent à cheval, non à l'anglaise, mais avec un large pantalon comme les hommes. Elles ont une passion pour les bains de mer et nagent très bien. En fait de talents d'agrément, elles pincent de la guitare, chantent assez mal (il en est cependant quelques unes qui sont bonnes musiciennes) et dansent, avec un charme inexprimable, les danses du pays.

Les Liméniennes n'ont, en général, aucune instruction, ne lisent point et restent étrangères à tout ce qui se passe dans le monde. Elles ont beaucoup d'esprit naturel, une compréhension facile, de la mémoire et une intelligence surprenante.

. J'ai dépeint les femmes de Lima telles qu'elles sont et non d'après le dire de certains voyageurs ; il m'en a coûté sans doute, car la manière aimable et hospitalière avec laquelle elles m'ont accueillie m'a pénétrée des plus vifs sentiments de reconnaissance ; mais mon rôle de *voyageuse consciencieuse* me faisait un devoir de dire toute la vérité.

... J'ai parlé du théâtre et des combats de taureaux, mais j'ai omis le spectacle qu'offrent les églises à la population liménienne ; c'est le plus suivi, le besoin perpétuel de distractions, chaque jour y porte la foule. A Lima, tout le monde entend deux ou trois messes, une à la cathédrale, parce qu'on y rencontre un grand nombre de jolies femmes et d'étrangers que ces beautés y attirent ; une autre à Saint-François, parce que ces pères distribuent d'excellent pain bénit, qu'on y entend des orgues magnifiques, et que tous les prêtres sont richement vêtus ; la troisième messe s'entend à l'Enfant-Jésus, pour y jouir du ramage divertissant des nombreux oiseaux que contiennent les cages. Dans

presque toutes les églises de Lima , on voit,
auprès des autels, des cages remplies d'oiseaux
de diverses espèces ; leurs chants couvrent souvent les paroles du prêtre qui dit la messe.
Outre les récréations quotidiennes qu'on trouve
dans les églises, il se fait, dans la ville, deux
processions au moins par semaine , et ces processions sont encore plus bouffonnes, encore
plus indécentes que celles dont j'avais été si
fort scandalisée à Aréquipa ; enfin , pour que
la continuité des cérémonies , l'édification et
l'amusement des religieux liméniens ne soient
pas interrompus , il y a des offices de nuit cé-
lébrés avec beaucoup de pompe et où tout se
passe , on doit le supposer, avec le même respect des convenances. Combien d'écoles n'éta-
blirait-on pas avec ce que coûtent toutes ces
vaines cérémonies ! Que de choses utiles ne
pourrait-on pas apprendre ou faire dans le
temps qu'on y perd !....

Les deux principales promenades sont l'*Al-
mendral* et *el Paseo del agua* : cette dernière
est préférée; elle est belle, mais mal située. La
rivière qui la borde, les grands arbres dont elle
est ornée lui donnent, en hiver, une humidité
très nuisible à la santé ; et, dans l'été, elle man-

que d'air. Le dimanche, les jours de fête, cette promenade ressemble, le soir, au boulevart de Gand. La foule se presse sur les bas-côtés formés par deux allées ombragées de grands arbres. Les femmes y sont presque toutes en saya, et beaucoup assises sur les bancs ; dans cette position, leur costume laisse voir jusqu'aux genoux. Il y a, sur la chaussée, de nombreuses calèches ; les unes vont au pas, d'autres s'arrêtent, afin que les dames qu'elles renferment puissent faire admirer leur beauté et leur parure. On reste quatre à cinq heures à cette promenade ; ce qui m'eût paru très long si je n'y avais été en compagnie de plusieurs dames, et particulièrement de ma tante, qui est pétillante d'esprit lorsqu'elle fait de la critique ; et, à ce *paseo*, il y a beau champ pour en faire....

L'ouverture du printemps est un des grands plaisirs de Lima : c'est réellement une superbe fête. Le jour de la Saint-Jean commence la promenade des *Amancais*[1], espèce de Longchamp, auquel j'allai avec dona Calista, une de mes amies. Toute la population s'y était rendue. Il y

[1] Amancais est le nom d'une fleur jaune qui croît sur les montagnes.

avait plus de cent calèches contenant des dames magnifiquement parées ; on y voyait de nombreuses cavalcades et une foule immense de piétons. Pendant les deux mois d'hiver, mai et juin , les montagnes se couvrent de fleurs jaunes aux feuilles vertes, nommées *amancais,* elles en prennent un aspect de printemps ; c'est ce qui donne lieu à la fête et le nom aux promenades. Le chemin qui conduit à ces montagnes est très large, et la perspective que l'on découvre à une certaine hauteur est enchanteresse. Dans plusieurs endroits, s'établissent des tentes où l'on vend des rafraîchissements, et où s'exécutent des danses très indécentes. Le beau monde, durant les deux mois de la saison, fréquente ces lieux ; et l'empire de la mode, le désir de voir et d'être vu font passer sur les nombreux inconvénients qu'ils présentent. Le chemin est très mauvais ; les chevaux enfoncent dans le sable jusqu'aux genoux ; le vent y est froid ; et le soir, pour peu qu'on tarde à se retirer, on risque d'être arrêté par les voleurs dont Lima abonde. Néanmoins les Liméniens y accourent avec une véritable fureur ; ils forment des parties, portent leur dîner et souper, et y passent la nuit.

Je ne me bornai pas à visiter les promenades
et les édifices de Lima ; je cherchai encore à
m'introduire chez les principaux habitants,
pour en connaître les mœurs et usages. J'avais
été recommandée à plusieurs familles, et, en
outre, à deux de mes cousines d'Aréquipa, la
señora Balthazar de Benavedez, et la señora
Inés de Izcué. Je fus très bien accueillie dans
ces deux maisons, où l'on me donna des dîners
d'apparat. Rien au monde n'est plus ennuyeux
que ces dîners : on y déploie un grand luxe en
vaisselle, en cristaux, en toutes choses, mais
particulièrement en mets et friandises de mille
sortes. Lima se distingue par ses progrès en
cuisine : l'art culinaire y fleurit ; et, depuis dix
ans, tout se fait à la *française*. Le pays fournit
de très bonne viande, de beaux légumes, du
poisson de toute espèce, une grande abondance de fruits exquis ; et il est facile de se
procurer, à peu de frais, un ordinaire somptueux. Ces banquets étaient, pour moi qui ai
l'habitude de dîner en dix minutes, une fatigue
inimaginable ; on sert deux et trois services, et
il faut manger de tout pour ne pas enfreindre
les usages de la *politesse*. Il me fallait incessam-

ment recommencer les mêmes excuses ; répéter
à satiété que je ne mangeais ni soupe ni viande,
et que ma nourriture se bornait habituellement
aux légumes, aux fruits et au laitage. On reste
deux heures à table ; pendant ce temps, la conversation roule sur l'excellence des mets, et les
éloges qu'on adresse, en termes pompeux, au
maître de la maison. Comme à Aréquipa, on a
aussi l'habitude de se faire passer des morceaux
au bout de la fourchette ; cependant cet usage
se perd. Ce que j'ai vu manger dans ces occasions est vraiment monstrueux. Il en résulte
qu'à la sortie du repas presque tous les con-
vives sont malades et dans un tel état de stupeur, qu'ils sont incapables de dire un mot. En
définitive, leurs festins sont aussi fatigants que
nuisibles à la santé. La profusion qu'ils y étalent dénote un peuple réduit encore aux jouissances sensuelles. L'heure habituelle du dîner
n'est pas changée ces jours-là ; on se met à table à trois heures, comme c'est l'usage de Lima ;
mais l'on n'en sort qu'à cinq ou six heures ; ensuite, il faut tenir compagnie, pendant une
heure ou deux, aux maîtres de la maison ; on
peut juger quelles corvées étaient, pour moi,

de pareilles invitations ; dans tous ces repas, on sert de nos meilleurs vins, ce qui est une grande dépense pour le pays.

Parmi les femmes distinguées que renferme Lima, j'en citerai trois dont, en parlant de cette ville, je ne saurais omettre les noms. La première est madame de la Riva-Aguero, célèbre par ses malheurs, par le courage et la constance qu'elle montre à les supporter. La seconde est madame Calista Thwaites, la femme la plus instruite que j'aie rencontrée en Amérique, et que distinguent également le brillant de son esprit, la justesse de son jugement. Et, enfin, la troisième est madame Manuela Riclos, femme savante, très spirituelle, dit on, mais encore plus pédante.

En racontant l'histoire de madame de la Riva-Aguero, mon intention est encore de montrer, ainsi que je l'ai fait dans l'histoire du commandant de *la Challenger,* de combien de maux est cause la tyrannie exercée par les parents sur les inclinations de leurs enfants ; comme si les erreurs du cœur, la satiété, les chances bonnes ou mauvaises de la vie ne suffisaient pas pour compromettre le bonheur d'un lien que, dans notre sagesse, nous avons fait indissoluble ; sans qu'il faille ajouter à ces dangers en faisant intervenir la raison humaine avec son cortége de préjugés dans l'affection la plus désintéressée de notre nature. Ah ! la raison est encore plus féconde en déceptions que le cœur, et l'amour que Dieu y allume a, sans doute, plus de droits à nos respects que les vaines opinions que le monde extérieur fait naître dans notre cerveau. La contrainte, à cet égard, dont usent les parents envers leurs enfants, est le plus coupable abus de la force en même temps qu'elle est la plus insigne absurdité de la raison ; tuer la victime est moins criminel que de lui préparer un avenir de calamités ; lui commander d'aimer est le comble de la démence auquel la tyrannie peut parvenir.

Madame de la Riva-Aguero (Caroline Delooz) appartient à une des premières familles de la Hollande, où elle est née. Elle a reçu une éducation aussi brillante que solide ; et l'extrême convenance de son ton, ses manières à la fois simples et élégantes annoncent qu'elle a vécu, dès son enfance, dans la meilleure société. C'est une femme accomplie, si jamais être humain a mérité qu'on dise cela de lui. Lorsque je l'ai connue, elle avait environ trente ans ; fort jolie

femme encore, à dix-huit ans, elle avait dû être
une créature ravissante de graces et de fraîcheur. Pauvre jeune fille, quand tu jouais dans
tes vertes campagnes, tu ne pensais guère à la
triste destinée que l'ambition de tes parents te
réservait!

En 1822, arriva à Bruxelles un Péruvien
nommé de la Riva-Aguero; il s'introduisit, je ne
sais comment, dans la famille de la jeune Caroline Delooz, s'y présenta avec un cortége de
titres et se donna pour le président de la république du Pérou, dont il avait été forcé de s'ab-
senter par suite de troubles révolutionnaires;
il amplifia, avec cette exagération propre à son
pays, tout ce qui pouvait lui donner de l'importance et faire concevoir de lui une haute
opinion; enfin il réussit, par son éloquence et
ses airs de grandeur, à intéresser la famille
Delooz et à l'éblouir. Devenu amoureux de
Caroline, il la demanda. M. Delooz, père de
sept enfants, avait perdu une grande partie de
sa fortune, et il avait quatre filles à marier;
il crut sur parole le soi-disant président du
Pérou, possesseur, dans son pays, de grandes
richesses; le noble et ambitieux Hollandais vit
donc, en cet étranger, un parti convenable pour

une de ses filles, et accueillit sa demande. Il déclara sa volonté à Caroline, qui en resta pétrifiée. Riva-Aguero avait alors cinquante-cinq ans, était d'une laideur repoussante, d'une santé chancelante, d'un caractère triste et sévère. La jeune personne, le désespoir dans le cœur, alla se jeter aux pieds de sa mère et lui demanda protection; mais, hélas! la pauvre mère, esclave comme sa fille, ne pouvait que confondre ses larmes avec celles de son enfant. Le noble époux, maître absolu dans sa famille, vit se taire devant sa volonté toutes les répugnances. Dans tout le cercle de la famille Delooz, il ne se trouva pas une seule personne qui osât faire observer au père qu'il agissait avec cruauté, en jetant sa fille dans les bras d'un vieillard cacochyme, et, avec imprudence, en la mariant à un inconnu qui peut-être les trompait. Cette société hollandaise, encore plus asservie que la nôtre aux préjugés de l'orgueil, trouvait que le président du Pérou était un très beau parti pour Caroline Delooz, et force fut à la pauvre enfant d'en paraître honorée, contente et heureuse. Elle avait dix-sept ans quand elle épousa le vieillard.

Peu de temps après son mariage, la jeune

femme fut obligée de quitter sa mère et ses
sœurs qu'elle aimait tendrement et dont elle
était chérie, pour suivre son mari dans ses
États. Elle arriva à Valparaiso avec un enfant
de quinze mois, et enceinte ; elle y demeura
près de deux ans, vivant dans une maison garnie de la manière la plus mesquine, sans oser demander à son auguste époux quand enfin il comptait la conduire dans son palais. M. de la Riva-
Aguero ayant, pour subvenir à cette misérable
existence, épuisé ses faibles ressources, se trouva
forcé de mener sa femme à Lima. Ah ! quel
dut être l'amer désespoir de cette jeune femme
à la vue de la petite maison dans laquelle l'é-
tablit son mari. Son malheur était certain ; cet
homme avait indignement abusé de la crédulité
de son père ; elle se voyait à trois mille lieues
de son pays, sans sa mère, ni aucun des siens
pour la consoler et l'aider des conseils de l'affection ; elle s'y voyait sans nulle fortune, sans
nulle considération, aux prises avec la misère et
condamnée aux chagrins de toute espèce, à
craindre même pour ses enfants. Il dut être
horrible son désespoir !!! M. de la Riva-Aguero
avait menti en se donnant pour président de
la république du Pérou : il est vrai que, dans

un mouvement populaire, une nomination
extra-légale lui avait donné ce titre. Il le con-
serva *trois jours* au milieu du désordre auquel
il le devait. Aussitôt l'ordre rétabli, il fut
obligé de se sauver en toute hâte, ayant été,
comme factieux, mis hors la loi. Il avait menti
lorsqu'il s'était dit possesseur de grandes richesses, puisqu'il n'a pour toute fortune que
la demi-propriété d'une vieille masure dont
l'autre moitié appartient à sa sœur. Arrivé à
Lima, il ne lui fut plus possible de rien cacher
à sa femme sur sa position ; elle écouta tous les
contes qu'il lui fit avec un sang-froid, une fermeté qui témoignaient de son grand courage,
et supporta son sort avec une dignité, une résignation dignes des plus grands éloges. Jamais
personne n'a entendu sortir de sa bouche la
plus légère allusion à l'indigne tromperie dont
elle a été victime. Elle parle toujours de son
mari avec le plus grand respect, parait être
très convaincue que tout ce qu'il lui a dit
est l'exacte vérité, attribue les malheurs de
M. Aguero aux évènements politiques, et ne
se plaint que de l'ingratitude de la république.

Madame de la Riva-Aguero est un ange de

vertu. Sa conduite est tellement exemplaire,
que même la médisance des Liméniens n'y a
pu trouver à redire. Lorsque je la vis, elle était
mère de trois enfants, les plus beaux qu'on
pût voir, et enceinte. Cette femme, par son
ordre, son extrême économie, ses habitudes
laborieuses, avait le talent de soutenir sa maison sur un pied honorable. Elle nourrissait et
élevait elle-même ses enfants, faisait leurs vêtements et les siens, et soignait son vieux mari
presque toujours malade; elle excitait l'admiration de tous ceux qui la connaissaient. Ah!
si son père avait pu être témoin de toutes les
larmes qu'elle a versées en secret, de toutes
les angoisses dont son cœur a été déchiré, de
quels remords ne serait-il pas torturé! Mais
ce père reçoit de sa fille des lettres dictées par
un respect filial, qui fait taire tout autre sentiment. La jeune femme est trop pieuse, trop
généreuse, pour vouloir, par ses reproches ou
ses plaintes, troubler le repos de son père. Elle
lui écrit qu'elle est heureuse, et le vieillard,
bouffi d'orgueil, montre ses lettres et dit à
tous que sa fille est présidente du Pérou.

Je tiens tous ces détails d'une femme de
chambre, Hollandaise venue au Pérou avec

madame de la Riva-Aguero, et qui était, depuis six mois, chez madame Denuelle. Ce qu'on me raconta de madame de la Riva-Aguero me donna envie de la connaître, et je lui écrivis pour lui en demander la permission. Elle vint le soir même, resta longtemps à causer avec moi ; elle parle français comme une Française, et sa conversation annonce qu'elle était née avec un caractère gai, vif et plein de fierté. Sa grossesse la rendait souffrante, et son expression avait quelque chose d'angélique. En se retirant, elle me prit la main avec affection et me dit : « Venez me voir, chère demoiselle, j'aurais bien du plaisir à causer avec vous de l'Europe, de ce beau pays où vous allez retourner; la vie que je mène ici est bien monotone ; cependant je ne m'en plains pas : mes enfants, mes chers enfants me tiennent lieu de tout. » Je considérai avec un saint respect cette femme d'une vertu si rare, victime comme moi des cruels préjugés auxquels se soumet encore l'espèce moutonnière, après en avoir reconnu l'absurdité. Pendant ma résidence à Lima, j'allais très souvent voir cette dame ; quelques personnes venaient, parfois le soir, prendre le thé avec nous.

Je me liai très intimement avec dona Calista
Thwaites, et j'éprouvai un vif chagrin de ne
pouvoir la décider à venir vivre en Europe.
Cette femme est réellement très supérieure,
tant par la haute portée de son esprit que par
l'immense variété de ses connaissances. Elle
parle l'anglais d'une manière admirable ; elle
a traduit une grande partie de lord Byron en
espagnol et en français ; l'étendue de son éru-
dition est surprenante relativement à son âge ;
elle n'avait alors que vingt-neuf ans ; née à
Buenos-Ayres, elle s'y était mariée avec un Anglais ; il y avait quatre ans qu'elle était venue
s'établir à Lima, où son mari avait une maison
de commerce ; elle devint veuve peu de temps
après son arrivée, et jouissait d'une belle fortune. On ne peut voir sans regret une telle
femme se fixer dans un pays où si peu de personnes sont à même de l'apprécier ; puisse-t-elle
faire naître chez quelques uns le goût des lettres et apparaître des lumières dans cette épaisse
obscurité ! la Providence, en lui inspirant la
volonté d'habiter le Pérou, semble l'avoir destinée à cette mission.

Quand j'arrivai à Lima, je ne vis pas madame Riclos ; elle venait de perdre sa grand'-

mère, et m'envoya son mari. J'allai lui rendre
visite sans la rencontrer; elle ne vint pas me
voir, et je pensai qu'il était indiscret à moi d'y
retourner. On me dit qu'elle n'avait pas osé se
présenter à mon hôtel, tant elle redoutait la
méchanceté de madame Denuelle; celle-ci, il
est vrai, en faisait une de ses plus burlesques
charges. Cette dame a la modeste prétention
de se croire sur la même ligne que madame de
Stael; elle a fait des ouvrages très remarquables, dit-elle, mais qui sont encore en porte-
feuille; en sorte qu'il faut l'en croire sur parole. Dans les luttes des partis, elle adresse des
odes aux vainqueurs, fait des pièces de poésie
sur le soleil, la lune, la mer et autres sujets
non moins grandioses. Madame Riclos était
alors une femme de quarante ans, maigre,
pâle et boiteuse; elle ne porte jamais de *saya*,
et sa mise se distingue par son extravagance;
elle a toujours de grands chapeaux avec des
plumes blanches, des robes jaunes avec des
châles rouges, et le reste de son costume à l'a-
venant; elle professe pour son pays le plus profond mépris. Madame Riclos projette venir
s'établir en France; elle répète sans cesse
qu'une femme de son mérite ne saurait vivre

ailleurs qu'à Paris. D'après tout ce qui m'a été rapporté de cette dame, je crois que, si elle avait moins de prétention et visait moins à l'effet, on ne lui contesterait pas son talent comme poéte; mais « l'esprit qu'elle veut avoir nuit à celui qu'elle a. »

IX.

LES BAINS DE MER; UNE SUCRERIE.

Les Liméniens ont choisi, pour aller prendre des bains de mer, l'endroit, selon moi, le plus aride et le plus désagréable de la côte ; ce lieu se nomme *Chorrillos*. La famille Izcué, qui avait loué, à Chorrillos, une maison pour la saison, m'invita à venir y passer le temps que je désirerais.

M. Izcué vint me chercher le matin, à sept
heures, et nous montâmes aussitôt en calèche.
Noús avions quatre lieues à faire sur du sable ;
le chemin, toutefois, est assez bon pour les chevaux ; le sable est ferme, et ils n'y enfoncent
pas comme dans celui des pampas. La campagne
est très inégale ; à la végétation succède l'aridité
d'un terrain noir, sur lequel on voit quelques
arbres de loin en loin. A moitié route, on traverse le très joli village de *Miraflor;* ce village
est boisé, a de charmantes maisons, et deux tours
d'où l'on découvre toute la campagne, Lima et
la mer, qui est à un quart de lieue. C'est certainement le plus joli village que j'aie vu en
Amérique ; après l'avoir quitté, on continue à
rencontrer çà et là des champs de pommes de
terre, de luzerne, mais jamais de blé. Parvenue
à deux maisons de belle apparence, appartenant
à M. Lavalle, ancien intendant d'Aréquipa, je
vis de magnifiques jardins dépendant de ces
maisons ; des orangers en plein champ, des
papayers, des palmiers, des sapotilliers, et
toute espèce d'arbres à fruit. A dix minutes de
là, on traverse *el Baranco,* petit hameau situé
au milieu d'une belle verdure, de grands arbres

et de beaucoup d'eau. En quittant cette oasis jusqu'à Chorrillos, ce ne sont plus que des sables arides. Nous avions eu, pendant toute la route, un brouillard épais et humide; j'avais ressenti un grand froid; aussi j'arrivai malade, et me couchai après avoir bu une tasse de café bien chaud.

Je ne me levai que pour dîner : me voyant mieux, M. Izcué me proposa d'aller dans les campagnes environnantes, dont les terres sont fertiles, visiter les champs de cannes à sucre. On me donna un cheval, et nous partîmes pour notre promenade.

Je n'avais encore vu de cannes qu'à Paris, au Jardin des Plantes; ces vastes forêts de roseaux de huit à neuf pieds de haut, si fourrées qu'à peine un chien eût pu s'y frayer un passage, surmontées de milliers de flèches portant de petites fleurs en épi, annonçaient une puissance de végétation qui est loin de se manifester avec la même énergie dans nos champs de blé ou de pommes de terre; et la nature, dans ces climats favorisés, me semblait convier l'homme au travail par ses plus riches récompenses. Cette culture m'inspira un vif intérêt; et, le lendemain, nous allâmes visiter une des grandes exploitations du Pérou.

La sucrerie de M. Lavalle, *la villa-Lavalle*, située à deux lieues de Chorrillos, est un magnifique établissement, sur lequel se trouvaient quatre cents nègres, trois cents négresses et deux cents négrillons. Le propriétaire se prêta, avec la plus grande politesse, à nous la faire visiter dans tous ses détails, et se complut à nous donner l'explication de chaque chose. Je vis avec beaucoup d'intérêt quatre moulins pour écraser les cannes, mus par une chute d'eau. L'aqueduc qui amène l'eau à l'usine est très beau et a coûté beaucoup d'argent à construire par les obstacles qu'opposait le terrain. Je parcourus le vaste bâtiment où se trouvaient les nombreuses chaudières; on y faisait bouillir le jus de la canne; nous allâmes ensuite dans la purgerie attenante, où le sucre s'égouttait de sa mélasse. M. Lavalle me fit part de ses projets d'améliorations. — Mais, mademoiselle, ajouta-t-il, l'impossibilité de se procurer de nouveaux nègres est désespérante; le manque d'esclaves amenera la ruine de toutes les sucreries; nous en perdons beaucoup, et les trois quarts des négrillons meurent avant d'avoir atteint douze ans. Autrefois, j'avais quinze cents nègres; je n'en ai plus que neuf cents, y compris ces chétifs enfants que vous voyez.

— Cette mortalité est effrayante et doit vous faire concevoir, en effet, les plus sinistres appréhensions pour votre établissement. D'où vient donc que l'équilibre ne se maintient pas entre les naissances et les morts? Ce climat est sain, et j'aurais cru que les nègres s'y devaient porter aussi bien qu'en Afrique?

— Le climat est très sain; mais les négresses se font souvent avorter; et les pères et mères ne prennent aucun soin de leurs enfants.

— Oh! ils sont donc bien malheureux! L'espèce humaine s'accroît au milieu même des calamités : et vos nègres multiplieraient autant que les hommes libres, pour peu que leur existence fût tolérable, si chez eux le sentiment de la souffrance ne l'emportait pas sur les plus tendres affections de notre nature.

— Mademoiselle, vous ne connaissez pas les nègres; c'est par paresse qu'ils laissent périr leurs enfants, et on ne peut, sans le fouet, rien obtenir d'eux.

— Croyez-vous que, s'ils étaient libres, leurs besoins ne suffiraient pas pour les porter au travail ?

— Les besoins, dans ces climats, se réduisent à si peu de chose, qu'il ne leur faudrait pas un grand labeur pour y pourvoir. Ensuite, je ne crois pas que l'homme, quels que soient ses besoins, puisse être amené à un travail habituel sans contrainte. Les peuplades d'Indiens répandues sous toutes les latitudes de l'Amérique du nord et du sud offrent la preuve de mon assertion. Au Mexique, au Pérou, on a trouvé, il est vrai, quelques cultures parmi les indigènes ; encore voyons-nous la plupart de nos Indiens ne faire presque rien et vivre dans la misère et l'oisiveté ; mais, dans tout le vaste continent des deux Amériques, les tribus indépendantes vivent de la chasse, de la pêche et des fruits spontanés de la terre, sans que les fréquentes famines auxquelles elles sont exposées puissent les déterminer à se livrer à la culture. La vue des jouissances que se procurent les blancs par leur travail, jouissances dont elles sont fort avides, est également sans influence pour les porter à travailler ; et ce n'est qu'au moyen de châtiments corporels que nos missionnaires sont parvenus a faire cultiver quelques terres aux Indiens qu'ils ont réunis. Il en est de même des nègres ; et vous autres Français en avez fait l'expérience à Saint-Domingue. Depuis que vous avez affranchi vos esclaves, ils ne travaillent plus.

— Je crois avec vous que l'homme blanc, rouge ou noir, se résout difficilement au travail, lorsqu'il n'y a pas été élevé ; mais l'esclavage corrompt l'homme, et, lui rendant le travail odieux, ne saurait le préparer à la civilisation.

— Cependant, mademoiselle, du temps des Romains l'Europe était couverte d'esclaves, et l'esclavage s'est encore maintenu en Russie et en Hongrie.

— Aussi, monsieur, les guerres serviles mirent souvent en péril l'empire romain, et il n'eût pas succombé sous l'invasion des peuples du nord, si les terres y eussent été cultivées par des mains libres, si les villes n'eussent contenu plus d'esclaves que de citoyens. Les nations germaniques et slaves avaient aussi des esclaves, mais uniquement consacrés à la culture des terres ; ces esclaves en étaient les colons partiaires, ainsi qu'ils le sont en Russie et en Hongrie, dont vous venez de parler. C'est cet esclavage, beaucoup plus doux que n'était

celui des Romains, qui s'établit dans les Gau-
les après l'invasion des Germains; en Espagne,
après celle des Vandales. Les serfs y purent
successivement se racheter avec le fruit de leur
travail; mais, en Amérique, l'esclave n'a pas
une pareille perspective; travaillant sous le
fouet de l'inspecteur, il n'a aucune part aux
fruits de ses travaux. Ce genre d'esclavage
excède le fardeau de douleur qu'il a été donné
à l'homme de supporter.

— Observez, je vous prie, que l'esclavage,
ici, comme chez tous les peuples d'origine espagnole, est plus doux que chez les autres nations
de l'Amérique. Notre esclave peut se racheter,
et, parmi nous, le nègre n'est esclave que pour
son maître. Si un autre le frappe, il se trouve
dans le cas de légitime défense et peut rendre le
coup; tandis que, dans vos colonies, le nègre
est, en quelque sorte, dans la dépendance de
tout le monde; il lui est interdit, sous les plus
grièves peines, de se défendre contre un blanc;
s'il est blessé, le maître a bien droit à une in-
demnité pour le dommage qu'il en éprouve;
mais il n'est rien fait à l'auteur de la blessure.
Ainsi, par vos usages, vous avez ajouté la perte
de la sûreté à celle de la liberté.

— Je me plais à en convenir, les lois espa-

gnoles, relatives aux esclaves, sont beaucoup
plus humaines que celles d'aucune autre nation. Chez vous, le nègre n'est pas simplement
une chose, c'est un co-religionnaire, et l'influence des croyances religieuses lui procure
quelques adoucissements ; mais le vice radical,
la perpétuité de cet esclavage, subsiste chez
vous comme dans nos colonies ; car il est im-
· possible à l'esclave, avec la continuité de travail qu'on exige de lui, de pouvoir jamais user
de la faculté de se racheter. Si les produits dus
en Amérique au travail des nègres perdaient
de leur valeur, je suis sûre que l'esclavage y
subirait d'heureuses modifications.

— Comment cela, mademoiselle ?

— Si le prix auquel se vend le sucre, comparé à
la valeur du travail qu'il exige, était dans le même
rapport que les produits d'Europe, comparés à
leurs frais de production, le maître, n'ayant alors
aucune compensation pour la perte de son esclave, ne le forcerait pas de travail et veillerait
davantage à sa conservation. Supposez que le
blé, en Russie, valût 6 à 8 piastres les 100 livres, comme le sucre vaut ici et dans nos
colonies, croyez-vous qu'alors le seigneur russe
se contenterait d'entrer en partage avec son
esclave ?.... Non vraiment. Il le tourmenterait

de sa surveillance et le harcellerait du fouet
pour en obtenir la plus grande quantité possible. Soyez également persuadé qu'alors la population serve, au lieu de s'accroître comme
elle fait actuellement, diminuerait dans la même
proportion que la population noire en Amérique.

— Mais la traite étant abolie, plus nos produits auront de valeur et plus nous serons intéressés à conserver nos esclaves.

— Il semble que cela devrait être ainsi, et
vous voyez, par votre propre expérience, que
le contraire arrive. Le présent est tout pour
l'homme. Les propriétaires ne se contentent pas
de vivre du revenu de leurs sucreries, ils
veulent que ce revenu leur fournisse de quoi
en payer l'acquisition s'ils la doivent encore,
ou à se créer une fortune indépendante de leur
habitation. Pas un d'eux ne consentirait à dimi-
nuer sa récolte de moitié, pour faire cultiver
à ses nègres une plus grande quantité de plantes alimentaires, leur accorder plus de repos, et
améliorer leur sort. Ensuite, dans les grands
établissements, les esclaves, réunis en nombreux ateliers, constamment sous l'œil du
maître, et harcelés sans cesse, éprouvent une

torture morale qui doit suffire pour leur faire prendre la vie en horreur.

— Mademoiselle, vous parlez des nègres comme une personne qui ne les connaît que d'après les beaux discours de vos philanthropes de tribune; mais il est malheureusement trop vrai qu'on ne peut les faire aller qu'avec le fouet.

— S'il en est ainsi, monsieur, je vous avoue que je fais des vœux pour la ruine des sucreries, et je crois que mes vœux seront bientôt exaucés. Encore quelques années, et la betterave détrônera la canne.

— Oh! mademoiselle, si vous n'avez pas d'ennemi plus dangereux à nous opposer..., c'est une plaisanterie que vos betteraves. Cette racine est tout au plus bonne à adoucir le lait des vaches en hiver lorsqu'elles sont nourries au sec.

— Riez, riez, monsieur! mais, avec cette racine dont vous faites fi, nous pourrions déjà, en France, nous passer de votre canne. Le sucre de betteraves est aussi bon que le vôtre, il a de plus le suprême mérite, à mes yeux, de faire baisser le sucre des colonies; et j'en suis convaincue, c'est de cette circonstance seule que peut résulter l'amélioration du sort des nègres, et, par suite, l'abolition entière de l'esclavage.

— L'abolition de l'esclavage... Et n'êtes-vous donc pas désabusée par l'essai que vous avez fait à Saint-Domingue?

— Monsieur, une révolution qui avait les sentiments les plus généreux pour mobiles devait s'indigner de l'existence de l'esclavage. La Convention décréta l'affranchissement des nègres, par enthousiasme, sans paraître soupçonner qu'ils eussent besoin d'être préparés à user de la liberté.

— Et puis votre Convention oublia aussi d'indemniser les propriétaires, comme fait actuellement le parlement anglais.

— Le parlement, ayant notre exemple sous les yeux, a procédé à cette grande mesure d'une manière plus rationnelle, sans doute, que la Convention ; mais il a également été trop pressé d'atteindre le but, et les dispositions qu'il a prises sont tellement générales et brusques, que de longtemps elles ne pourront produire de bons résultats. Les obstacles qui s'opposent à un affranchissement simultané sont tels, qu'on a lieu de s'étonner qu'une nation aussi éclairée que la nation anglaise ait cru devoir n'y porter qu'une légère attention, et qu'elle se soit hasardée à affranchir l'esclave avant de s'être assurée de ses habitudes laborieuses, et de l'avoir complètement dressé par une éducation convenable à user de la liberté de notre organisation sociale. Je suis bien persuadée que l'affranchissement graduel offre *seul* un moyen prompt de transformer les nègres en membres utiles de la société. On aurait pu faire de la liberté la récompense du travail. Le parlement anglais serait allé plus vite au bien, s'il se fût borné à affranchir annuellement les esclaves au dessous de vingt ans, et qu'il les eût fait placer dans des écoles rurales et d'arts et métiers avant de les laisser jouir de la liberté. Il n'existe pas de colonies européennes où il ne se trouve encore de vastes étendues de terres à défricher, sur lesquelles on aurait placé les affranchis, et le travail n'eût pas manqué non plus aux nègres qui auraient appris des métiers. En procédant de cette manière, il eût fallu une trentaine d'années pour arriver à l'émancipation générale; les nègres affranchis seraient venus annuellement accroître la population laborieuse et, conséquemment, la richesse des colonies; tandis que, par le système suivi, ces pays n'ont qu'un long avenir de misères et de calamités en perspective.

— Mademoiselle, votre manière d'envisager la question de l'esclavage ne prouve autre chose, sinon que vous avez un bon cœur et beaucoup trop d'imagination. Tous ces beaux rêves sont superbes en poésie... Mais, pour un vieux planteur comme moi, je suis fâché de vous le dire, pas une de vos belles idées n'est réalisable.

Cette dernière réplique de M. Lavalle me fit sentir qu'en parlant à un *vieux planteur* je parlais à un *sourd*. Je cessai la conversation, qui, du reste, avait été fort longue. Cependant je me plais à dire que M. Lavalle, d'un caractère doux et extrêmement affable, traita cette question, si irritante pour tous les propriétaires d'esclaves, avec beaucoup plus de raison qu'aucun autre n'eût pu le faire. Nous continuâmes toujours, avec la même aménité de sa part, à parcourir son superbe établissement.

L'esclavage a toujours soulevé mon indignation ; et je ressentis une joie ineffable en apprenant cette sainte ligue des dames anglaises, qui s'interdisaient la consommation du sucre des colonies occidentales : elles prirent l'engagement

de ne consommer que du sucre de l'Inde, quoiqu'il fût plus cher par les droits dont il était
surchargé, jusqu'à ce que le *bill* d'émancipation
eût été adopté par le parlement. L'accord et la
constance apportés dans l'accomplissement de
cette charitable résolution firent tomber les sucres d'Amérique sur les marchés anglais, et
triomphèrent des résistances opposées à l'adoption du *bill*. Puisse une si noble manifestation
des sentiments religieux de l'Angleterre être
imitée par l'Europe continentale! L'esclavage
est une impiété aux yeux de toutes les religions;
y participer, c'est renier sa croyance : la conscience du genre humain est unanime sur ce
point.

La sucrerie de M. Lavalle est une des plus
belles du Pérou; son étendue est immense, sa
situation des plus heureuses; elle longe la mer;
les vagues viennent se briser sur les rochers de
la plage.

M. Lavalle a fait construire, pour son habitation, une maison des plus élégantes. Rien n'a
été épargné pour sa solidité ou son embellisse-
ment. Ce petit palais manufacturier est meublé
avec une grande richesse et dans le dernier goût.
Des tapis anglais, des meubles, pendules et

candelabres de France ; des gravures et des cu-
riosités de Chine ; enfin , tout ce qui peut contribuer au confort de l'existence y est réuni.
M. Lavalle a fait construire aussi une chapelle ;
elle est simple , de bon goût , assez grande pour
contenir mille personnes , et les décorations en
sont très bien entendues. Les dimanches et fêtes,
tous les nègres de l'établissement y viennent
assister à la messe. Les nègres espagnols sont
superstitieux ; la messe est, pour eux, un besoin
indispensable ; leurs croyances allègent leurs
maux , et sont, pour le maître , une garantie.
M. Lavalle eut la complaisance de faire habiller
un nègre et une négresse dans leur costume de
fête, afin que je pusse juger du coup d'œil
qu'offre son église le dimanche. Les vêtements
de l'homme consistaient en un pantalon et une
veste de coton à raies bleues et blanches , puis
un mouchoir rouge autour du cou. La femme
avait une jupe de même étoffe rayée, une longue
écharpe en toile de coton rouge , dans laquelle
elle s'entortillait le derrière de la tête, les épaules, la gorge et les bras ; elle portait des souliers en cuir noir, attachés autour de ses jambes
avec des rubans blancs ; sur sa peau noire , ce
contraste faisait un singulier effet. Les négril-

lons n'avaient qu'un petit tablier d'un pied carré. Le costume des jours ordinaires est beaucoup plus simple encore. Les négrillons sont entièrement nus; les femmes n'ont que la petite jupe, les hommes que leur pantalon ou un petit tablier. M. Lavalle a la réputation d'être très luxueux pour ses nègres.

Les pays chauds sont riches en fruits; le verger de M. Lavalle les réunit tous. Le sol leur est favorable, et ils y deviennent très beaux; le sapotillier, par son élévation, semble vouloir mettre hors de l'atteinte de l'homme sa grosse pomme d'un vert foncé, dont la pulpe juteuse réunit les plus délicieuses saveurs; aussi haut que le chêne, le manguier porte ses fruits à la forme ovale, à la chair filandreuse, à l'odeur de térébenthine. Je ne cessais d'admirer les touffes de ces grands et beaux orangers aux rameaux d'un beau vert, ployant sous le poids de milliers de boules dont la couleur égayait la vue et le parfum embaumait l'atmosphère. Je me croyais transportée dans un nouvel Éden! Des berceaux de grenadilles, de barbadines offraient à la main les sorbets de leurs fruits; tandis que, çà et là, des bananiers, succombant sous le poids de leurs régimes, étalaient leurs

longues feuilles brisées. Une collection très variée de fleurs d'Europe embellissait ce verger
des tropiques des souvenirs de la patrie. Dans
un lieu ravissant par la fraîcheur et les parfums
qu'on y respire, se trouve un belvédère d'où la
vue est magnifique. D'un côté, on voit la mer
roulant, sur la plage, ses vagues écumeuses,
ou allant les briser avec fracas sur les rochers;
de l'autre, on découvre les vastes champs de
cannes à sucre, si beaux à voir quand ils sont
en fleurs : des bouquets d'arbres çà et là repo-
sent la vue et varient le tableau.

Il était tard lorsque nous nous retirâmes ;
comme nous passions par une espèce de grange
où travaillaient des nègres, l'angélus vint à sonner: tous quittèrent leur travail et tombèrent à
genoux, se prosternant la face contre terre. La
physionomie de ces esclaves est repoussante de
bassesse et de perfidie ; l'expression en est sombre, cruelle et malheureuse, même dans les
enfants. J'essayais de lier conversation avec
plusieurs ; mais je ne pus en tirer que *oui*
ou *non*, prononcés avec sécheresse ou indifférence.

J'entrai dans un cachot où deux négresses
étaient renfermées. Elles avaient fait mourir

leurs enfants en les privant de l'allaitement :
toutes deux, entièrement nues, se tenaient blot-
ties dans un coin. L'une mangeait du maïs cru;
l'autre, jeune et très belle, dirigea sur moi ses
grands yeux; son regard semblait me dire :
« J'ai laissé mourir mon enfant, parce que je
savais qu'il ne serait pas libre comme toi; je
l'ai préféré mort qu'esclave. » La vue de cette
femme me fit mal. Sous cette peau noire, il
se rencontre des ames grandes et fières; les
nègres passant brusquement de l'indépendance
de nature à l'esclavage, il s'en trouve d'in-
domptables qui souffrent les tourments et meurent sans s'être pliés au joug.

Le lendemain, nous allâmes voir jeter le
filet; la manière de pêcher est effrayante et me
parut aussi pénible que périlleuse; les pêcheurs
entrent très avant dans la mer, ils présentent
à la vague la gueule ouverte d'un immense filet
fixé autour d'un grand cercle. La mer arrive
avec furie, les recouvre entièrement, et, lorsque la vague se retire, ils ramènent le filet sur la
plage : ils étaient douze occupés à cette pêche, et
ce ne fut qu'à la quatrième tentative qu'ils prirent neuf poissons. En voyant des hommes
libres supporter des fatigues aussi pénibles,

courir d'aussi imminents dangers pour gagner
leur pain, je me demandais s'il existait un genre
de travail pour lequel l'esclavage pût être nécessaire, et si un pays où il se trouvait des
hommes forcés pour vivre d'exercer un pareil
métier avait besoin d'esclaves.

J'ai déjà dit que je ne concevais pas le motif
de la prédilection des Liméniens pour Chorrillos ; ce mot veut dire *égouts* : on a ainsi nommé
ce village à cause des filets d'eau qui tombent du
haut des rochers dont la plage est bordée, et
qui forment, au bas, une mare d'eau douce. C'est
auprès de ce petit lac qu'on va se baigner ; en
cet endroit la mer est assez calme, et jamais les
vagues n'atteignent le lac. Ce voisinage de l'eau
douce offre un grand avantage aux baigneurs,
dont la plupart vont s'y rincer, au sortir de la
mer, pour enlever les particules salines, adhé-
rentes à la peau. La place est, du reste, fort incommode pour se baigner ; on y pourrait faire
à peu de frais des bains aussi agréables que
ceux de Dieppe. Si Chorrillos conserve la vogue,
peut-être les Liméniens y songeront-ils un
jour.

El Baranco, oasis charmante dont j'ai déjà
parlé, eût été le lieu convenable pour établir le

rendez-vous des baigneurs : il est à une courte
distance de la mer, a de beaux arbres, de la verdure et de l'eau (c'est cette même eau qui vient
former les égouts de Chorrillos); mais ce dernier
village, perché sur le haut d'un rocher noir et
aride, est privé de tous les avantages que présente *El Baranco*. Rien de plus triste et de plus
sale que cet amas de huttes : pas un arbre, pas
un brin d'herbe ne viennent récréer la vue, et
l'eau est au bas du rocher. Les maisons sont construites en bois, plusieurs ne sont pas carrelées;
il y en a en bambou, qui n'ont d'autres ouvertures que les portes : toutes sont fort incommo-
des et meublées de vieilleries. Chorrillos manque de tout pour la nourriture, et son marché
n'est pas suffisamment approvisionné; aussi
tout est cher et mauvais. On ne peut sortir sans
enfoncer jusqu'à mi-jambes dans un sable noir;
les souliers, les bas, le tour de la robe sont
abîmés après une pareille promenade. Le vent
de mer souffle ce sable noir dans les yeux, tandis
qu'on est aveuglé par la réverbération du soleil;
en un mot, c'est le lieu le plus détestable que
j'aie encore rencontré, et cependant ce village
s'est tellement accru depuis cinq ans, qu'il y
avait alors 800 maisons.

La vie que les baigneurs mènent dans ce lieu
de réunion reflète d'une manière exacte les
mœurs liméniennes : *le far niente*, le plaisir et
l'intrigue y composent leur existence ; les femmes y vivent de même que les hommes, leurs
habitudes, leurs goûts sont semblables, et s'y
montrent avec autant d'indépendance. Elles
montent à cheval pour aller se promener dans
les alentours ; se baignent avec les hommes ; fument du matin au soir ; jouent un jeu d'enragé
(ma tante Manuella y perdit dix mille piastres
dans une nuit); conduisent de front quatre ou
cinq intrigues amoureuses, politiques et autres ;
vont aux festins, aux bals rustiques qui se donnent chez tout le monde ; et cependant elles passent une grande partie du jour étendues dans
un hamac, entourées de cinq ou six adorateurs.
Les parties de Chorrillos ruinent les plus riches
familles de Lima ; les sacrifices qu'elles font pour
y aller séjourner un mois ou deux sont incal-
culables. Ces extravagances sont plus communes à Lima que nulle autre part ; le climat y
contribue sans doute, mais l'absence des beaux-
arts, de toute instruction pour occuper la belle
imagination dont ce peuple est doué, fait qu'il

se lance dans toutes les folies, entraîné par cette surabondance de vie qui le déborde.

Après être restée une semaine à Chorrillos, je revins avec grand plaisir à Lima : mon petit appartement meublé à la française, mon ordinaire français, étaient pour moi plus confortables que jamais; et l'amusante conversation de madame Denuelle me paraissait mille fois plus agréable.

X.

L'EX-PRÉSIDENTE DE LA RÉPUBLIQUE.

Cependant, malgré toutes les distractions que m'offrait Lima et l'accueil amical de mes nouveaux amis, je désirais vivement partir. Cette ville, toute radieuse qu'elle est par la beauté de son climat, la gaîté de ses habitants, était le dernier lieu de la terre que j'eusse consenti à habiter. Le sensualisme y règne exclusivement:

tous ces êtres ont des yeux, des oreilles, un palais, mais pas d'ame où répondent la vue, les sons et le goût. Je n'ai jamais senti un vide plus complet, une aridité plus accablante que pendant les deux mois que je suis restée à Lima.

L'impatience où j'étais de retourner en Europe, que j'appréciais et aimais bien davantage depuis que je l'avais quittée, me fit hésiter un instant à aller à Valparaiso, où j'espérais trouver un navire prêt à mettre à la voile pour Bordeaux; mais j'abandonnai bientôt ce projet par la presque certitude de rencontrer Chabrié au Chili : je supportai donc avec résignation les dépenses et le désagrément de mon séjour à Lima.

Je fus néanmoins longtemps avant de me résoudre à arrêter mon passage, non que je redoutasse beaucoup la mauvaise nourriture à bord d'un navire marchand anglais, mais parce que je désirais ardemment de m'en retourner par l'Amérique du nord. C'était un voyage bien pénible; M. Briet, qui l'avait fait, faillit y succomber de fatigue : cependant je me sentais la force de l'entreprendre et l'eusse entrepris, si j'avais eu l'argent nécessaire pour subvenir aux frais de la route. J'avoue que j'en ressentis un vif chagrin. J'écrivis à mon oncle, lui manifestant le désir de connaître cette partie de l'Amérique, tout en lui laissant voir que mon état de gêne m'empêchait seul de prendre cette voie. Dix fois je fus sur le point de lui demander positivement la somme qui m'était indispensable, tant le goût pour les voyages aventureux est dominant chez moi. Toutefois ma fierté l'emporta : les réponses de mon oncle, relativement à mon projet, me faisaient craindre un refus; je ne voulus pas m'y exposer.

J'arrêtai mon passage sur le *William-Rusthon* de Liverpool, qui était attendu et qui devait aller en droite ligne à Falmouth.

Il y avait deux mois que j'étais partie d'Aréquipa, lorsque ce navire arriva au Callao, amenant à son bord la señora Pencha de Gamarra, accompagnée de son secrétaire Escudero. M. Smith vint m'en donner la nouvelle en m'apportant un paquet de lettres d'Aréquipa dans lesquelles on m'instruisait des événements de la dernière révolution.

Voici le narré succinct de ce qu'on me mandait.

Le señor et la señora Gamarra étaient entrés, le 27 avril, à Aréquipa, où les besoins de leur parti les entrainèrent comme de coutume dans la voie des exactions; ils prélevèrent, au moyen des emprisonnements et autres exécutions militaires, une énorme contribution sur les habitants, et manquèrent d'autorité ou de vouloir pour empêcher leurs soldats de commettre mille sortes de rapines. Toutes les classes de la population étaient exaspérées : les soldats rançonnaient les individus quand ils en trouvaient l'occasion, et eux-mêmes ne pouvaient sortir isolément dans la campagne sans courir le risque d'être massacrés par les paysans; un, entre autres, fut tué d'un coup de couteau par un moine de qui il exigeait deux réaux. Un mécontentement universel fermentait sur tout le territoire occupé par les gamarristes et ralliait la population au parti d'Orbegoso; partout on criait: Vive Nieto! Celui-ci, retranché dans la ville de Tacna, sur laquelle il s'était replié, attendait que les circonstances l'appelassent de nouveau à jouer un rôle. Les gamarristes tentèrent bien encore d'exploiter sa crédulité, et lui dépêchèrent son beau-frère avec une lettre de Bermudez, annonçant la déconfiture du parti d'Orbegoso; mais, cette fois, Nieto ne se laissa pas jouer, il repoussa leurs avances et entra en négociation avec Santa-Cruz, président de la Bolivia, afin d'en obtenir des secours.

Telle était la position des choses, lorsque, le dimanche de la Pentecôte, 18 mai, deux compagnies se détachèrent du parti de Bermudez. A l'instant où la señora Gamarra s'y attendait le moins, on vit don Juan Lobaton, major du bataillon d'Ayacucho, s'emparer de l'artillerie avec deux cents hommes, et faire entendre sur la place les cris de : Vive Orbegoso!... vive Nieto!... vive la loi!... Le peuple, qui abhorrait ces soldats, crut que c'était un stratagème de leur part, qu'ils agissaient ainsi afin d'avoir l'occasion de s'emparer des hommes qui les joindraient, et, dans son indignation, il se rua sur eux. Il y eut quinze à vingt personnes tuées dans la mêlée, parmi lesquelles était Lobaton, l'auteur du mouvement.

Quand le peuple vit les morts, le désordre fut au comble; il se porta, dans son exaspération, sur la maison qu'occupait la señora Gamarra, et la pilla; dona Pencha avait vu venir l'orage, et s'était dérobée à la fureur populaire en se cachant dans une maison

voisine. Le peuple, dans sa rage, tuait indis-
tinctement les soldats et officiers qui avaient
fait la révolution comme les autres ; et , pour
soustraire les militaires au massacre , on fut
obligé de les cacher. La maison de Gamio, qu'a-
vait occupée San-Roman, fut pillée, et celle
d'Angelita Tristan , où demeurait le colonel
Quirroga, fut également assaillie ; mais celui-ci
s'était enfui.

Dans le premier moment, mon oncle fut
nommé par acclamations commandant militaire. Le lendemain, tout rentra dans l'ordre;
le peuple se soumit aux conseils des chefs qu'il
s'était donnés. Ses souffrances et sa victoire
avaient remonté son moral à un tel point,
qu'aussitôt que le bruit vrai ou faux se répandait que les gamarristes approchaient, tous
s'empressaient, même les gens de la campagne,
de s'armer et de sortir à leur rencontre.

Arismendi, Landauri et Riviro furent, avec
Lobaton, les auteurs de cette révolution ; ce
sont eux qui se mirent à la tête du peuple et
expulsèrent les gamarristes d'Aréquipa. Cet
événement porta le découragement dans les
divers corps de troupes qui tenaient pour Bermudez, et tous successivement reconnurent le

président Orbegoso. Nieto rentra à Aréquipa le 22 mai ; selon l'usage, il frappa d'une contribution excessive les malheureux propriétaires de cette ville. L'évêque fut imposé à 100,000 piastres...., et les autres en proportion ; mais don Pio, qui faisait partie du gouvernement suprême, fut, cette fois, exempté de toute contribution. Gamarra se réfugia dans la Bolivia. Sa femme, sur qui se portait principalement la haine publique, resta toujours cachée ; elle ne dut qu'à l'influence de mon oncle de pouvoir se retirer en exil au Chili : encore se trouva-t-elle dans l'obligation de partir de nuit, pour se dérober à la vengeance du peuple, qui en voulait à sa vie.

Escudero ainsi que la señora Gamarra me firent prier d'aller les voir à bord du navire anglais, d'où ils n'avaient pas permission de descendre ; je me rendis de suite au Callao. En montant à bord du navire, je fus reçue par Escudero : il me serra la main avec cordialité ; je lui rendis cette marque d'affection, et lui dis en français : —Cher colonel, comment se fait-il qu'après vous avoir quitté il y a deux mois, vainqueur et maître d'Aréquipa, je vous retrouve prisonnier à bord de ce navire et chassé de cette ville ?

— Mademoiselle, c'est ainsi que le hasard bal-
lotte les hommes qui jouent un rôle dans un
pays en proie aux guerres civiles, où sans conscience politique on ne se bat que pour un *chef*.
Ah! depuis votre départ, j'ai bien souvent pensé
à vous; vous aviez raison et je commence à le
croire, je pourrais faire quelque chose de mieux
que de rester en Amérique; peut-être même, sans
ces derniers évènements d'Aréquipa, serais-je
retourné en Europe avec vous sur ce navire.
J'y ai songé plus d'une fois, mais c'est encore
un de ces projets que la fatalité de ma destinée
a fait évanouir : me voilà cloué ici à jamais; la
pauvre présidente est chassée de partout, sa
cause est perdue sans ressources, son lâche et
imbécille mari est allé chercher refuge auprès
de Santa-Cruz, et très certainement il va achever
de perdre le peu de chances qu'il peut avoir.
Je ne puis abandonner cette femme : aidé par la
protection de votre oncle, mon dévouement est
parvenu à la soustraire aux vengeances populai-
res. Nous avons fui d'Aréquipa de nuit, comme
des brigands; c'est aussi de nuit que nous l'avons
fait embarquer, tant nous redoutions pour sa
vie la haine homicide qui la poursuit. Santa-
Cruz ne voulant pas la recevoir dans ses États,

on la déporte au Chili; quant à moi, je suis parfaitement libre. Nieto m'a fait prier de rester
avec lui, et Santa-Cruz me demande dans toutes
ses lettres; mais vous sentez, Florita, que la señora Gamarra, dans le malheur, a droit à mon
dévouement : tant que cette femme sera prisonnière, exilée, repoussée de tous, je dois la suivre dans sa prison, dans son exil, et lui tenir
lieu de tout.

En ce moment, Escudero me parut superbe!
Je lui serrai la main, et lui dis avec une voix
dont l'accent lui fit comprendre ma pensée : —
Pauvre ami, vous étiez digne d'un meilleur
sort...

J'allais continuer, lorsque la señora Gamarra
apparut sur le pont. — Ah! mi señorita Florita,
que je suis contente de vous voir!... Je suis impatiente de vous connaître. Savez-vous, belle demoiselle, que vous avez fait la conquête de notre
cher Escudero? Il me parle de vous sans cesse,
et vous cite à tout propos. Quant à votre oncle,
il n'agit que *sous votre inspiration*. Ah! méchante, j'ai été bien fâchée contre vous, lorsque
j'appris que vous aviez quitté Aréquipa, l'avant-
veille de mon arrivée. Hé! quoi! vous aviez
voulu voir San-Roman, et votre curiosité n'est

pas allée jusqu'à la *farouche, la féroce, la terrible* dona Pencha ! Mais il me semble , chère Florita, que, si le *croquemitaine* des Aré-quipéniens vous paraissait mériter de figurer dans votre journal , la grande *croquemitaine* du Pérou pouvait bien aussi y trouver place ?

Tout en parlant ainsi, elle me conduisit à l'extrémité de la dunette, m'y fit asseoir auprès d'elle, et congédia de la main les importuns qui auraient eu envie de nous y suivre. Prisonnière, dona Pencha était encore présidente : la sponta-néité de son geste manifestait la conscience qu'elle avait de sa supériorité. Pas une personne ne resta sur la dunette, quoique, la tente y étant dressée, ce fût le seul endroit où l'on pût être garanti d'un soleil brûlant : tout le monde se tint en bas , ou sur le pont. Elle m'examinait avec une grande attention, et je la regardais avec non moins d'intérêt : tout en elle annonçait une femme hors ligne, et aussi extraordinaire par la puissance de sa volonté que par la haute portée de son intelligence. Elle pouvait avoir 34 ou 36 ans, était de taille moyenne et forte-ment constituée, quoiqu'elle fût très maigre. Sa figure, d'après les règles avec lesquelles on pré-tend mesurer la beauté , certes n'était pas belle;

mais, à en juger par l'effet qu'elle produisait sur
tout le monde, elle surpassait la plus belle.
Comme Napoléon, tout l'empire de sa beauté
était dans son regard : que de fierté, de hardiesse
et de pénétration! avec quel ascendant irrésistible
il imposait le respect, entraînait les volontés,
captivait l'admiration! L'être à qui Dieu a donné
de tels regards n'a pas besoin de la parole pour
commander à ses semblables; il possède une
puissance de persuasion qu'on subit et qu'on ne
discute pas. Son nez était long, le bout légère-
ment retroussé; sa bouche grande, mais bien
d'expression; sa figure longue; les parties os-
seuses et les muscles étaient fortement prononcé-
cés; sa peau très brune, mais pleine de vie. Elle
avait une énorme tête parée de longs et épais
cheveux descendant très bas sur le front; ils
étaient d'un châtain foncé luisant et soyeux. Sa
voix avait un son sourd, dur, impératif; elle
parlait d'une manière brusque et saccadée. Ses
mouvements étaient assez gracieux, mais trahis-
saient constamment la préoccupation de sa pensée. Sa toilette fraîche, élégante et des plus re-
cherchées, faisait un étrange contraste avec la
dureté de sa voix, l'austère dignité de son regard et la gravité de sa personne. Elle avait

une robe en gros des Indes, couleur oiseau de
paradis et brodée en soie blanche; des bas de
soie rose de la plus grande richesse et des souliers de satin blanc. Un grand châle de crêpe de
Chine ponceau, brodé de blanc, le plus beau
que j'aie vu à Lima, était jeté négligemment sur
ses épaules. Elle avait des bagues à tous les doigts,
des boucles d'oreilles en diamants, un collier de
perles fines de la plus grande beauté, et au
dessous pendait un petit scapulaire sale et tout
usé. Voyant la surprise que j'éprouvais à l'examiner, elle me dit avec son ton brusque: — Je suis
sûre, chère Florita, que vous, dont la mise est si
simple, me trouvez bien ridicule dans mon gro-
tesque habillement; mais je pense que, m'ayant
déjà jugée, vous devez comprendre que ces habits ne sont pas à moi. Vous voyez là ma sœur,
si gentille, la pauvre enfant sait seulement pleurer : c'est elle qui, ce matin, me les a apportés;
elle m'a suppliée de vouloir bien les mettre pour
lui faire plaisir, ainsi qu'à ma mère et à d'autres.
Ces braves gens s'imaginent que ma fortune
pourrait se refaire, si je veux consentir à me
revêtir d'habits venus d'Europe. Cédant à leurs
instances, j'ai mis cette robe dans laquelle je suis
gênée, ces bas qui sont froids à mes jambes, ce

grand châle que je crains de brûler ou de salir avec la cendre de mon cigare. J'aime les vête-ments commodes pour monter à cheval, sup-porter les fatigues d'une campagne, visiter les camps, les casernes, les navires péruviens : ce sont les seuls qui me conviennent. Depuis long-temps, je parcours le Pérou dans tous les sens, vêtue d'un large pantalon de gros drap fabri-qué au Cuzco, ma ville natale, d'une ample redingote de même drap brodée en or, et de bottes avec des éperons d'or. L'or me plaît; c'est le plus bel ornement du Péruvien, c'est le métal précieux auquel son pays doit sa réputation. J'ai aussi un grand manteau un peu lourd, mais très chaud; il me vient de mon père et m'a été très utile au milieu des neiges de nos montagnes. Vous admirez mes cheveux, ajouta cette femme au regard d'aigle : chère Florita, dans la carrière où ma conduite, mon audace, la force muscu-laire ont souvent failli à mon courage, ma posi-tion en a plusieurs fois été compromise; j'ai dû, pour suppléer à la faiblesse de notre sexe, en conserver les attraits et m'en servir à m'armer, selon le besoin, du bras des hommes.

— Ainsi, m'écriais-je involontairement, cette

ame forte, cette haute intelligence a dû, pour dominer, céder à la force brutale.

— Enfant, me dit l'ex-présidente en me serrant la main à me meurtrir, et avec une expression que je n'oublierai jamais, enfant, sache bien que c'est pour n'avoir pu soumettre mon indomptable fierté à la force brutale que tu me vois prisonnière ici; chassée, exilée par ceux-mêmes auxquels, pendant trois ans, j'ai commandé...

En ce moment, je pénétrai sa pensée; mon ame prit possession de la sienne; je me sentis plus forte qu'elle, et je la dominai du regard.... Elle s'en aperçut, devint pâle, ses lèvres se décolorèrent; d'un mouvement brusque, elle jeta son cigare à la mer, et ses dents se serrèrent. Son expression eût fait tressaillir le plus hardi; mais elle était sous mon charme, et je lisais distinctement tout ce qui se passait en elle; à mon tour, lui prenant la main, qu'elle avait froide et baignée de sueur, je lui dis d'un ton grave :

— Dona Pencha, les jésuites ont dit : Qui veut la fin veut les moyens; et les jésuites ont dominé les puissants de la terre....

Elle me regarda longtemps sans rien me répondre; elle aussi cherchait à me pénétrer....

Elle sortit de ce silence avec l'accent du désespoir et de l'ironie.

— Ah! Florita, votre orgueil vous abuse;
vous vous croyez plus forte que moi; insensée!
vous ignorez les luttes sans cesse renaissantes
que j'ai eues à soutenir pendant huit ans! les
humiliations, oh! les sanglantes humiliations
que j'ai dû supporter!... J'ai prié, flatté, menti;
j'ai usé de tout; je n'ai reculé devant rien....
et cependant je n'ai pas encore assez fait!....
Je croyais avoir réussi, toucher enfin au terme
où j'allais recueillir les fruits de huit années
de tourments, de peines et de sacrifices, lorsque, par un coup infernal, je me suis vue
chassée, perdue! perdue, Florita!... Je ne reviendrai jamais au Pérou... Ah! gloire, que
tu coûtes cher! Quelle folie de sacrifier le bonheur de l'existence, la vie entière pour t'obtenir; elle n'est qu'un éclair, une fumée, un
nuage, une déception fantastique; elle n'est
rien... Et cependant, Florita, le jour où j'aurai
perdu tout espoir de vivre enveloppée de ce
nuage, de cette fumée; ce jour-là, il n'y aura
plus de soleil pour m'éclairer, d'air pour ma
poitrine, je mourrai.

L'expression sombre de dona Pencha vint

s'accorder avec l'accent prophétique de ces dernières paroles ; ses yeux étaient enfoncés dans
leurs orbites et comme suspendus dans un globe
de larmes. Elle regardait le ciel bleu et serein
au dessus de nos têtes, et, tout entière à sa cé-
leste vision, ne semblait déjà plus être de ce
monde. Je m'inclinai devant cette ame supérieure, qui avait souffert tous les tourments réservés aux êtres de sa nature dans leur passage
sur la terre. J'allais continuer la conversation ;
mais elle se leva brusquement, en deux sauts
fut au bas de la dunette, appela sa sœur et deux
dames, en leur disant : « Venez, je me sens
mal. »

Escudero vint à moi, et me dit : — Pardon,
mademoiselle, je crains que dona Pencha n'é-
prouve une de ses attaques [1] ; et, dans ces mo-

---

[1] Madame Gamarra tombait d'épilepsie. Les attaques qu'elle en
éprouvait la mettaient dans un état effrayant : ses traits se décom-
posaient, ses membres se contournaient, ses yeux restaient grands
ouverts et immobiles ; elle sentait l'approche du moment où elle
allait tomber. Si elle se trouvait à cheval, vite elle se jetait à
terre ; si elle était dans quelque lieu public, elle se retirait. Lorsque l'accès la prenait, ses cheveux se hérissaient ; elle portait ses
deux mains en croix sur son cerveau et poussait trois cris. Escudero m'a dit lui avoir vu jusqu'à neuf attaques dans un jour. Si
elle avait vécu dans d'autres temps, elle eût pu, comme Mahomet,
faire servir son infirmité à ses projets d'ambition, et donner à ses
paroles l'autorité de la révélation.

ments, il n'y a que moi qui puisse la soigner.

— Colonel, je vais m'en aller; je reviendrai demain; allez vite auprès de cette pauvre femme; elle a bien besoin de vos services et de votre affection.

— Ne craignez rien, Florita, j'irai jusqu'au bout.

Je priai mon futur capitaine de me faire conduire avec son canot à la frégate *la Samarang,* où M. Smith, madame Denuelle et plusieurs autres personnes m'attendaient. Je connaissais beaucoup le commandant de *la Samarang,* l'ayant, à mon arrivée, trouvé chez madame Denuelle, dont il était le locataire, et dinant chaque jour avec lui. Ce commandant présentait, en tout, l'inverse de celui de *la Challenger;* il était aussi laid que l'autre était beau, aussi gai que l'autre était triste, aussi extravagant et négligé dans sa mise que l'autre était simple et soigné. Le même contraste se rencontrait entre les officiers de son bord et ceux de *la Challenger :* les valets copient leurs maîtres; les officiers d'un bâtiment de guerre reflètent aussi leur commandant. Ces messieurs de *la Samarang* divisaient la journée en trois parties, qu'ils employaient ainsi : toute la

matinée, ils couraient à cheval, vêtus en riches
brigands mexicains; ensuite ils allaient se promener avec des filles perdues; enfin ils se mettaient à table, et passaient le reste de leur temps
à boire du grog et à le cuver. A part cette conduite, dont le résultat ne faisait de mal qu'à
leur santé et à leur bourse, c'étaient des hommes doux, aimables et commodes à vivre. Le
commandant se distinguait surtout par les manières d'un homme comme il faut, qu'il avait
conservées dans le cours d'une vie de débau-
ches; sa laideur était avenante, comme l'est
presque toujours celle des personnes grêlées. Je
lui avais promis d'aller visiter sa frégate le jour
où j'irais voir mon navire. J'avoue que je m'attendais à trouver le même laisser-aller à bord
de la frégate que dans son commandant et ses
officiers; quelle fut donc ma surprise, en mettant le pied sur son pont, d'y voir régner l'ordre et la propreté jusque dans les plus petits
détails! Je n'avais encore rien vu de semblable;
les deux entreponts, les lits, la tenue des soldats,
celle des officiers de service étaient admirables
de convenance et de régularité. Comme je regardais tout avec un air d'étonnement, le commandant me dit, en souriant : — Je suis sûr,

mademoiselle, que vous vous figuriez, en venant ici, y voir la confusion que vous apercevez
dans ma chambre lorsque vous passez devant
ma porte.

— Pas précisément, commandant; mais je
vous avoue franchement que je ne m'attendais
guère à trouver à votre bord un ordre aussi
parfait.

— Permettez-moi de vous dire, mademoiselle, qu'à mon tour je suis surpris qu'une personne aussi sensée que vous montrez l'être en
toutes occasions se soit hâtée de porter un jugement sur une chose qu'elle ne connaissait
pas. A terre, dégagé de mes devoirs, je suis
libre de me laisser aller à tous mes penchants :
ma conduite peut être réprouvée par quelques
personnes qui mettent moins de franchise dans
la leur; cependant je ne sache pas que la mienne
froisse aucun intérêt de la société. A bord, je
suis le commandant de ma frégate, et je connais
l'étendue et l'importance des obligations atta-
chées à mon commandement : depuis quinze ans
que j'ai l'honneur de servir mon pays, je puis
dire n'avoir jamais omis une seule fois de remplir ponctuellement les devoirs qui m'étaient
dévolus; et pas un de ces mêmes officiers que

vous me voyez traiter à table avec tant de familiarité, de camaraderie, ne trouverait grâce devant ma sévérité pour le plus léger oubli des devoirs qui leur sont imposés.

Cet homme, qui, dans sa conduite à terre, manifestait un dédain si superbe de l'opinion, était, à bord, un des meilleurs officiers de la marine anglaise, un des plus rigoureux observateurs de la discipline. Il y avait de l'orgueil, de l'originalité dans cette manière d'être ; mais, certes, il y avait aussi un grand empire sur soi-même. Le commandant ainsi que tous les autres officiers étaient, à bord, d'une sobriété extrême et menaient une vie très laborieuse ; ils ne se permettaient aucune distraction : les portraits de femmes qu'ils avaient dans leurs chambres (il s'en trouvait six dans celle du commandant) étaient les seuls souvenirs qu'ils semblassent conserver de leur existence à terre. Pendant tout le temps que je restai à bord, j'observai ces officiers à l'extérieur grave, à la tenue militaire, et dont l'expression contrastait d'une manière si étrange avec celle que je leur avais vue chez madame Denuelle : le commandant m'avait reçu avec une froide politesse, et l'étiquette en régla toutes les démonstrations tant que nous fûmes à bord. Nous nous retirâmes tous fort étonnés du changement de ton et de manières que nous avions remarqué dans les officiers de la *Samarang*, et ce fut jusqu'à notre arrivée à Lima le sujet de notre entretien.

L'impression que m'avait laissée ma conversation avec la señora Gamarra m'agitait tellement, que je ne pus dormir de la nuit. Quelle foule de pensées assaillirent mon esprit. J'avais, par un pouvoir de fascination, lu dans l'ame de cette femme si longtemps enviée et dont la vie en apparence si brillante avait cependant été si misérable! Je ne pus sans frémir songer que, pendant un temps, j'avais formé le projet d'occuper la position de la señora Gamarra. Quoi! me disais-je, tels étaient donc les tourments qui m'étaient réservés si j'eusse réussi dans l'entreprise que je méditais? J'aurais aussi été en proie aux douleurs, aux humiliations, aux anxiétés. Ah! combien ma pauvreté, ma vie obscure avec la liberté me paraissaient préférables et plus nobles. J'éprouvais un sentiment de honte d'avoir pu croire un instant au bonheur dans la carrière de l'ambition, et qu'il pùt exister de compensation au monde pour la perte de l'indépendance.

Je retournai au Callao ; la señora Gamarra avait quitté le *William-Rusthon*, et s'était rendue à bord d'un autre bâtiment anglais, *la Jeune Henriette*, qui partait le jour même pour Valparaiso. Quand j'arrivai, je trouvai Escudero pâle, l'air abattu. — Qu'avez-vous, lui dis-je, pauvre ami, vous paraissez malade ?

— Je le suis effectivement, j'ai passé une bien mauvaise nuit. Dona Pencha a éprouvé trois attaques qui ont été affreuses.... Je ne sais sur quel sujet vous avez pu l'entretenir ; mais, depuis que vous l'avez laissée, elle a été dans une agitation constante.

— C'était la première fois que je voyais dona Pencha, et il est possible qu'à mon insu mes paroles, au lieu de calmer sa douleur, en aient augmenté l'amertume ; si cela était, j'en serais bien péniblement affectée.

— Il est possible qu'à votre insu, comme vous le dites, vous ayez blessé son orgueil dont la susceptibilité est extrême.

Il y avait à peu près un quart d'heure que je causais avec Escudero, lorsqu'on l'appela ;

il s'élança vite dans la chambre, et je restai
seule. Je repassais dans ma mémoire les paroles de ma conversation de la veille, les sou-
mettais à l'examen, afin de découvrir celles qui
auraient pu blesser dona Pencha; mais la douleur de la puissance déchue, ses côtés vulné-
rables ne peuvent être entièrement compris que
par ceux qui ont eux-mêmes possédé le pouvoir, éprouvé son enivrement, et ma recherche
fut vaine. J'avais des regrets de m'être laissée
aller à ma franchise, de n'avoir pas été plus
réservée avec une douleur qui sortait de la
ligne des afflictions communes.

Je fus interrompue dans mes réflexions par
Escudero; il me frappa doucement sur l'épaule
et me dit, avec un accent qui me fit mal : —Florita, la pauvre Pencha vient d'avoir une attaque des plus violentes; j'ai cru qu'elle allait
expirer dans mes bras : elle est revenue maintenant, et désire vous voir. Je vous en supplie,
prenez garde à tout ce que vous lui direz ; une
seule parole qui froisserait sa susceptibilité
suffirait pour la faire tomber dans un nouvel
accès.

En descendant dans la chambre, mon
cœur battait.... J'entrai dans la cabane du

capitaine, qui était grande et très belle, et j'y trouvai dona Pencha à moitié vêtue, étendue sur un matelas qu'on avait mis sur le plancher; elle me tendit la main, et je m'assis auprès d'elle.

— Vous n'ignorez pas, sans doute, me dit-elle, que je suis sujette à un mal terrible et...

— Je le sais, interrompis-je; mais la médecine est-elle donc impuissante pour vous en guérir, ou n'avez-vous pas confiance dans les secours qu'elle offre?

— J'ai consulté tous les médecins et fait exactement ce qu'ils m'ont prescrit; leurs moyens ont été sans succès: plus j'ai avancé en âge, plus le mal a augmenté. Cette infirmité m'a beaucoup nui dans tout ce que j'ai voulu entreprendre; toute émotion forte me donne aussitôt une attaque; vous devez juger par là quel obstacle ce mal a dû apporter dans ma carrière. Nos soldats sont si peu exercés, nos officiers si poltrons, que je m'étais résolue à commander moi-même dans toutes les affaires importantes. Depuis dix ans, et longtemps avant que je n'eusse l'espoir de faire nommer mon mari président, j'assistais à tous les combats, afin de m'habituer au feu. Souvent,

dans le plus fort de l'action, la colère que j'é-
prouvais de voir l'inertie, la lâcheté des hommes que je commandais me faisait écumer de
rage, et alors mes attaques arrivaient. Je n'a-
vais que le temps de me jeter à terre; plusieurs
fois j'ai été foulée aux pieds des chevaux et
emportée comme morte par mes serviteurs. Hé
bien! Florita, croiriez-vous que mes ennemis
se sont servis contre moi de cette cruelle infirmité, de manière à me discréditer dans l'esprit de l'armée : ils annonçaient partout que
c'étaient la *peur*, le bruit du canon, l'odeur de
la poudre qui m'attaquaient les nerfs, et que
je m'évanouissais comme une petite marquise
de salon. Je vous l'avoue, ce sont ces calomnies qui m'ont endurcie. J'ai voulu leur faire
voir que je n'avais peur ni du sang, ni de la
mort. Chaque revers me rend plus cruelle, et
si.... Elle s'arrêta, et, levant les yeux vers le
ciel, elle semblait s'entretenir avec un être
qu'elle seule voyait; puis elle dit : « Oui, je
quitte mon pays pour ne jamais y revenir, et,
avant deux mois, je serai avec vous... » Quelque
chose qui n'appartenait pas à la terre pouvait seul donner l'expression qu'avaient ses traits
en prononçant ces paroles. Je la considérai

alors : ah! comme depuis la veille je la trouvais changée! que ses joues étaient amaigries,
son teint livide, ses lèvres pâles, ses yeux enfoncés et brillants comme des éclairs! que ses
mains étaient froides! La vie paraissait prête
à l'abandonner. Je n'osais lui dire un mot,
tant je craignais de lui faire encore du mal.
Ma tête était penchée sur son bras, une larme
vint à y tomber; cette larme fit sur cette malheureuse l'effet d'une étincelle électrique. Elle
sortit de sa vision, se retourna vers moi d'une
manière brusque, me regarda avec des yeux
flamboyants, et me dit d'une voix sourde et
sépulcrale : — Pourquoi pleurez-vous ? mon
sort vous ferait-il pitié? me croyez-vous exilée
pour toujours, perdue....., morte enfin?.... Je
ne pus trouver une parole à lui répondre;
comme elle m'avait rudement poussée d'auprès
de son matelas, je me trouvais à genoux devant
elle; je croisais les mains par un mouvement
machinal, et continuais à pleurer en la regardant. Il y eut un long moment de silence; elle
parut se calmer et dit, d'une voix déchirante :
—Tu pleures, toi? Ah! que Dieu soit béni! Tu
es jeune, il y a encore de la vie en toi, pleure
sur moi qui n'ai plus de larmes..., sur moi qui

ne suis plus rien..., sur moi qui suis morte.... »
En achevant ces mots, elle tomba sur son oreil-
ler, porta ses mains en croix sur le sommet de
la tête et poussa trois faibles cris. Sa sœur accourut, Escudero vint, tous s'empressèrent de lui
prodiguer les soins les plus affectueux ; et moi
debout, auprès de la porte, je considérais cette
femme : elle ne faisait aucun mouvement, ne
respirait plus, avait les yeux grands ouverts et
brillants.

Le capitaine m'arracha à ce triste spectacle
en annonçant qu'il fallait que les visiteurs son-
geassent à se retirer, parce qu'on levait l'ancre. M. Smith vint me reprendre, j'écrivis au
crayon deux mots d'adieu à Escudero, et partis.

Comme nous allions monter en voiture,
nous vîmes la *Jeune Henriette* qui s'éloignait
de la rade. Je distinguai sur la dunette une
femme enveloppée dans un manteau brun et
les cheveux épars ; elle étendait le bras vers une
chaloupe, en agitant un mouchoir blanc. Cette
femme était l'ex-présidente du Pérou, adres-
sant le dernier adieu à sa sœur, à ses amis
qu'elle ne devait plus revoir.

Je rentrai chez moi malade. Cette femme
m'était toujours présente à la vue : son courage,

sa constance héroïque, au milieu des souffrances
sans nombre que l'infortunée avait eues à supporter, me la faisait paraître plus grande que
nature, et j'éprouvais un serrement de cœur à
voir cette créature d'élite, victime de ces mêmes
qualités qui la distinguaient de ses semblables,
forcée, par les craintes d'un peuple pusillanime,
de quitter son pays, d'abandonner parents, amis,
et d'aller, en proie à la plus affreuse infirmité,
terminer sa pénible existence sur la terre d'exil.
Une dame née au Cuzco, liée d'enfance avec
dona Pencha, m'a raconté sur cette femme
extraordinaire des particularités que je crois
devoir intéresser le lecteur.

Dona Pencha était fille d'un militaire espagnol, qui avait épousé une demoiselle fort riche
du Cuzco. Dans son enfance, elle se faisait remarquer, parmi ses compagnes, par son caractère fier, audacieux et sombre. Elle était très
pieuse; et, dès l'âge de douze ans, elle voulut
entrer dans un couvent avec l'intention de s'y
faire religieuse : la faiblesse de sa santé ne lui
permit pas d'accomplir ce dessein. A l'âge de
dix-sept ans, ses parents l'obligèrent à revenir
dans la maison paternelle, afin d'y recevoir les
soins que son état d'infirmité réclamait. La

maison de son père était fréquentée par beaucoup d'officiers ; plusieurs la demandèrent en
mariage ; mais elle déclara ne vouloir pas se
marier, étant résolue de retourner à son couvent aussitôt qu'elle le pourrait. Le père, dans
l'espoir de la guérir, la fit voyager, l'emmena à
Lima, la produisit dans le monde, et lui pro-
cura toutes les distractions possibles. Néanmoins elle était toujours triste, et paraissait
peu sensible aux plaisirs de son âge. Elle passa
deux ans en voyages, revint au Cuzco, et, peu
après son retour, renonçant à l'idée de se faire
religieuse, elle choisit pour mari un petit officier laid, sot et le plus insignifiant de tous
ceux qui l'avaient demandée. Elle épousa le
señor Gamarra, simple capitaine. Quoique d'une
faible santé et presque toujours enceinte, elle
suivit son mari dans tous les lieux où la guerre
l'appelait ; et ces continuelles fatigues raffermi-
rent tellement sa constitution, que, devenue
très forte, elle fut capable de faire à cheval les
plus longs voyages. Pendant longtemps, elle
réussit à cacher la cruelle infirmité dont elle
était atteinte, et qui allait toujours croissant ;
ce ne fut que lorsque, présidente du Pérou, sa
vie devint l'objet de toutes les investigations,

que le public l'apprit par ses ennemis. Ses sollicitations, ses intrigues avaient fait porter son mari à la présidence; et, une fois qu'elle l'y eut placé, elle s'empara du maniement des affaires, se lia intimement avec Escudero, et se servit avec habileté de ceux qu'elle jugea capables de la seconder. Lorsqu'elle parvint au pouvoir après le général Lamarre, la république était dans le plus déplorable état; les guerres civiles déchiraient le pays en tous sens. Il n'y avait pas une piastre dans le Trésor; les soldats se vendaient à ceux qui leur offraient le plus; en un mot, c'était l'anarchie avec toutes ses horreurs. Cette femme, élevée dans un couvent, n'ayant nulle instruction, mais douée d'un sens droit et d'une force de volonté peu commune, sut si bien gouverner ce peuple jusqu'alors ingouvernable même pour Bolivar, qu'en moins d'un an l'ordre et le calme reparurent; les factions étaient apaisées; le commerce florissait; l'armée avait repris confiance en ses chefs; et, si la tranquillité ne régnait pas encore dans tout le Pérou, au moins la plus grande partie en jouissait.

Les vertus héroïques de dona Pencha la firent aimer autant qu'admirer au commencement de son règne; mais elle avait des défauts qui en devaient restreindre la durée. Quelque brillantes que soient les qualités que Dieu nous a départies, elles sont appropriées à ses fins et non à celles de l'homme; tous parfaits dans l'ordre providentiel, pas un de nous ne l'est relativement à aucun ordre social. Dona Pencha semblait, par son caractère, être appelée à continuer longtemps l'œuvre de Bolivar : elle l'eût fait si son enveloppe de femme n'y eût porté obstacle. Elle était belle, très gracieuse quand elle le voulait, et possédait ce qui inspire l'amour et les grandes passions; ses ennemis firent courir sur elle les calomnies les plus atroces; et, trouvant plus facile de décrier ses mœurs que ses actes politiques, lui supposèrent des vices, afin de se consoler de sa supériorité. L'ambition occupait trop de place dans le cœur de dona Pencha pour que l'amour y eût un grand empire; il ne fut jamais non plus l'objet de ses sérieuses pensées. Plusieurs des officiers qui l'entouraient devinrent amoureux d'elle; d'autres le feignirent, croyant y trouver un moyen de s'avancer; dona Pencha repoussa tous ses poursuivants, non avec cette indulgence de la femme pour l'amour qu'elle ne partage pas,

mais avec la colère et le mépris de l'orgueil offensé.
— Eh! qu'ai-je besoin de votre amour ? leur disait-elle avec son ton brusque et saccadé ; ce
sont vos bras, vos bras seuls qu'il me faut ;
allez porter vos soupirs, vos paroles sentimen-
tales, vos romances aux jeunes filles ; je ne suis
sensible, moi, qu'aux soupirs du canon, aux
paroles du congrès et aux acclamations du peuple quand je passe dans les rues. Le cœur de
ceux qui l'aimaient avec sincérité était profondément blessé par la rudesse d'un tel langage ;
et la fierté des ambitieux qui aspiraient à se
traîner à sa remorque n'en était pas moins humiliée. Mais elle ne s'en tenait pas là : elle les
prenait en haine, leur retirait sa confiance et
saisissait toutes les occasions de les railler,
même en public ; de la manière la plus offensante : on sent que cette conduite devait non
seulement lui faire perdre tous les avantages
de son sexe, mais encore lui susciter des ennemis implacables et qui durent être nombreux ;
car les hommes croient toujours avoir, pour
réussir, des qualités que n'avaient pas ceux qui
ont échoué. Chacun d'eux méditait perpétuel-
lement contre elle des projets de vengeance ;
plusieurs dirent tout haut qu'ils avaient été ses

amants, et qu'elle ne leur avait retiré ses bonnes grâces que parce qu'ils avaient cessé de l'aimer. Ces calomnies irritaient la fière et indomptable présidente, et plusieurs fois la rendirent cruelle. Les actions qu'elles lui firent commettre montrent jusqu'à quel point la colère l'emportait, et avec quelle violence elle ressentait ces outrages. Un jour, elle alla au Callao visiter les prisons militaires qui sont sous l'un des châteaux-forts. A son arrivée, toute la garnison se met sous les armes pour la recevoir; elle fait son inspection, et, en passant devant un des bataillons, elle aperçoit un colonel qui lui avait été signalé comme s'étant vanté partout d'avoir été son amant. Aussitôt elle s'élance sur lui, arrache son épaulette, lui donne trois ou quatre coups de cravache à travers la figure, et le pousse si rudement, qu'il va tomber sous les pieds de son cheval; tous les assistants restent pétrifiés : « C'est ainsi, s'écria-t-elle d'une voix retentissante, que je corrigerai moi-même les insolents qui oseront calomnier la présidente de la république. » Une autre fois, elle invite quatre officiers à dîner, se montre aimable pendant tout le repas; au dessert, elle interpelle l'un d'eux en lui disant :

« Est-il vrai, capitaine, que vous ayez dit à ces trois messieurs que vous étiez fatigué d'être mon amant ? » Le malheureux pâlit, balbutie, et regarde ses camarades avec terreur ; ceux-ci, immobiles, gardent aussi le silence. « Eh bien ! continue-t-elle, ma question vous a-t-elle fait perdre l'usage de la parole ? répondez... S'il est vrai que vous ayez tenu ce propos, je vais vous faire donner le fouet par vos camarades ; si, au contraire, ils vous ont calomnié, ce sont des lâches dont, à nous deux, nous aurons bon marché. » Il n'était que trop vrai que le propos avait été tenu par l'inconsidéré jeune homme. Elle fit fermer les portes, appela quatre grands nègres, leur ordonna de mettre l'officier en chemise, et exigea des trois autres officiers présents qu'ils fustigeassent leur camarade avec une poignée de verges.

Cette conduite n'était pas en harmonie avec les mœurs du pays qu'elle gouvernait, et devait nécessairement mettre tout le monde contre elle. En effet, dans une société où la plus grande indépendance existe entre les deux sexes, on ne croit pas à la vertu, dans le sens qu'on est convenu d'attacher à ce mot, en parlant des femmes, et les Péruviens se sentirent insultés par la façon d'agir de l'orgueilleuse présidente. Ce n'était pas non plus pour faire croire à une vertu, à laquelle elle ne tenait pas plus que les autres femmes du Pérou, que doña Pencha agissait de la sorte; elle ne se fût pas offensée, dans la vie privée, des hommages adressés à ses charmes, et ainsi que les Liméniennes, eût été indifférente au nombre d'amants qu'on lui aurait supposé; mais enivrée de sa puissance, se faisant illusion sur sa durée, l'orgueil des rois était passé dans son cœur; elle se crut d'une espèce supérieure, et avant d'avoir consolidé sa domination, elle eut la susceptibilité d'une femme née sur le trône et fut également impérieuse. Dona Pencha n'avait guère plus de déférence pour le congrès que Napoléon pour son sénat-conservateur : elle lui envoyait souvent des notes de sa main sans même les faire signer par son mari. Les ministres travaillaient avec elle, lui soumettaient les actes du congrès et ceux de leur administration; elle lisait tout elle-même, bâtonnait les passages qui ne lui convenaient pas et les remplaçait par d'autres; son gouvernement enfin devint absolu en présence d'une organisation républicaine. Cette femme avait rendu de grands services; son amour du bien public inspirait de la confiance,

et elle eût fondé un ordre de choses stable, eût
fait prospérer le Pérou, aurait été une grande
reine si, avant d'en affecter la suprême autorité,
elle eût employé toutes ses ressources à s'en assurer à jamais le pouvoir. Elle était extrêmement laborieuse, d'une activité infatigable, et
ne s'en rapportant à personne, elle voulait tout
voir par elle-même. Sachant très bien choisir
son monde, elle ne montrait pas moins de discernement dans la répartition du travail à faire,
des missions à remplir. Économe dans sa dépense personnelle, elle était généreuse pour ceux
qui répondaient à sa confiance; elle traitait bien
ses serviteurs, et tous lui étaient dévoués. Cette
femme guerrière excellait à monter à cheval, à
dompter les coursiers les plus fougueux et parlait
en public avec autant de dignité que de préci-
sion. Avec toutes les vertus nécessaires à l'exercice du pouvoir, dans la situation où se trouvait
le Pérou, la señora Gamarra eut néanmoins
beaucoup de peine à parvenir à la fin de sa troisième année (les fonctions de président sont
confiées pour trois ans); son despotisme avait été
tellement dur, son joug si pesant, elle avait
froissé tant d'amours-propres, qu'une opposition
imposante s'éleva contre elle. Quand elle vit qu'il

lui serait impossible de réussir à faire réélire son
mari, elle eut recours à un tour d'adresse. Le
señor Gamarra alla déclarer au sénat qu'il n'ac-
cepterait pas la présidence, parce que sa santé
ne lui permettait plus de s'occuper des affaires
publiques. La señora Gamarra voulut faire nommer à la présidence une de ses créatures, un esclave soumis à ses volontés; elle et son mari
portèrent toute leur influence et celle de leurs
amis sur Bermudez; néanmoins Orbegoso l'emporta, comme on l'a vu.

Pour en finir avec l'histoire de dona Pencha,
je dirai qu'arrivée à Valparaiso, elle loua une
très belle maison meublée, où elle s'établit avec
Escudero et ses nombreux serviteurs; mais pas
une dame de la ville n'alla lui rendre visite. Les
étrangers qui avaient eu à s'en plaindre crièrent
tous contre elle. Ce fut à peine si deux ou trois
officiers de ses anciens compagnons d'armes eurent la politesse d'aller la voir. Cette femme,
fière et hautaine, dut cruellement souffrir dans
cet abandon universel, dans cet isolement où les
haines l'enfermaient. Condamnée à l'immobilité,
c'était, avec l'activité de son ame, être jetée
vivante dans un tombeau. N'ayant pas reçu de
lettre d'Escudero depuis mon départ de Lima,

je ne puis préciser quelles furent ses souffrances;
mais sept semaines après son départ du Callao,
elle mourut : voici ce qu'Althaus m'écrivit à
son sujet :

« La femme de Gamarra est morte au Chili
» six semaines après y être arrivée; on dit que
» c'est d'un *mal intérieur*, moi je crois que
» c'est de rage de ne plus être *général en chef*;
» la pauvre femme a fini bien tristement; son
» unique compagnon était Escudero, lequel est
» revenu au Pérou rejoindre Gamarra pour y
» faire des siennes. »

Le lendemain de ma visite à la señora Gamarra, je me sentis malade; c'était la première
fois depuis que j'habitais Lima. Je restai tout le
jour assez tristement dans mon lit. Madame
Denuelle vint passer la soirée avec moi : —
Eh bien, mademoiselle, comment vous trouvez-
vous.

— Pas mieux, je suis triste et voudrais que
quelqu'un me fît pleurer.

—Je viens, au contraire, vous faire rire; je suis sûre que ce sont vos visites au Callao qui vous ont fait mal. Cette dona Pencha, avec ses attaques d'épilepsie, vous aura porté sur les nerfs : c'est bien fait pour cela ; on dit qu'hier elle tombait tous les quarts d'heure. Grâce à Dieu, nous en voilà débarrassés ; oh ! la méchante femme !

— Comment pouvez-vous en juger?

— Par Dieu, ce n'est pas difficile; une virago plus audacieuse qu'un dragon aux gardes, qui souffletait des officiers, comme je le ferais de mon petit nègre.

— Eh! pourquoi ces officiers étaient-ils assez vils pour le souffrir?

— Parce qu'elle était la maîtresse et qu'elle distribuait les grades, les emplois, les faveurs.

— Madame Denuelle, un militaire qui souffre des soufflets mérite d'en recevoir. Dona Pencha connaissait très bien les hommes qu'elle avait à conduire; et si elle n'avait fait d'autres fautes que de corriger les salariés du gouvernement qui manquaient à leurs devoirs, vous l'auriez encore pour présidente.

Madame Denuelle eut le talent de changer le cours de mes pensées, et lorsqu'elle sortit, j'étais presque gaie.

Enfin le moment du départ arriva ; j'en attendais le jour avec une vive impatience ; ma curiosité était satisfaite, et la vie toute matérielle
de Lima me fatiguait à l'excès.

La dernière semaine, je n'eus pas une heure
à moi ; il me fallut faire des visites d'adieux à
toutes mes connaissances, recevoir les leurs,
écrire de nombreuses lettres à Aréquipa, m'occuper de vendre les bagatelles dont je voulais
me défaire. Je satisfis à tout, et le 15 juillet 1834,
je quittai Lima à neuf heures du matin, pour me
rendre au Callao. J'étais accompagnée d'un de
mes cousins, M. de Rivero ; nous dînâmes chez
le correspondant de M. Smith ; après le dîner,
je fis transporter mes effets à bord du *William-
Rusthon* et m'installai dans la chambre qu'avait
occupée la señora Gamarra. Le lendemain, j'eus
plusieurs visites de Lima ; c'étaient les derniers
adieux. Vers cinq heures, on leva l'ancre, tout le
monde se retira ; et je restai seule, entièrement seule, entre deux immensités, l'eau et le
ciel.

FIN.

Table des Matières.

TOME PREMIER.

TOME SECOND.

ERRATA.

—

Dans tout l'ouvrage on a imprimé Santa-Cathalina, *lisez* Santa-Catalina.

TOME PREMIER.

Page 39, *ligne* 26, blanche, *lisez* blancs.
— 145, — 13, de, *lisez* du.
— 183, — 1, toujours, *lisez* jours.
— 193, — 14, qu'il ne comprenait, *lisez* qu'il ne comprenait pas.
— 234, — 7, craignit, *lisez* avait craint.
— 242, — 11, le sable, *lisez* ce sable.
— 363, — 25, de races, *lisez* des races.

TOME SECOND.

— 9, — 21, tant elle gentille, *lisez* tant elle est gentille.
— 11, — 2, plumge, *lisez* plumage.
— 40, — 5, ne fut très, *lisez* ne fut pas très.
— 43, — 15, ne donnez, *lisez* ne donniez.
— 45, — 14, Lima, *lisez* Cuzco.
— 46, — 21, Bermudez, *lisez* militaire.
— 47, — 20 sa cupidité, *lisez* la cupidité.
— 54, — 18, m'imposer pour, *lisez* m'imposer à.
— 109, — 13, Carmen fut, *lisez* Carmen était.
— 137, — 25, sur les deux, *lisez* aux deux.
— 152, — 16, j'y perdrais, *lisez* je perdrais.
— 155, — 6, ce furent, *lisez* ce fut.
— 164, — 14, sont fermées, *lisez* sont formées.
— 242, — 24, celui-ci, *lisez* cet autre.
— 346, — 26, hôtel, *lisez* autel.
— 363, — 5, le beau jeu, *lisez* le plus beau.
— ib., — 12, taureador, *lisez* toreador.
— 379, — 2, disfrazarda, *lisez* disfrazada.
— 412, — 12, les esclaves, *lisez* des esclaves.
— 435, — 21, ont, *lisez* a.

Défauts constatés sur le document original

Contraste insuffisant ou différent, mauvaise qualité d'impression

Under-contrast or different, bad printing quality

Texte manquant ou pris dans la reliure; reliure trop serrés

Missing text or text caught in the book-binding; too tight book-binding

www.ingramcontent.com/pod-product-compliance
Lightning Source LLC
Chambersburg PA
CBHW060950280326
41935CB00009B/679